U0137664

林中泽 著

古人的信仰

的

上海古籍出版社

图书在版编目(CIP)数据

古人的信仰 / 林中泽著. —上海：上海古籍出版
社，2023.6
ISBN 978-7-5732-0686-2

Ⅰ.①古… Ⅱ.①林… Ⅲ.①信仰-世界-古代
Ⅳ.①B928

中国国家版本馆 CIP 数据核字(2023)第 097744 号

古人的信仰

林中泽　著

上海古籍出版社出版发行

（上海市闵行区号景路 159 弄 1-5 号 A 座 5F　邮政编码 201101）

（1）网址：www.guji.com.cn

（2）E-mail：guji1@guji.com.cn

（3）易文网网址：www.ewen.co

常熟市文化印刷有限公司印刷

开本 635×965　1/16　印张 17.75　插页 3　字数 239,000

2023 年 6 月第 1 版　2023 年 6 月第 1 次印刷

ISBN 978-7-5732-0686-2

B·1321　定价：78.00 元

如有质量问题,请与承印公司联系

目　　录

导言 ………………………………………………………………… 1

第一章　心平气和谈信仰 …………………………………………… 5

一、信仰与经济动机 ………………………………………… 5

二、各种信仰原则 …………………………………………… 7

三、信仰的功利性和普遍性 ………………………………… 8

四、信仰的包容性 …………………………………………… 11

五、公共崇拜与私人崇拜 …………………………………… 12

六、皈依与叛教 ……………………………………………… 14

第二章　神造人，还是人造神 ……………………………………… 17

一、古代哲人与有神论 ……………………………………… 17

二、创世与神人互动 ………………………………………… 19

三、文明进步与人类"堕落" ………………………………… 22

四、人造神 …………………………………………………… 23

五、古代中国诸神 …………………………………………… 24

六、神的善恶 ………………………………………………… 26

七、神是否存在 ……………………………………………… 27

第三章　灵魂可以不死吗 …………………………………………… 29

一、灵魂不朽与轮回 ………………………………………… 29

二、灵魂的回归与幸福 ……………………………………… 31

三、唯物论者的灵魂观 …………………………… 33

四、灵肉整体论及复活 …………………………… 35

五、东西灵魂观的融合 …………………………… 38

六、佛教轮回说与神形关系 ……………………… 39

第四章　无处不在的魔鬼 …………………………… 41

一、古代的准魔鬼 ………………………………… 41

二、作为上帝工具的魔鬼 ………………………… 42

三、魔鬼的诱惑功能 ……………………………… 45

四、治病和赶鬼的神迹 …………………………… 46

五、蛮族与魔鬼 …………………………………… 48

六、魔鬼的形象 …………………………………… 49

七、魔鬼的伦理功能 ……………………………… 50

第五章　多神、二神及一神 ………………………… 53

一、古人的万神殿 ………………………………… 53

二、公共崇拜与密仪 ……………………………… 55

三、二神教与二元对立 …………………………… 57

四、摩西与一神教 ………………………………… 60

五、普世性一神教 ………………………………… 62

第六章　因果报应 …………………………………… 65

一、浪子回头金不换 ……………………………… 65

二、功利主义报应观 ……………………………… 67

三、古犹太人的报应观 …………………………… 70

四、地狱与天堂 …………………………………… 72

五、恩典论与行善论 ……………………………… 74

第七章　孝亲与忠君 ·················· 77

　一、孝道与愚孝 ························ 77

　二、厚葬之习 ·························· 79

　三、繁琐的祭祀 ························ 81

　四、君为臣纲 ·························· 84

第八章　权术崇拜 ···················· 88

　一、权术与战术 ························ 88

　二、权术之书 ·························· 90

　三、权术的平民化 ······················ 94

　四、权术与学术 ························ 96

第九章　迷信辨析 ···················· 99

　一、迷信概说 ·························· 99

　二、献祭及其属性 ······················ 101

　三、占星术与天文学 ···················· 104

　四、风水术 ··························· 107

第十章　摩西十诫及其他 ················ 111

　一、禁多神崇拜和偶像崇拜 ················ 111

　二、禁滥用神名和安息日工作 ··············· 116

　三、禁忤逆父母和杀人 ··················· 119

　四、禁奸淫和偷盗 ······················ 123

　五、禁说谎和贪图他人财物 ················ 126

　六、割礼、洁净与酒 ···················· 130

第十一章　如何面对死亡 ················ 133

　一、未雨绸缪 ·························· 133

　二、超越死亡诸方式 ···················· 136

三、理性地死去 ································· 137

四、从恋生到恋死 140

五、自杀的盛行 142

第十二章　秩序与平等 ························· 145

一、种姓制度与佛教 145

二、希腊式的平等 ························· 148

三、基督徒对犹太秩序的突破 ··············· 150

四、追求新的平等和秩序 153

第十三章　和平与暴力 ························· 156

一、北魏太武帝灭佛 156

二、北周武帝、唐武宗及周世宗禁佛 ········· 158

三、武僧的出现 ························· 159

四、早期基督教的和平主义 160

五、基督教的军事化 163

第十四章　圣徒崇拜 ························· 168

一、圣徒崇拜的两种方式 168

二、作为庇护者的圣徒 ··················· 171

三、作为英雄的圣徒 173

四、作为道德楷模的圣徒 176

第十五章　从禁欲到纵欲 ····················· 180

一、有关欲望的中庸之道 180

二、宗教禁欲主义的崛起 ··················· 182

三、独身与修道运动的发展 185

四、禁欲主义的历史价值 187

五、两性关系上的纵欲主义 189

第十六章　罗马的信仰危机 ⋯⋯⋯⋯⋯⋯⋯⋯⋯⋯ 191

　　一、钱权交易 ⋯⋯⋯⋯⋯⋯⋯⋯⋯⋯⋯⋯⋯⋯⋯⋯ 191

　　二、政治立场的丧失 ⋯⋯⋯⋯⋯⋯⋯⋯⋯⋯⋯⋯⋯ 193

　　三、醉生梦死 ⋯⋯⋯⋯⋯⋯⋯⋯⋯⋯⋯⋯⋯⋯⋯⋯ 196

　　四、秘传崇拜的盛行 ⋯⋯⋯⋯⋯⋯⋯⋯⋯⋯⋯⋯⋯ 197

　　五、帝王崇拜的崛起 ⋯⋯⋯⋯⋯⋯⋯⋯⋯⋯⋯⋯⋯ 199

　　六、对基督徒的迫害 ⋯⋯⋯⋯⋯⋯⋯⋯⋯⋯⋯⋯⋯ 200

第十七章　城邦体制下的政教关系 ⋯⋯⋯⋯⋯⋯⋯ 203

　　一、公共权力崇拜的崛起 ⋯⋯⋯⋯⋯⋯⋯⋯⋯⋯⋯ 203

　　二、宗教对城邦政治的干预 ⋯⋯⋯⋯⋯⋯⋯⋯⋯⋯ 205

　　三、城邦政府对于宗教事务的把控 ⋯⋯⋯⋯⋯⋯⋯ 208

　　四、宗教服务于世俗生活 ⋯⋯⋯⋯⋯⋯⋯⋯⋯⋯⋯ 210

　　五、受制于政治权力的神谕 ⋯⋯⋯⋯⋯⋯⋯⋯⋯⋯ 211

　　六、航海活动与教权的萎缩 ⋯⋯⋯⋯⋯⋯⋯⋯⋯⋯ 213

第十八章　集权体制下的政教关系 ⋯⋯⋯⋯⋯⋯⋯ 216

　　一、君权神授和祭司的坐大 ⋯⋯⋯⋯⋯⋯⋯⋯⋯⋯ 216

　　二、犹太祭司和埃及祭司的权势 ⋯⋯⋯⋯⋯⋯⋯⋯ 218

　　三、不修来世的巴比伦宗教 ⋯⋯⋯⋯⋯⋯⋯⋯⋯⋯ 219

　　四、教务隶属于官僚体制 ⋯⋯⋯⋯⋯⋯⋯⋯⋯⋯⋯ 221

　　五、政教冲突三类型 ⋯⋯⋯⋯⋯⋯⋯⋯⋯⋯⋯⋯⋯ 224

第十九章　罗马与拜占庭渐行渐远 ⋯⋯⋯⋯⋯⋯⋯ 227

　　一、罗马与拜占庭裂痕的出现 ⋯⋯⋯⋯⋯⋯⋯⋯⋯ 227

　　二、明争暗斗 ⋯⋯⋯⋯⋯⋯⋯⋯⋯⋯⋯⋯⋯⋯⋯⋯ 229

　　三、剑拔弩张 ⋯⋯⋯⋯⋯⋯⋯⋯⋯⋯⋯⋯⋯⋯⋯⋯ 231

　　四、罗马教廷与法兰克人的勾连 ⋯⋯⋯⋯⋯⋯⋯⋯ 233

　　五、最后的决裂 ⋯⋯⋯⋯⋯⋯⋯⋯⋯⋯⋯⋯⋯⋯⋯ 235

六、文化传统的差异 …………………………………………… 236

第二十章　教义争端与宗教分裂 …………………………… 239

一、佛教的崛起及其分裂 ……………………………… 239

二、三位一体问题的争端 ……………………………… 242

三、一性论和一志论争端所导致的分裂 ……………… 245

四、东西方教会大分裂 ………………………………… 246

五、新教运动的兴起和分裂的加剧 …………………… 248

第二十一章　宗教习俗的融合 ……………………………… 251

一、临终圣餐与平安之吻 ……………………………… 251

二、为死者合上眼睛和嘴巴 …………………………… 254

三、清洗尸体 …………………………………………… 255

四、给尸体涂抹香油和香料 …………………………… 257

五、异象与梦幻 ………………………………………… 259

六、宗教节庆 …………………………………………… 261

主要参考资料 ………………………………………………… 263

诗跋——致爱侣 ……………………………………………… 277

导　言

这是一部专门为那些有兴趣游览古人信仰世界的一般读者所撰写的普及性读物。从事专业研究工作近40年来,我屡受圈内友人的善意批评,他们认为我的研究越搞越窄,依他们的说法就是很不接地气。按理说,对于一名研究工作者而言,工作到了一定的程度,就自然会往深处拓展,这也就很容易陷入曲高和寡的窘境。我对于那些能够将自己的研究与大众的需求有机结合,从而真正实现"经世致用"的同行们,是佩服得五体投地的,因为我自己做不到。不过,如今当我卸下了全部额外的工作负担而进入到了"随心所欲"的境界之时,我反倒觉得,让普通读者了解一下我几十年来究竟在折腾些什么东西,也是蛮有意思的。应当承认,我长期以来的确只是服务于小众,忽视了民间社会的需求。于是我就想到,既然我多少算是读了点书,而且有了些许体会,我何不趁脑袋还没彻底糊涂之前,使用一种大众都能够读得懂的语言,将这些读书体会拿来与大家共享? 这就是我撰写本书的初衷。

普罗大众与学术界之间的确存在着沟通方面的障碍,可是这一障碍是否绝对无法跨越,我认为不一定。出现于公元前4—前3世纪之交的斯多亚派哲学家,在各式各样的人身上,发现了某种大家共有的东西,那就是区别于其他兽类的人性,借助人性,不同肤色、种族、语言、阶级及性别的人们,得以互相交流,从而产生了"世界公民"的概念。人类文明相互间的沟通持续了几千年,历史发展到了今天,如果说真的存在着某种举世公认的普世价值,我认为那就是对于真、善、美的追求,其他的价值都是从此派生出来的。真,包括两个层面,一个是真相，另一个是真理。为了追寻、了解真相，把握真理，古今中外的仁人志士甚至为之付出了生命的代价。屈原所上下求索的，正是真理。孔子说，道是需要人去加以弘扬的，它绝不可能主动接近人（"人能弘道，非道弘人"）。在我看来，这里所说的道，实际上就是广义上的真理。圣经说，有真理，才有自由。而自由又是与公正、和平等密切相关的，没有公正和平等，自由就是假的。因此，由真派生出了自由、公正和平等。善，按孔子的说法叫"仁"，按孟子的说法叫"恻隐之心"，按耶稣的意思叫"以德报怨"，说法虽不尽相同，但都有一个共同指向，那就是爱，即人与人之间要相爱，这便是善的本质。美，不仅指体格、外表上的健美，或是一般意义上的赏心悦目和赏心悦耳，更指心灵纯净之美。心灵美代表一种修行高度、一种气质和一种涵养。心灵美不在一日之功，而是长期积淀和熏陶的结果。既然人类具有追求真善美的同理心，那么我坚信，普罗大众与学术阶层之间的鸿沟，是可以想办法跨越的。

不过话说回来，虽然正常人一般不会拒绝真善美，但由于时世的艰难和现实的冷酷，假恶丑也并没有受到全盘的拒绝，在某些特定的时段和空间里，它们常常喧宾夺主，为人类历史增添了不光彩的记录。例如秦末权臣赵高，在秦二世及诸大臣面前公然指鹿为马，竟然获得了不少人的发声附和；在某个特殊的岁月里，若是一个人遭到了点名批判，就会立刻引来众人的落井下石，纷纷倒戈。这说明无论是远至两千多年前，还是近在咫尺的昨日，人性在不同程度上的堕落，都是不争的事实。因此人类的信仰史，既是我们的优秀先辈追求真善美的历史，也是真善美与假恶丑进行殊死搏斗的历史。古人的信仰主要是宗教信仰。真正的宗教在本能上是积极向上的，不过由于历史条件的限制，宗教也会走向堕落。比如当宗教成为和平的动能时，它就是美善的；而当宗教搅起仇恨、暴力和战争时，它就是丑恶的。本人并非一名宗教信徒，这对于正确理解宗教现象未必是坏事，因为这样我对于不同的宗教就可以持平而论，不致于陷入其间无法自拔。

　　除了追求真善美的本能之外，人还是思想的动物，因此思想人人皆有。不过思想是可以深化的。在思想的某个点上产生出某种特定主张，这就叫"学说"，如劳动造人说、上帝创世说及教皇无谬说等；思想发展为一种社会思潮，这就叫"主义"，如新柏拉图主义、女权主义及无政府主义等；当思想进一步发展为较为完善的体系时，就叫"理论"，如兰克的历史理论、弗洛伊德的心理学理论及凯恩斯的经济学理论等。信仰思想也会演化成为相应的特定主张、思潮或体系，例如三位一体学说、佩拉纠主义及奥古斯丁预定理论，等等。

　　从历史上看，中国人的信仰与西方人的信仰有很大的不同。除了不断地接纳一些外来思想的影响之外，中国的主流宗教，一直是以祖先崇拜为基础、以儒家思想为教义的多神教；西方宗教则存在着从早先的多神教向后来的一神教转变的过程。中国人相信，人与神之间是可以互相贯通的；西方人则认为，神与人之间的边界是无法逾越的。中国的主流思想坚持孟子的性善说，认为人可以通过自己的努力成为圣贤；西方的主流思想坚持奥古斯丁的原罪说，认为人无法通过单纯的自救得到解放，只能借助上帝的救恩获得解放。中国人认为一个人只要积德行善，就能得到好的报应；西方人虽没有否定积德行善的价值，但认为一个人积德行善的能力是上帝赋予的，有了上帝的授权，人才会积德行善，因此，积德行善不是原因，而是结果。中国人看重现实世界的报应，认为家族人丁兴旺、子孙满堂，就是最好的报应；西方人则更加看重个人死后灵魂是上天堂还是下地狱，因此强调个人主义的报应观。总体来说，中国宗教现实而功利，比较接地气；西方宗教强调教义的合理性，因此理论体系较完备。我们了解古人的宗教信仰，主要是为了读懂古人的宗教感情，理解他们所思所想的具体场景，并将他们当作一面镜子，通过它确立起我们自己的信仰观，鞭策我们的生活行为，使我们的灵魂得到净化，情操得到升华。

　　本书所涉及的 21 个专题，涵盖了古代、中世纪中西宗教的某些主要方面，通过对于这些方面的展示，读者可以从中窥见古人信仰世界当中最为壮观的景色。当然，读者将不难发现，受到我个人研究领域的限制,我不得不将叙述的重点放在西方这一边。这虽然是一个遗憾,但对于那些急于通过阅读来了解西方文化特质的中国读者来说,可能反倒有些许参考价值。此外,有一个问题必须事先作出解释,那就是书中内容可能会有个别重复叙述的现象。由于所针对的是完全不同的话题,此类重复看来是难以避免的,例如在叙述到孝亲和迷信时,都提到了祭祀,可是其角度是各不相同的;又如在叙述到罗马与拜占庭的关系及教派争端时,都会触及 11 世纪中叶基督教大分裂,但是两者的侧重是有差异的。这一点希望得到读者的谅解。

第一章　心平气和谈信仰

在谈及信仰尤其是宗教信仰时，我们通常会碰到两种截然不同的态度：一种是冷漠刻板，充满着不屑和偏见；另一种是热情洋溢，充满着憧憬和渴望。这两种态度，分别代表了信仰的批判者与信仰的追求者。在这两个极端之间，存不存在一条大家都可以接受的中庸之道呢？我认为应该是有的。生活本来就不容易，如果我们太过于执着走极端，人生应有的意义就会因被大打折扣而黯然失色。我更愿意以一种心平气和的方式，用比较超然的态度，与大家分享我自己对于信仰，尤其是古人信仰的理解，热切期望读者能从这种分享中，得到某些益处和乐趣。

一、信仰与经济动机

什么是信仰（faith）？对这一问题，不同的辞书有不同的说法。有的说，信仰是一种对无法被逻辑思维过程所确证的真理的完全接受；有的说，信仰是一种并非建立在理性证据基础上的信念；有的说，信仰就是对神的相信；还有的说，信仰就是对某种精神权威的依赖和屈从。所有这些说法，虽然都有其各自的合理性，但其所指，均为宗教信仰。可是宗教信仰不过是诸多信仰中的一种。广义上的信仰，是指对某种思想原则的信服和尊崇，并将其当作行动的准则和习惯。因此除了宗教信仰，还存在着经济信仰和政治信仰等。由于信仰与宗教总是被混为一谈，抑或为了与较为轻信的普罗大众划清界限，不少自命清高的学者，常常以无信仰相标榜，这种做法虽则可敬，却未必可取；假如他们的确以追求科学真理为目标，他们至少也是真理的信仰者。不过在诸多信仰中，宗教信仰通常仍是其他所有信仰的基础，因为从历史上看，其他信仰似乎均是由宗教信仰派生出来的。例如在传统中国，爱国这种政治信仰，是从忠君这种宗教信仰发展而来；孝道作为家族信仰，是从祖先崇拜这种宗教信仰衍生而来。有人将宗教比作人民的鸦片，这一比喻是有一定道理的。鸦片有两个主要特性，一是具有麻醉作用，二是具有毒害作用。宗教具有某种麻醉作用，这是不言而喻的，因为它在一定程度上能够减缓苦难造成的压力；宗教具有毒害作用，则是针对宗教极端主义而言的。宗教极端主义是社会的毒瘤和人民的公敌，但它不是宗教自身发展的必然产物，而是政治势力肆意运作的恶果。所以，这种毒害作用不能归咎于宗教本身。从历史上看，宗教是文明的载体，每一种宗教均以特定的方式，为人类社会的发展做出过特殊贡献。如道教为中医中药，佛教为文学艺术，基督教为世界科技和思想，伊斯兰教为东西文化交流，等等，都发挥过积极的促进作用。

宗教信仰与经济利益之间存在着密切的相关性。早期基督教认为放贷取利是将上帝创造的时间进行非法倒卖，因为时间、空间、空气和水一样，是上帝创造给人们共享的，任何人均无权将其窃为己有，进行买卖并从中取利。1582 年，教皇格列哥里十三世对流行了一千多年的朱利安历法进行改革，将多出来的 11 天断然砍掉，于是当年的 10 月 4 日变成了 10 月 15 日。这一改革措施立即遭到保守人士和广大民众的强烈抗议，他们要求教皇还回丢失的 11 天。过去常常把该抗议活动只看作是人民单纯的宗教诉求，其实，其背后的经济利益抗争也是很明显的：由于失去了 11 天，这意味着广大债务人的还债日期被大大地提前，这对于穷人和银行的借贷者来说，当然是不堪的负担。

根据《使徒行传》的记载，使徒保罗在雅典宣讲反对偶像崇拜，结果受到手工业匠人和出售祭品者的围攻，因为依据保罗的学说，偶像不可崇拜,雕塑偶像的匠人和出售祭品者就得失业,他们的抗议活动就不单纯具有宗教意义,更是出于经济动机。在中国历史上经济不景气的年代里,出家人人数总是激增,因为出家可以免税,这样一来也就减少了国库的税入,这便是统治者屡屡要强迫僧道还俗的原因。在宗教精神与经济活动的关系方面,目前还没有一位学者比马克斯·韦伯分析得更加透彻。韦伯相信宗教精神因素是特定经济活动的内在诱发因素,例如严格意义上的资本主义就只能出现于新教伦理之中(《新教伦理与资本主义精神》)。

二、各种信仰原则

从事经济活动的人士和从事政治活动的人士,与宗教人士一样,或多或少地遵循着某种自己所认定和崇尚的原则。比如,对于一名商人来说,假如他恪守君子爱财取之有道的原则,进行规矩合法的经营,我们称其为义商;如果他遵循的是明抢暗夺的海盗原则,经营过程无法无天,我们称其为奸商。对于一名从政者来说,倘若他遵循的是耶稣式的利他主义原则,舍身为民,克己奉公,我们称其为政治家;假设他遵循的是马基雅维利式的权力至上主义原则,为了达到政治目的不择手段,我们则称其为政客或阴谋家。

由于人们均生存于特定的时间范围之内,故时间对于不同的人具有截然不同的意义。对于商人、企业主和计件工薪者来说,时间就是金钱;对于学者和学生来说,时间就是知识;对于医生和患者来说,时间就是生命;对于政客来说,时间意味着宦海沉浮,荣辱无常。在很大的程度上,信仰的出现,正是人们对于神秘无比的时间做出本能反应的一种结果;不断流逝的时间迫使人们要去考虑如何在有限的时段内实现自己的存在价值,神与灵魂就开始被纳入人们的视线之内,于是便有了信仰。

过去总是有人说,无神论者即为无信仰者,这个说法肯定是有问题的。马克思无疑是纯粹的无神论者，但不可否认，他也是共产主义信仰的创始者和坚定的信奉者。这个世界上的每个人，都或多或少地依照自己内心的固定原则为人处世，因此他必定就是某个理想原则的信仰者。信仰是人类最后也是最强大的一根精神支柱，因此它具有一定的普遍性。我们之所以需要信仰，是因为它是一种正常的世界和社会秩序之所需。弗洛伊德从群众心理学的角度入手，断言人民群众中的大多数人，都有崇尚权威的强烈需要，他们需要一种能够崇拜、能够归顺的权威，以便受它统治，甚至受它虐待。这话听来有些刺耳，却也不无道理。一般来说，文明水平越低，信仰的冲动越强烈，这就如孩子越年幼，对父母产生的依赖就越大；但这并不意味着孩子长大并能自立了，就不爱父母了，对父母的爱通常是不会消失的，只是爱得较为含蓄和深沉而已。应当承认，毫无信仰者在每个历史时段中都存在，就如遗弃父母是一种经常发生的现象那样，但是他们绝不占人口的多数。他们既然没有信仰，就可以被恰当地称作行尸走肉，他们放浪形骸，不知人生价值为何物，是地地道道的社会边缘人士。不过，信仰也是分成许多不同层次的。高雅的信仰者深藏不露，他们更加注重信仰的内涵，而不是外在形式，这与通俗信仰者形成了鲜明的对照。中世纪是一个信仰万能的时代，在那个时代里，民众的宗教狂热和迷信在一神教的幌子下发展到了顶峰。针对通俗信仰大行其道的现状，中世纪阿拉伯著名学者阿维森纳坦言：在这个蠢驴遍地的世界上，谁若不是蠢驴，就会被指控为无信仰者。

三、信仰的功利性和普遍性

有的人并没有固定的信仰原则，他们忽而信佛，忽而信道，今天说是耶稣的崇拜者，明天却急着要去麦加朝圣，这是一种典型的功利主义信仰。对于他们来说，什么神是无关紧要的，哪个神对他们有利，就信哪个神。宗教上的功利主义与政治上的功利主义，本质是一致的,其动机均在于追权逐利。可是宗教功利主义是与真正的信仰不相容的。耶稣说得好:一个仆人只能够有一位主人,你不能同时既侍候神,又侍候钱。当要求你在神与钱之间做出抉择之时,便是考验你的宗教良心之日。政治上也是如此。在关键时刻丧失政治立场,为了保住自己的小命或利益,不惜出卖自己的同党,这种人便是信仰上的墙头草,不断地随风起舞,历来为正直人士所不齿。

当然,功利主义并非当代社会所特有的信仰特征,这种情况古已有之。例如古罗马的宗教事务就必须无条件地服从于国家的政治需要。黑格尔曾经指出,罗马的宗教不仅不限制世俗的放纵,反而为这种放纵的目的辩护。这话的确道出了古代宗教的功利性质。在罗马,担任祭司职务并非以候选人的宗教虔诚为基础,而是以政治需要为前提,有些高级宗教官员甚至可以是实际上的无神论者。例如一贯对占卜术持公开怀疑态度的著名元老西塞罗,就曾担任过占卜官。恺撒被公认为无固定信仰者,但他在 13 岁时就被马略任命为朱庇特的祭司,到了他掌握罗马命运的关键时刻,他又成为祭司长。公元前95 年的罗马执政官兼祭司长西沃勒曾经认为,宇宙间的神分为三类:诗人的神是可耻的废物,哲学家的神与政治不相适宜,只有政客的神才是政治上的权宜之计。这种玩世不恭的言论出自一名最高政教官员之口,足以表明古典宗教那种政治上投机取巧的特性。

坚贞的信仰者之所以广受人们的赞扬,是因为信仰具有一种天生的排他性。信仰就如爱情,只向相宜的对象打开心扉,不允许第三者有插足的机会。基督教在最初兴起时,受到了罗马统治当局和广大公众的打压,因为这种一神教信仰与罗马世界所流行的传统多神教不相容。时人为了迫使基督徒改宗多神教,手段之残酷,据说达到令人发指的程度,倔强的基督徒有的被活活烧死,有的被扔进斗兽场喂猛兽,有的被钉死在十字架上,他们成为为信仰而牺牲的殉道者,用我们的话讲就叫"烈士"。

当今社会,人们思想比较开放,信仰趋于多元,各种宗教和无神论,只要不与相关法律相悖逆,就会受到不同程度的尊重。人们甚至可以对宗教进行直截了当的批判和攻击,例如 20 世纪初奥地利著名心理学家弗洛伊德就公开断言,宗教现象只能在个体的神经病症状的模式中求得理解,该现象具有某种强迫性特征;虽然他也并未否认,宗教因包含了历史的真理而对人类产生了影响。可是若把视角往后转,我们将会发现,在信仰问题上,留给古人的选择余地相对有限。绝大多数的古人都是有神论者,如果有人胆敢当众宣称自己是一名无神论者,那他不仅声名狼藉,而且还有性命难保之虞。古希腊著名智者普罗泰戈拉,有一次在雅典广场宣读自己的新作品《论神》,竟然公开怀疑神的存在,结果被雅典人驱逐出境,在被迫逃离时死于船难。古代智者素以怀疑精神见长,他们可以怀疑世界上的一切,但绝不可以怀疑神,因为神的存在是维系城邦社会运作的基本纽带,也是古人价值观的基本底线。另一个典型实例是万人敬仰的哲人苏格拉底,他以公民法庭投票的民主方式被判处死刑,其理由有二:其一是以妖言蛊惑青年人;其二是信奉他自己捏造的神,而不信城邦公认之神。前者涉及政治忠诚问题,后者涉及宗教虔诚问题。如果指控属实,那么对苏格拉底的死刑判决就是公正的。可是根据其弟子色诺芬的回忆,苏格拉底并没有教导青年作恶,而是教导他们为善;苏格拉底对城邦神也是坚贞的和忠诚的,只是在引入新神方面,色诺芬承认确有其事。假设色诺芬的证词是可信的,那么就可以初步断定,按照那时的法律,苏格拉底的确有罪(引入新神罪),可是若仅凭这点小罪就将其处以极刑,则未免量刑过重。当然,从该案例可以看出,古希腊人与后来的古罗马人在理解信仰与政治的关系问题上是一脉相承的,即对神的不虔诚必然会最终导致对国家的颠覆。事实也许是,苏格拉底的被起诉和判罪,完全是政治操弄的结果,这足以证明古代民主的低起点和劣质性,民主演变成了多数人的暴政。于是有人断言,苏格拉底的案子是世界历史上最大的一桩冤假错案。这话听来,也不全是调侃。不过,既然一个人不信神就能够将其置于死地,那也就充分表明了,在古人的世界里,无神论是没有多少存在空间的。

四、信仰的包容性

当然，信仰不仅有排他的一面，也有兼容的一面。据说古代的犹太教就曾经对教外人士开放过，接受犹太教律的"上帝敬畏者"，在履行规定的仪式之后，就可以被接纳入教。只是从中世纪开始，随着生存环境的恶化，犹太人才变得日趋保守，最终成为一个孤芳自赏的民族。罗马人的宗教宽容也是众所周知的，他们在对外扩张的过程中，并没有毁掉被征服者的宗教信仰，相反，他们不仅完好无损地保留了对方的神庙和神灵，甚至常常将这些异邦神灵转移或复制到罗马万神殿里，为罗马人的崇拜增加了新对象。于是，罗马人崇拜对象的数量便随着他们的军事扩张而不断增加。不过，罗马人的宗教宽容也是有底线的，其基本底线有两条：其一，人们只能继承自己祖先的崇拜，不能创造新崇拜；其二，这种崇拜不能以颠覆罗马政权为目的。基督教最初的受打压，就是因为被认为超越了这两条底线，即它既是一种新宗教，又试图挑战罗马的政治统治。这在很大程度上是一种误会，故早期基督教辩护士极力证明，他们的宗教渊源可以追溯到犹太教，因此不是新宗教；他们不但不以罗马政权为敌，而且还是该政权的坚定维护者。

宗教兼容最重要的例证可以在古代中国找到。传统中国文化历来兼容并蓄，许多外来的东西在经过若干世纪的淬炼之后，均被消化吸收殆尽。以轮回转世和禁欲出世为基本特质的印度佛教，与以治平入世为特征的儒家传统，本当是格格不入的。在佛教进入中国的最初几百年里，围绕官本位还是僧本位、沙门需拜王者还是王者需拜沙门、出家是否符合孝道礼制等问题的争论，从未停歇过。结果不出所料：在重大问题上佛教作出了让步，在次要问题上儒学作出了妥协。于是佛教便朝着汉化的道路发展，唐代兴起的禅宗，可以看作是佛教汉化最终完成的一个标志。荷兰汉学家许理和先生叙述这段早期历史的著作《佛教征服中国》,这个书名很容易引起误解,似乎从印度来的佛教在文化上将中国击败了。而在实际上,佛教是被中国传统文化兼容吸收了,变成其不可分割的一个组成部分,从这一意义上说,不是佛教征服了中国,而是中国征服了佛教。

犹太人无疑是这个世界文化万花筒中最为独特的一道光景。历史学家爱德华·吉本称这个民族拒绝与其周边民族的交流,完全出自其文化上的狂妄和自大。虽然吉本先生的这一断言不无偏见,但犹太人的特立独行却是尽人皆知的事实。例如,法国人自法兰克时代起,就试图采用各种各样的办法使境内的犹太人融入当地社会,却一直没能成功。大约从希腊化时代起,由于各式各样的强邻争战不休,犹太人成为最大的牺牲品,他们被迫离乡背井,成为"流散犹太人(Diaspora)"。可是,无论犹太人走到哪里,他们均保持着自身的文化特色,唯一的例外是在中国。犹太人最早何时进入中国,已无法确究。明朝万历年间前来中国传教的耶稣会士利玛窦,在追溯中国基督教起源的过程中,无意中发现了在中国的犹太人后裔。令他大为失望的是,这些犹太人除了个别的例外,大多数已与汉人通婚生子,并且通过读书做官谋出路。换句话说,犹太人的浪花,早已融入汉文化的汪洋大海之中了。这一事例足以说明,中国文化的兼容性有多大。

五、公共崇拜与私人崇拜

既然说到利玛窦,就不得不顺便谈谈他对中国儒学的理解。利玛窦出于宣教目的,刻意要从中国历史中找到中国存在过基督教信仰的证据。他最终从秦始皇身上找到了突破口,他断言,中国人在先秦时代是与西方人一样信上帝的;只是经过秦始皇焚书坑儒后,中国人的上帝信仰灭绝了,从汉代开始发展起来的新儒学,只不过是一些有关自然理性方面的伦理教导,它与先秦儒学中的上帝信仰存在着根本性差异；当务之急是设法恢复先秦儒学中的信仰，按他的说法叫"以耶补儒"，即用西方的基督教弥补儒学信仰缺失之不足。利玛窦的这一手法很巧妙：它无需全盘摧毁儒学的根基，而是承认其合理存在，只是希望在现有儒学理性伦理的基础上，构建起基督教信仰的大厦，这就避免了与中国传统文化的直接撞击，从而得到了一些具有前瞻意识和变革思想的士大夫的极力推崇，如徐光启、李之藻和杨廷筠等。

利玛窦理论的前提是，汉代以后的儒学不是宗教。其意图十分明显。因为如果承认儒学是宗教，就会与西来的基督教形成冲突，显然不利于基督教在中国的传扬。可问题是，儒学不是宗教的说法，未必与事实相符。因为儒学并非一种孤立的或单纯的伦理学说，它上通忠君爱国的理论，下连祖先崇拜的传统，即便它在神鬼和来世观上表现得有些暧昧，也无法掩盖其真正宗教的本质，因此它历来被称作"儒教"或"礼教"，与佛教和道教一道合称"三教"，这并不是完全没有道理的。如果我们承认儒学非宗教，这正合利玛窦及其他传教士的心意。

在古代，公共信仰与私人信仰是有差别的。古代中国的国祭、社祭及族祭，可以看作是某种意义上的公共信仰，而家祭则纯属私人信仰。古代希腊近三百个城邦，共同信仰以天神宙斯为首的奥林匹斯神系，而各个城邦又有各自的城邦守护神。如雅典选择智慧女神雅典娜为其城邦神，亚戈斯选择天后赫拉为其城邦神，爱奥尼亚沿海及其附近岛屿诸邦选择海神波塞冬为城邦神，塞浦路斯则选择爱和美之神阿弗洛狄特为城邦神，等等，于是便在信仰生活上，实现了希腊世界整体性与各城邦特殊性的协调和统一。古代罗马人在信仰上也是公私分明。他们设有最高祭司团，成员均是一些著名元老，祭司团的祭司长由执政官兼任，帝国时代则由皇帝兼任。祭司团成员分工管理诸如鸟卜、脏卜和神谕等各种与神打交道的事务。古代地中海世界最享盛誉的神谕是西比尔预言。西比尔是出现于各式各样场所中的一位女预言家。在罗马神话中，最著名者为库麦的西比尔，据说她在埃涅亚斯的时代服侍阿波罗神。较晚的一个西比尔出现于塔克文·苏珀布斯时代,她的预言被储藏于朱庇特神殿里,在危险时期,祭司团就会向她征询,她就会对将要出现的事情作出模棱两可的预言,而对于这些预言的解释权则掌握在元老们或皇帝手中。理所当然的是,以朱庇特为首的卡皮托神系成为公共崇拜的对象。除了公神崇拜之外,罗马家庭也崇拜家神,这种家神也叫灶神;甚至公民个人也有自己的守护神。基督教官方化以后,祭司团解散了,祭司长一职在提奥多西大帝时代被废,可是西比尔预言书却被以隐蔽的方式保存了下来,后来的教会神学家常常引用它的内容,去证明有关耶稣的诞生和死而复活的说法自古就有预言。而作为私人信仰,每个基督徒均匹配上了一个保护天使,以取代古时的私人守护神。

六、皈依与叛教

"皈依"是基督教从佛教中借用来的一个术语,它最初指信奉,即世俗人士接受佛教戒律,成为佛教信徒。基督教借用了该词之后,意思略有改变,即实际上成了"改宗"。当一个人从一种原有的信仰转向另一种信仰时,站在其原有信仰的角度上,叫"背叛",而站在其新信仰的角度上,则叫"皈依"。历史上最有名的两个皈依基督教的案例分别发生在圣保罗和圣奥古斯丁身上。据《使徒行传》的记载,保罗原属犹太教徒中的法利赛党人,是耶稣门徒的疯狂迫害者,在一次前往大马士革抓捕耶稣党人的途中,据说由于耶稣的显灵,保罗突然间不仅变成了耶稣的使徒之一,而且成为基督教早期传播的最关键的人物。相比之下,奥古斯丁的皈依则有一个较为渐进的过程。根据他在《忏悔录》中的供述,他先是信仰罗马异教哲学,然后转信摩尼教,最后在教父安布罗斯的影响下,经过所谓米兰花园神迹,正式成为一名基督徒。无论是犹太教还是摩尼教,对于正在蓬勃兴起的基督教来说无疑都是弱势宗教,因此保罗和奥古斯丁对于旧信仰的背叛和对于新信仰的皈依便有了充分的正当性,他们的信仰转变自然被渲染为"改邪归正"。与此截然相反的一个例子,是 4 世纪中期罗马皇帝尤利安的信仰转变。他抛弃了基督教信仰,改宗罗马传统的多神教,这被看作倒行逆施,该皇帝也就被冠以"叛教者"的蔑称。因此可见,判定一个人的信仰转变是"皈依"还是"叛教",话语权永远掌握在意识形态方面的强者手中。其实,尤利安的所谓"叛教"是有其特殊原因和背景的。他是君士坦丁大帝的侄子,在君士坦丁死去之后,皇室成员经过腥风血雨的大屠杀,许多近亲均以所谓宗教的原因被消灭殆尽,幼年的尤利安在极端艰难的环境下竟然存活了下来,这使他看到基督教不可能给政权带来稳定,给国家带来繁荣。因此在当上罗马皇帝之时,他便着手放弃基督教,恢复罗马传统多神教崇拜。可是从尤利安的宗教实践上看,他未必是一个宗教狂热分子,他对基督徒的迫害也极为有限,他要恢复的与其说是多神崇拜,不如说是希腊罗马的古典哲学。后来对尤利安的全面否定的评价,完全是出于一种基督徒的偏见。尤利安是古代史上颇具特色的皇帝,对他的研究仍有进一步拓展的空间。

如果说尤利安是主动的"叛教者",那么在基督徒广受迫害时期,不少被迫向多神教及皇帝的偶像献祭的信徒,便是被动的叛教者。对于这些被迫献祭者,教会出现了截然不同的声音。有人认为,献祭者既然是叛徒,就辜负了上帝赐予的恩典,他们理所当然不能被重新接纳入教,甚至那些先前曾接受过叛教者任命的神职人员,也应当被解职。而在正统教会当局和多数信徒看来,这样一些要求既太过分也不实际。于是教会就出现了裂派,坚守严苛信仰情操的信徒从正统教会中分裂了出去,其中较著名的有北非的多纳图派和罗马的诺瓦替安派,这些教派人士认为,教会应当由义人组成,罪人是无份的。裂派的出现,从反面证明了当时的叛教并非个别现象。

也许是因为迫害期间被迫献祭从而"叛教"的信徒太多,出于法不责众的通常原则,教会允许这些犯错误的信徒在履行了一系列苦行义务之后有改过自新的机会,从而被重新接纳入教,这被证明是一种明智之举。奥古斯丁在批判多纳图派的过激主张时正确地指出，教会并不单纯是义人的组织，它也包括了罪人；加入教会不过是走向拯救的起点而不是终点，任何人都别想通过进入教会而逃避自己今后应尽的道德责任。

第二章　神造人，还是人造神

神是人类理性和现代科学所无法完全解释的现象，但它（们）又是构成了宗教信仰的核心之一。有什么样的神灵体系，就有什么样的宗教信仰，当然也就有什么样的价值取向和文明路径。因此可以毫不夸张地说，想要理解一种宗教文明的特质，最明智的做法，就是从其古老的神灵体系入手，在这些体系中寻找古人与今人在思想上的历史关联，并借以找出古人的信仰依据。

一、古代哲人与有神论

神是宗教人士所崇拜的对象。根据马克思的唯物主义理论，当人们在无法用自然理性或科学的手段去解释某些自然现象和社会现象时，就会用超自然的手段对其作出解释，换句话说，超自然的神的产生，完全是人在自然压力和社会压力下无能为力的结果。这种说法是基本正确的，但未必是充分的。因为除了自然压力和社会压力之外，人内在的心理压力，对于神的出现，也扮演着不可或缺的作用。此外，神的出现，也并非完全是人们对外来压力的一种消极应对策略，它在很大程度上也体现了人类对其生活环境、对这个世界乃至对人自身本质的一种积极探索。

必须特别指出的是，古代的唯物主义者，未必都是无神论者，相反，他们对于世界本源的追溯，往往被人们视作是对神的探寻。古希腊第一个唯物主义学者泰勒斯，就认为万物都充满着神。人们往往把泛神论看作是近代自由思想的产物,其实深究起来,泰勒斯应当是历史上最早的泛神论者。他认为宇宙的本源是水,想必水就是他心目中的最高神。泰勒斯的再传弟子阿纳克西梅尼认为万物的始基是气,而气又是什么呢?阿纳克西梅尼直截了当地告诉我们,气就是神。古希腊另一位著名唯物主义学者赫拉克利特虽然极力反对向神献祭,可是他从未否定神的存在,在他看来,神就是智慧,神就是火,是逻各斯和对立的统一,这个神是一种哲学上的理性之神。四根说的创立者恩培多克勒认为天神宙斯主宰火,天后赫拉主宰气,冥神哈得斯主宰土,水神涅斯蒂主宰水,其思想虽然充满着朴素唯物论气息,但他显然不是一位无神论者。原子论最重要的代表人物德谟克利特也反对人们对神作贪得无厌的祈求,但他并没有完全否定神的客观存在,只不过在他的心目中,神就是原子流射所形成的特殊影像,是灵魂感知的自然对象,它比其他自然现象具有更为奇特的形状,和更为持久的存在时间。具有某种唯物主义倾向的亚里士多德,也从万物的发展演变中,推衍出一个本身不动的最终推动者,亦即一个非人格的理性神,该神不仅永恒不变,而且因为它始终以其自身为目的和对象,故它也是至善的。希腊化时代最重要的唯物主义者伊壁鸠鲁,也是一名有神论者,不过他所理解的神,是由极为精微的原子构成的;神与人一样有形体,在形状上与人相似,可是他们没有人一样的感觉和欲望,因为如果神也有人的感觉和欲望,就无法做到完全不动心;构成神的原子是诸原子中最精细的一类;神是幸福和不朽的最高存在,他们居住在诸世界之间,而不住在世界之中,因此绝不会关心世界上的事情。这一思想无疑为近代的"自然神学"埋下了伏笔。以爱比克泰德和塞涅卡为代表的晚期斯多亚主义者,则将自然等同于神,认为神存在于自然万物之中,而火则是神的本质属性。即便是"敬鬼神而远之"的孔夫子,也不算是一位真正的无神论者,他的孝学说中就包含有"祭亲",他还曾发出了"获罪于天,无可祷也"的慨叹,如果他没将已死尊亲和天视为神,"祭"和"祷"又有何意义呢?1—2世纪的希腊传记作家普鲁塔克在其有关论埃及神学的作品中,把无神论与迷信看得同等可怕和不可思议，这在很大程度上反映了有神论在古代世界的普遍性。

至于古代的唯心主义学者，更是公开的有神论者，只不过各自的表达方式不同罢了。毕达哥拉斯认为万物的始基是变化无穷的数，一切均由数的不同组合所生，从而数就具有了神的功能和意义。此外，根据西塞罗的记载，毕达哥拉斯曾经断言，神是一个分散在自然界一切存在当中的灵魂，人的灵魂也得自于神。这具有几分泛神论的意味。巴门尼德断言，不是所有的数均为神，只有构成为"存在"的一，才能成为不动而又完善的神，因为其他万物都是由它派生出来的。柏拉图在《蒂迈欧篇》中提出了一个类似于二神论的学说，他告诉我们，至高神为永恒存在的"至善"，在其授意下，造物主"德谟革"（Demiurge）以至高神为原型，开始了其规模庞大的创世活动。柏拉图的再传弟子，亦即新柏拉图主义的代表人物普罗提诺，则将柏拉图的"至善"概念与巴门尼德的"一"的概念糅合一体，提出了"太一"的理论，认为宇宙万物均由"太一"这一最初本源分级流溢而成，太一便在实际上成为至高无上之神。

二、创世与神人互动

既然古人大多数是有神论者，那么神与人及其他世界万物的关系，就是我们需要关注的另一个重点。对于古代的有神论者来说，人和世界是由神创造出来的。据《梨俱吠陀》中一首颂诗的记载，创世之初，众天神以宇宙人普鲁沙作祭品，把他切成许多块，从他的双唇产生出了祭司婆罗门，从他的双手产生出了武士刹帝利，从他的大腿产生出了农夫吠舍，从他的双脚产生出了仆役首陀罗；他身体的其他部分分别造就了太阳、月亮、大地、水、火和空气等等。该故事通过追溯种姓制度的神圣起源，为此制度的合理性作辩护。不过，人们仍然可以从中获得两点历史认识：其一，种姓制度历史悠久,它在早期吠陀时代就已经萌发;其二,远古时代的人类,曾经普遍存在着人祭,这种习俗的残迹甚至存在于文明时代的初期。

中国古代的创造神话,常常围绕女娲这一中心角色展开。《太平御览》卷七八引《风俗通》说:"俗说天地开辟,未有人民,女娲抟黄土作人,剧务,力不暇供,乃引绳于泥中,举以为人。"黄土高原是汉文化的发源地,黄土自然成为女娲造人的基本质料。有趣的是,女娲是一名女神,她的造人过程似乎一点也不轻松,实际上,她是采取制作陶器的工艺流程来造人的,这在一定程度上反映了母系氏族社会时期汉族先民在黄河边上进行农业劳作的艰辛场景。

女娲除造人外,还有补天一说。《淮南子·览冥篇》说道:"往古之时,四极废,九州裂,天不兼覆,地不周载,火爁炎而不灭,水浩洋而不息。猛兽食颛民,鸷鸟攫老弱。于是女娲炼五色石以补苍天,断鳌足以立四极,杀黑龙以济冀州,积芦灰以止淫水。"鳌足和黑龙等,都是水灾时兴风作浪的水怪,故女娲补天,其目的无非治水。在有关远古汉人生活的文献中,治理黄河及淮水的洪患,一直是一个经久不衰的主题,女娲补天治水之说,应是那个时代的汉族先民抗击自然灾害的一个缩影。

相比之下,古希腊诸神具有更鲜活的人性化特征。例如,神与人一样是被生出来的,而不是固有的或变出来的;神与人一样具有七情六欲和种种弱点;神与人的唯一差异是不死,因而更加强有力。根据赫西俄德在《神谱》中的说法,先是大地女神盖亚生下了天神乌拉诺斯,乌拉诺斯与盖亚结合生下了第二代神,第二代神中的克洛诺斯在其母亲的支持下,阉割了其父亲,夺取了天神之位;克洛诺斯与瑞亚结合,生下了第三代神,其中最小的宙斯在其母亲的策划下,推翻了其父亲而自立为王。宙斯与赫拉结合,生下了第四代神。那么这些神与人类之间存在着什么样的关系呢?赫西俄德没有明说。不过他多次提到,宙斯是"人类与众神之父"。后来诸神虽说是宙斯的后代,但人类绝不可能为宙斯所生,因为根据赫西俄德的另一说法,神与人结合所生下的,是半神半人的英雄,而不是纯粹的人。因此,人最有可能是被神造出来的。例如赫西俄德提到,在宙斯的授意下,著名的跛脚神曾用泥土塑造了一位娇气的女人。别的文献则提及,人类是由普罗米修斯创造出来的。普罗米修斯不仅创造了人类,而且为了给人类带来光明,不惜铤而走险盗取天火,从而遭到了宙斯的惩罚。普罗米修斯为人谋福的传说在西方世界源远流长,家喻户晓,以致于后来为人类作出贡献的人物,常常被称作普罗米修斯式的英雄。荷马在《伊利亚特》中,描写神、人互动的情节相对较多,例如在希腊人围攻特洛伊城的战斗中,诸神是选边站的,爱与美之神阿弗洛狄特和音乐之神阿波罗等站在特洛伊人一边,天后赫拉和智慧女神雅典娜等则站在希腊人一边。

在神、人互动方面,柏拉图在《会饮篇》中借助阿里斯托芬之口,叙述了一个相关的故事。最初的人除了男人和女人之外,还有第三种人即兼有男女两性的阴阳人。由于男人是太阳生出来的,女人是大地生出来的,阴阳人是月亮生出来的,这些人的形状也与太阳、地球和月亮一样,都是圆形的,每人有四只手、四只脚和四个耳朵,他们走路时可以随意向前向后,也可以像翻筋斗那样滚动。这样的人非常强大有力,因而也骄傲自大,蔑视诸神。诸神想要灭掉人类,却又担心没人献祭。最后宙斯决定把每个人切成两半,这样既可削弱人的力量,又可使人所献祭的祭品成倍增加。可是人被切成两半之后,这一半想念那一半,各自苦苦思恋,以致痛苦而死。为了避免人类灭绝,宙斯便让男女交媾生育子女。于是,人与人(不仅是男女之间,而且包括同性之间)开始彼此相爱,每个人都在寻找自己的另一半,找到后则紧紧拥抱,难舍难分。借助这一故事,柏拉图所要表达的思想十分明确:人本来是完善的(圆就是完善),但由于傲慢得罪了神,故失去了自己的另一半,变成不完善;如今要去寻找那失去的一半,重新获得完善;而推动人们去寻找另一半的,正是以厄洛斯神为象征的爱情的力量,因为据柏拉图说,这场宴会是以赞颂爱神为主题的。

三、文明进步与人类"堕落"

古希伯来人的创世神话,则为人们认识事物的本质提供了另一种模式。耶和华上帝用五天时间创造出了世界万物,第六天,上帝按自己的形象创造了男人亚当,并抽取亚当身上的一根肋骨做成女人夏娃,亚当、夏娃遂成为人类的始祖。人类始祖最初生活在上帝的伊甸园里,他们虽然无忧无虑,却赤身裸体,与蟒蛇等猛兽混居。后来,在蟒蛇的教唆下,夏娃违反耶和华的禁令,偷吃了智慧树上的果子,并教唆亚当一同犯禁。作为惩罚,人类被赶出了上帝的伊甸园,开始担负起工作的辛劳,并被限定了寿命。此外,女人还被加上了生育的痛苦。

这一创世故事的含义相当丰富。首先,上帝创造的万事万物,本来就是为人类所利用的,因为万物中,只有人最像上帝,人类理当成为世界万物的主人,这反映了古希伯来人对于人类与其周围环境的关系的独特理解。其次,女人是用男人身上的骨肉做成的,这既可以理解为配偶间关系的亲密无间,也可以理解为在家庭生活和社会生活中,女人对于男人的依附和从属,后来犹太人社会中的男权主义和家长制,正是从这里找到其法理依据的。第三,伊甸园里的生活,实际上是处于蒙昧时代的远古先民原始生活状况的一个缩影。那个时代的人类尚未学会耕织,当然就没有工作的繁累。有关人类始祖随意采食园里果实的描述,更是向我们展现出一幅原始采集经济的生动图景,可是神话作者诗意的赞叹和憧憬,却无论如何也难以掩盖其间物质生活的极度匮乏和简陋,以及人类认知能力的极度低下。最后,邪恶和死亡随着人类的犯禁而到来,而人的犯禁则是从智慧的启动开始的(偷吃禁果)。在神话作者看来,虽然邪恶和死亡是人类咎由自取,与上帝无关,但它们的出现,无疑是人类进入文明社会的代价;人类社会的每一个进步,似乎都伴随着人自身道德状况的退步,这是人类历史上的一个最大悖论。希伯来人对人、神关系的这一理解，后来为基督徒所传承和发展。

四、人　造　神

虽然多数古人坚持认为是神创造了人，可是也有人反其道而行之，认为是人创造了神。历史上第一个对神造人学说进行发难的，是公元前6—前5世纪的希腊诗人色诺芬尼。他并不否定作为一个道德最高楷模的神的存在，可是他却对荷马和赫西俄德所描述的众神表示反感，并断言这些喜怒无常、道德败坏的神，是古代诗人制造出来愚弄人民的工具。他甚至认为，如果牛和狮子当中有神，那么它们的神必然长得像牛和狮子，就如奥林匹斯诸神像人一样。大约生活于同一时代的以弗所哲学家赫拉克利特，也对通俗意义上的诸神表示强烈不满，他指出，神不过是智慧的最高体现和象征，具有智慧和最高尚的人死后就成为神；在他看来，神并不是宇宙万物的创造者，宇宙和人都是自然生成的，因此他极力反对献祭仪式，反对偶像崇拜，也反对向神祷告。公元前5世纪中叶的智者普罗泰戈拉则公开怀疑神的存在，他说道："关于神，我无法知道他们存在还是不存在，也无法知道他们长得像什么样子。"尽管他对奥林匹斯诸神及其形象保持沉默，但他言下之意无非是，这些神及其形象，都是人自己创造出来的。公元前4—前3世纪间的希腊哲学家优赫梅鲁在其《神圣历史》一书中，记载了他本人在某个海岛上的考察经历。他说他在该岛上见到了一块记事碑，碑文记录了乌拉诺斯及其后裔的故事。根据碑铭，乌拉诺斯不过是远古时代的一名英雄，因为对人民有功而被拥戴为王。乌拉诺斯死后其王位传给了儿子克洛诺斯，克洛诺斯死后，其儿子宙斯继承了王位。优赫梅鲁据此断言，所谓的神不过是有功于人民的古代英雄，他们之所以被神化，是为了纪念他们的功德。优赫梅鲁这种对神的起源的解释，对后世影响极大，如4世纪的基督教作家拉克坦修在其《神圣原理》一书中,就大量地利用了优赫梅鲁的材料和观点。进入罗马时代以后,围绕着人为何要创造神的问题,形成了两种不同的观点:一种认为是出于经济上的需要,另一种认为是出于政治上的需要。前者以普罗狄科为代表,后者以克里底亚为代表。根据普罗狄科的见解,起初人们将对人类有用的动物奉为神,后来人们又把农业、建筑及手工技艺等发明者奉为神,于是便有了阿尔特弥斯、赫费斯托及狄奥尼索斯诸神。克里底亚则声称,最初的人作恶多端,为了震慑住人们的恶行,聪明而又有智慧的人类领袖便发明了神,并借助神来立法规范人们的行为,从此人类就从野蛮走向文明,世界从混乱走向有序。无论这些观点的差异有多大,它们均存在着某种共性,那就是企图用自然理性的方式,去解释神与宗教的起源。此外,这些具有理性主义倾向的作家,虽然借助人造神的学说去否定有形之神的道德合法性,但他们本身未必都是彻底的无神论者,其实在他们的心目中,或多或少地存在着一个作为人类道德楷模的、无形的理性神。例如苏格拉底受控的罪状之一是"引进新神",据说他想引进的,就是一个道德至善和完美的理性神,用于取代声名狼藉的奥林匹斯诸神。他的学生柏拉图和再传弟子亚里士多德心目中的神,也毫无例外是理性神。

五、古代中国诸神

与西方世界相比,中国古代的造神运动具有较为独特的内在逻辑。除了佛教和道教各自形成了一套神灵体系之外,传统中国的神灵大体起源于如下六个方面。其一是起源于远古神话中的人物。如《山海经》和《穆天子传》中的西王母,据说她居于西方的昆仑山,曾来中原王朝朝贡,周穆王也曾西行回访。虽属神话,却也能够从中依稀辨认出早期中西交往的某些痕迹。根据阴阳相配的原则,既然西方有西王母,东方就须来个"东王父",两者后来均被纳入道教的神仙体系之中，西王母执掌女仙名籍，东王父则执掌男仙名籍。其二是起源于远古时代对后人作出重大贡献的部族领袖。如最早教人从事渔猎畜牧活动的伏羲氏，他被视作人类始祖，据说人类由他与其妹女娲交媾而生；他还是文字的发明者，故他被奉作狩猎神和文字神。又如农业和医药的发明者神农氏，据说他用木头制作农具，教人进行农业生产，并遍尝百草，发明了中医中药，故他被奉作农业神和医药神。其三是起源于历史上的杰出人物。如蜀汉名将关羽，由于其显赫的名声，在他死后，佛、道二教争相将其神化，北宋朝廷封他为"义勇武安王"，明朝封他为"三界伏魔大帝神威远震天尊关圣帝君"，佛教则将他列为伽蓝神之一。在民间，人们借助其忠勇的特性，将他奉为商业活动的守护神和武财神，如今，连某些五星级饭店都供奉他的灵位和塑像。其四是起源于民间的传说人物，如妈祖。相传其为北宋福建莆田人，原名林默，父母信佛，梦见观音赐药而生，8岁从师，10岁信佛，13岁习法术，能作巫术预言未来，平息风浪，后盛装登山石升天为神，并受历代朝廷敕封，从此其名声从福建传播至中国沿海各地，甚至于海外，成为掌管海上航运的女神。其五是以地方官吏为原型的地方神，如社神。此类神起源较早，在《孝经》中已有记载，他们掌管一方水土，保地方平安繁荣，故各地均有社祭之俗。又如城隍，他们是守护城池之神，据说最早的城隍始于三国东吴的芜湖，唐朝开始广泛传播于内地，宋代以后遍布全国。据说城隍能应人所请，旱时降雨，涝时放晴，以保丰足不歉。其六是起源于离世的先人，他们成为祖先神。祖先崇拜本质上是家神和宗族神崇拜，当然也是一种死人崇拜。恐怕世界上的所有民族都经历过祖先崇拜阶段，但绝大多数的民族在出现了更为高级的崇拜形式之后，都纷纷放弃了祖先崇拜，只有中国人执着地将这一崇拜习俗维持了下来，甚至成为中国古人信仰的核心部分。因此，祖先神通常被认为是中国诸神中最具特色的一种神。

　　由此可见，中国的神灵体系也比较直观地反映了中国的人间世界，有什么样的人，就有什么样的神。不过有一点必须特别注意：虽然中国人有帝王崇拜的传统,不少帝王本身也常有成仙成佛甚至成神的强烈诉求,可是历史上从来没有一个帝王在死后被尊为全民族之神,他们只能享有皇族家神的尊位。例如唐太宗这么能干的皇帝,驾崩后也没被纳入公共崇拜的行列,倒是他手下的猛将尉迟恭和秦琼死后荣升门神而家喻户晓。皇帝死后不被认同为公共崇拜对象,也许是因为他们在生前已经大大地挪用了本该属于其死后的尊荣,故他们一旦死去,人们就会觉得他们再也没有理由继续享有这种尊荣了,从群众心理学的角度,这或者可以称之为"代偿性的贬抑"。这种现象,在一定程度上反映了古代中国宗教信仰的实用性和功利性。

六、神 的 善 恶

在多神教的时代,神界秩序是现实世界秩序的写照,故诸神的关系也便直接反映了人际关系。可是由于生活环境与历史传统的差异,中西神谱结构也存在着较大的不同。传统中国诸神分裂为善神与恶神两个阵营,前者如玉皇大帝、如来佛和妈祖等,后者如雷神和死神(阎罗)等,亦即民间所说的"凶神恶煞"。尽管如此,恶神仍不能被视作是专做坏事的恶棍,他们本身在伦理上还是善良的,因为他们对有罪之人实施惩罚,对行恶之人进行清算,对走完人生道路之人悉数接纳,故他们也是正义的代表和化身。换句话说,在传统中国的神谱中,真正意义上的恶神是不存在的,所有的神,在个体道德上都是没有瑕疵的。

相比之下,古代西方诸神更能直接地体现出人的善恶两面性,尤其是在恶的方面。在希腊神话中,几乎找不到一个道德完善的神灵,即使那些曾经为人类作出过重大贡献的神,也无一例外。宙斯的任性、赫拉的嫉妒、雅典娜的奸猾、阿弗洛狄特的淫荡等,均是尽人皆知的。根据赫西俄德的说法,除了这些神的为非作歹之外,可怕的夜神还生下了欺骗女神与不和女神,不和女神则相继生下了痛苦的劳役之神、遗忘之神、饥荒之神、多泪的忧伤之神、争斗之神、谋杀之神、屠宰之神、谎言之神、违法之神和毁灭之神。赫西俄德特别指出："所有这些神的本性都是一样的。"他所说的本性是什么呢？其实就是恶。神的这种作恶本性，受到了后来一些哲学家的批评，例如柏拉图就极力主张，有良知的公民千万不要拿荷马及赫西俄德的神来教育后一代，否则会误人子弟。可是，作为精英分子的哲学家的意见，在神话故事家喻户晓的希腊世界究竟能发挥多大作用，则是令人怀疑的。由此可见，仅就神的角度而言，与古代中国与人为善和劝人行善的信仰传统迥然相异，西方文明从一开始，就将恶视作推进人类文明发展进步的内在驱动力。

七、神是否存在

神是否存在，这是困扰人类几千年、悬而未决的大问题。我们当然不可能期待一劳永逸地解决该问题，但对其作些说明还是有必要的，因为迄今为止，世界上的多数人类仍是各式各样神灵的崇拜者。人们之所以相信神的存在，主要是基于如下三个方面的理由。其一，基于自然理性的推论。万物运作如此有节奏，世界和宇宙天体的运行如此有规则，大自然如此美妙而神奇，难道这一切不过是简单的自我进化使然？尽管现代科学突飞猛进，但其所解决的科学问题也只占宇宙奥秘的 5%，其余 95% 仍是未知领域，这就给人们的遐想提供了几乎无限的空间。在这些遐想里，就包括了存在着一个宇宙万物最终推动力和造物主的构思，这使人们被迫重新回归到亚里士多德有关不动的推动者的理论。其二，基于对某些超自然现象的理解。虽然神迹的时代早已随着中世纪的逝去而成为历史，可是当今世界仍然屡屡出现一些超自然的奇迹。例如某个被权威医生判断为只有半年生存期的绝症患者，却出乎意料地多活了 20 年；某位高僧大德的遗体被焚化后，人们的确在其骨灰中找到了光彩夺目的舍利子。

类似这样一些奇迹,不少人将其视作神存在的证据。其三,基于对无神论的反证。应当承认,无神论者反驳有神论的方法是颇为拙劣的,他们认为,一切无法用经验手段获知的东西,都是不存在的,既然神无法被用经验的验证手段证明是存在的,那么它就是根本不存在的。有神论者则辩驳,无神论者的这个大前提是错误的,因为经验手段是随着历史的发展而不断变化的。例如在显微镜发明之前,人们就不可能认识到病菌会致病并且会传染他人。我们也不能因为我们看不见,就视其为不存在。例如某人一辈子没有去过新西兰,但这并不能作为否定新西兰存在于地球上这样一个事实的有力证据。这些论辩对于探明真相是有意义的。

第三章　灵魂可以不死吗

　　灵魂是宗教信仰的另一个重大要素。对于灵魂的相信，甚至比对于神的相信还要普遍。神的观念与灵魂的观念，究竟哪个更早出现于人的脑际中？这是一个无法确知的问题，也许两者同时出现。如果说神的观念与外在压力的联系更为直接，那么灵魂的观念则与内在压力的联系更为紧密。20世纪初的人类学家通过对美洲印第安人的研究，发现这些未开化的民族认为，人在做梦时的行为，是灵魂暂时离开肉体之所为。这种想法对于原始人可能具有普遍意义。考古学的资料表明，十万年前的尼安德特人和4—5万年前的周口店山顶洞人，已经具有了灵魂的观念，并且相信人死后灵魂继续存在。那么我们又是如何得知这一结论的？主要的证据是在这些原始人的墓葬中，发现了方便死后灵魂继续使用的生活用品，亦即陪葬品。由于生活环境的差异，不同地区和不同时期的古人，对于灵魂的理解也各有特色。

一、灵魂不朽与轮回

　　灵魂不死的观念，最早可以追溯到古埃及的神话。根据一个非常古老的传说，天地之子奥西里斯死后，他的双亲将他进行分割：身体留在地上，灵魂则上了天。由此开启了灵魂不朽的先河。然而，在某些古人看来，灵魂不朽与其说是一种幸运，不如说是一种不幸。在西亚的古老史诗中，主人公吉尔伽美什为了寻找好友的灵魂来到了地府，见到的是一幅阴森凄惨的图景，由此得知人死后灵魂所处并不理想。荷马在《奥德赛》中，描述特洛伊战争英雄奥德修在返回故乡途中，在地府遇见了已经死去的希腊联军第一勇将阿喀琉斯的灵魂。奥德修安慰阿喀琉斯说：你虽然死去了，却仍能在地府里威武地统率着鬼魂们，因此就不必伤心啦。阿喀琉斯却抱怨说：我宁可活在世上充当一名穷人的奴隶，也比在地府统率所有死人的灵魂要好得多。这在一定程度上说明，在荷马时代，多数希腊人均是恋生主义者。

可是这种古老的恋生主义经过几个世纪的演化之后，其内涵发生了很大的变化，即由恋生主义向净化主义转变。古希腊人之所以对灵魂不死怀有恐惧，大概是因为害怕灵魂经轮回转世后会变成低等动物。根据希罗多德的说法，古代埃及人是灵魂轮回说的始作俑者，他们认为，人死后灵魂历经陆地走兽、水中鱼类和空中飞鸟，要过三千年才能再次投生为人；人的灵魂要对生前的各种恶行负责，死后有可能因此而投生飞禽走兽或穷苦人家，甚至下地狱受折磨。我们不知道古埃及的灵魂轮回说什么时候和以什么途径传入希腊世界的，但我们知道，主张这一学说的公元前6世纪的希腊哲学家毕达哥拉斯曾在埃及待过一段时间，并且在那里当过祭司，还通晓埃及文字。相比于荷马时代，毕达哥拉斯的灵魂轮回说已趋于乐观，它包括了四个要点：其一，与肉体相反，灵魂是不灭的；其二，随着肉体的死亡，灵魂移居到其他肉体上，甚至其他生物体上，并按以下顺序循环反复：人—陆生动物—海生动物—有翼动物—人，完成整个循环需要三千年；其三，一切生物都是血缘相通的，因此人在生时必须实行斋戒；其四，灵魂经过净化，可以得救，亦即是可以避免再投生而受各种痛苦。毕达哥拉斯自称能够回忆起自己四次前生轮回转世的情况。据说有一次他在路上看到一个人在打狗，便向前大声喝止："住手，不要打它，它是我一个朋友的灵魂！"毕达哥拉斯灵魂轮回说的宗教结论是：灵魂被束缚在肉体中，是一种痛苦的惩罚；灵魂摆脱肉体束缚，则是人的终极追求。

二、灵魂的回归与幸福

其实,早在毕达哥拉斯时代之前的 7 世纪末,希腊世界的民间就已开始流传着一种颇受欢迎的俄尔弗斯秘教。该秘教相信,人具有属天的神性和属地的魔性,认为人的灵魂将根据其生前的善恶而向高一级或低一级转生,而且要转生多次才得以解脱。该教还认为,持守信仰和礼仪规范的目的,就在于使人通过努力得以获得神性,摆脱魔性。它的神秘崇拜仪式包括净化礼、祭祀礼和圣餐礼等。该秘教的最大特征是将灵魂与肉体直接对立起来,在该教信徒看来,人肉体上的生,就是灵魂上的死,故肉体是灵魂的坟墓;灵魂相继被囚禁在植物或动物体内,直到最后,由于灵魂净化,人才摆脱了生的轮回;至于那些不可救药的灵魂,则只能受罚永远堕落于凡间事物的泥沼中。有人认为,后来兴起的毕达哥拉斯灵魂轮回说,与俄尔弗斯秘教存在着某种内在关联,这是非常有可能的。不过,在灵肉关系问题上,毕达哥拉斯代表的是一种精英信仰,俄尔弗斯秘教则代表了普罗大众的通俗崇拜。有趣的是,这两种不同层次的灵魂轮回说竟然几乎同时(公元前 7—前 6 世纪)流行于希腊世界,不得不说是一种十分奇特的现象。

活跃于公元前 5 世纪的柏拉图,在很大程度上继承了毕达哥拉斯的灵魂轮回说,并使之更加哲理化。他在《斐多篇》中,借助苏格拉底之口,表达了自己对灵肉关系的见解。在他看来,死亡从本质上说,就是灵魂与肉体的分离,两者各自成为独立的实体。在肉体束缚下的灵魂,只能产生一些错误的感觉;灵魂一旦获得了独立,它就可以达到纯粹的思想而最终认识事物的本质。肉体是灵魂认识事物真相的障碍,而死亡却把被肉体束缚住的灵魂释放了出来,这时灵魂才能直达智慧的通途,因此,真正爱智慧的哲学家是仰慕死的。如此一来,荷马史诗中的恋生主义,在柏拉图的哲学中消失得无影无踪,被一种较为乐观的恋死主义所取代。

　　如何才能证明人死后灵魂不仅不死,而且还会轮回转化为其他的生命形态呢? 对该问题,柏拉图采用两个手法去进行论证。第一是辩证的手法。他指出,凡是对立的东西都是从其对立面当中产生出来的,自然万物中到处存在着对立面互存和转化的规律,例如人有睡就有醒,有醒就有睡,睡和醒互相对立,也互相转化。生与死也是这样,人有由生到死的发展,为何不能够有由死到生的变化呢? 在这里,柏拉图把生与死的关系简单地等同于醒与睡的关系,这显然是不恰当的。因为醒与睡的反复交替出现,以及从生到死的不可逆转性,均是被理性经验所证明了的正常生理现象,相反,由死到生的反向过程则是理性经验所无法证明的。如果柏拉图所讲的生与死的主体是作为集体的人类族群,那么他就是在偷换概念,最终也无法证明某个具体的个人会死而复生。第二是先验的手法。在柏拉图看来,学习的过程就是回忆。当一个人回想起某一事物时,他必然在先前的某个时候已知道了这一事物,因此回忆是以被回忆的内容业已存在为前提的,在这种情况下,除非是灵魂在生前已经存在,否则便不可能回忆,这种先验的回忆过程证明了灵魂是不灭的。显然,这种回忆说是无法令人信服的,因为如果任何的学习均是单纯的回忆,人类文明的进步就无从谈起了。柏拉图还坚持认为,普通人的灵魂轮回,是从高级向低级的一步步退化,亦即:男人—女人—鸟—爬行动物—鱼类;而哲学家的灵魂轮回则相反,即从低级向高级的一步步提升。

　　柏拉图的再传弟子、新柏拉图主义的代表人物普罗提诺则认为,人的个体灵魂是从世界灵魂中流溢出来的,世界灵魂流溢自纯思,纯思流溢自太一。在他看来,人生的最高目的是,使灵魂从肉体的束缚下摆脱出来,并实现逐级的回归:先是回归世界灵魂,然后回归纯思,最后回归太一,与太一合并,亦即合并到自己的最终本源,从而实现人的最终幸福。

三、唯物论者的灵魂观

　　早期的唯物主义者是否都拒绝灵魂的存在？这是一个极其有趣的问题。没有任何证据表明，米利都学派的哲学家们对灵魂问题作过系统的阐述，但也未曾发现他们有否定灵魂存在的任何迹象。赫拉克利特在某个地方提到，灵魂与宇宙中永恒的活火血脉相通，灵魂就是火与水的混合物，具有思维和认知的功能。可见这种灵魂观在本质上是唯物主义的。德谟克利特也用唯物主义原则解释灵魂，他将灵魂与躯体均归之于原子。在他看来，身体和灵魂的本源是同一的，即都是原子，不过灵魂是一种精致的和圆形的原子。他还认为，构成原子的灵魂无处不在，亦即万物都有灵魂，他甚至说石头中也有灵魂。这并不意味着他回到了传统上的"物活论"，因为他接着指出，这种自由游离的灵魂原子并不会使石头活起来，灵魂的原子必须与肉体相结合，才能够成为生命。从这里可以看出，德谟克利特虽则承认灵魂的存在，但同时突出了肉体在构成生命中的重要性。既然人体生命是身体原子和灵魂原子的组合体，那么推动生命运动的决定性因素又是哪一个呢？德谟克利特认为是灵魂原子，亦即灵魂原子是整个身体运动的原因。他还进一步指出，灵魂原子不仅存在于人和动物的体内，而且也存在于周围的空气当中。只是通过呼吸，使被压出的灵魂原子得到补充，人才得以活下去；而一旦停止呼吸，身体内的灵魂原子只会被压出而得不到补充，死亡就会降临。因此在他看来，死亡不过是灵魂原子与身体分离，既然如此，人们对于死亡的恐惧就是毫无必要的。德谟克利特从坟墓中发现，一些尸体在一段时间内还会继续长出指甲和头发。他对此解释道，人死后体内的大部分灵魂原子虽然已经溢出，但还保存了一些热和感受性，因此死后的人体还存在着某些感觉。他据此断言，死亡并没有一个确定的标志。

古代世界中,第一个将灵魂当作一个专门课题进行独立研究的学者,也许是亚里士多德。他为此而撰写了《论灵魂》一书,他将灵魂分为三类:第一类是带有营养和生殖功能的灵魂,这是动物、植物和人类共有的灵魂;第二类是带有感觉功能的灵魂,这是动物和人类所共有而植物所没有的灵魂;第三类是带有理性功能的灵魂,这是人类特有而动植物没有的灵魂。他还集中探讨了人类灵魂的特性。在他看来,灵魂的营养功能和生殖功能与肉体是不可分割的,肉体死亡了,这些功能也就消失了;灵魂的感性功能也是依附于动物和人类的感觉器官的;即使是理性的灵魂,其中的一部分也是依存于肉体的,这部分理性灵魂,是随着肉体的死亡而消失的,只有积极的理性灵魂,才有可能脱离肉体而单独存在。因此可见,在亚里士多德的灵魂体系中,虽然唯物论占主导,但也包含着唯心论的因素。亚里士多德还认为,人的灵魂包含三个部分:理智、激情及欲望,这三个部分分别搁置在人体的各不同部位:理智存在于头部,激情存在于胸部,欲望存在于腹部及其以下部位。当人的理智得以抑制激情并战胜欲望之时,灵魂就是纯洁的,否则就是不纯洁的。

希腊化时期的哲学家伊壁鸠鲁,对德谟克利特的灵魂观进行了改造和发挥。他承认灵魂由原子所构成,不过他认为构成灵魂的原子有四种:其中头三种原子分别类似于火、空气和风,它们遍布于人的全身,因此可以分别解释各自不同的身体状况,这就把原子论与病理学相连接;第四种原子是无名的和最精细的原子,它被认为是一种最高级的灵魂要素即"心灵",存在于人的胸腔里,发挥着理性的作用,由于这部分灵魂要素支配人的思考,故人能够通过理性的审慎思考而超越感性的快乐追求和痛苦折磨。既然灵魂也是由原子所构成,它就不可能是不朽的,不可能在人死后持续存在,更不可能轮回转世。

与伊壁鸠鲁主义同时流行的斯多亚主义则认为灵魂普遍存在于宇宙万物当中。他们相信,凡是统一体,尤其是高级的生命有机统一体,都需要有一个主导部分来统率,这样的主导部分就是灵魂;人的灵魂属于理性灵魂，它处于人的心脏当中。按斯多亚学派的正统学说，人的灵魂并非不朽，不过智慧之人的灵魂有可能在死后上升到天界，并存活到周期性宇宙大火时。与人的灵魂位于人的心脏相对应，最高级的宇宙灵魂位于宇宙的心脏即太阳（或称"以太"）。人的个体灵魂是宇宙灵魂的一部分，人死后其灵魂将回归其本源即宇宙灵魂。

在古代希腊世界，无论是唯心主义者还是唯物主义者，都在大体上坚持了灵肉二元对立的观点，即灵魂与肉体是两码事，两者不能混淆。这就很容易理解，为何在基督教兴起之前，希腊罗马人的埋葬方式以火葬为主，因为被烧掉的仅仅是无用的肉体，与灵魂无关。

四、灵肉整体论及复活

与希腊罗马人的灵肉二元论相反，古代犹太人坚持一种较为自然主义的灵肉整体论。犹太人认为，一个人就是一个具体的存在，是一个有生命力的躯体，同时也是肉体与灵魂的一种有机统一体。根据他们的创世神话，上帝用泥土造人，向人的鼻孔吹进了生命的气息，于是他就成了活人。所谓生命的气息，就被理解为人的灵魂。而在人死的时候，他的气息已尽，即把气息呼出来，再归还给上帝，这就是个体生命的实际终结。在这里，对于活着的个人来说，灵魂和肉体是整合在一起而不容分离的，人之所以能够存活，完全依赖于上帝将肉体与灵魂（上帝的气息）进行了创造性的整合。上帝随时有可能将他的气息收回，从而结束一个人的生命。所以每个人在有生之年都应珍惜上帝的赐予，过好每一天。

不过，圣经也没有明确提到这种气息的最后呼出是人的生命的绝对终结，这就给某种模糊的或短暂的地下世界留下了存在的余地。在早期犹太人有关灵肉统一有机体的概念中，存在着这样一种理解，即当一个人死的时候，生命的力量便处于低潮。这种存在并非是一种脱离了肉体的灵魂的存在，而是一种整个灵肉统一体的短暂延续。

在这期间,他的身份形态及属于其个人特有的特征仍然依稀可辨。例如,当一名先知被发现于地下世界时,可以通过他生前所披的那件斗篷将他辨认出来,扫罗王就是通过这种方式认出死去的先知撒母耳的。因此在早期犹太人的思想中,死并不被认为是灵魂与肉体的分离,一个活人就是一个活的"灵魂",一个死人就是一个死的"灵魂";死未必就是湮灭,只要尸体存在或至少骨头存在,灵魂就会像一个幽灵一样存在于一种极端微弱的状态之中,存在于地下世界的暂时寓所里。这一思想的普遍存在,合理地解释了犹太人为什么要小心翼翼地处理亲人的尸体并给予尽可能荣耀的葬礼,因为他们认为灵魂能继续感觉到对尸体所做的事情。因此,尸体未能正常埋葬,或尸体成为鸟兽的猎物,都被视作最为糟糕的诅咒。这也就不难理解,古代犹太人认可的葬式是土葬而不是火葬。

从希腊化时期开始,随着外来思想的渗入,犹太人当中尤其是下层民众当中逐渐出现了一种复活的观念。后期编撰的圣经经文明确提出:"上帝使人死,也使人从死里复生;他使人下阴间,也把人从阴间带回来。""睡在尘土中的许多人都将醒来,有些人将永远活着,另一些人将遭受永久的恐惧和耻辱。""死去的人将要复活,他们的尸体将要再次获得生命。睡在坟墓里的人,都要醒来并愉快地歌唱。如同闪亮的甘露更新了大地,上帝也要复活死去多年的人们。"这些思想在较早的经文中是未曾有过的,那么它们到底从何而来?一些学者认为,它们是从埃及引进的。这是极其有可能的。首先,死而复活的概念在古埃及源远流长,有关伊希斯寻找和拼凑被肢解了的丈夫奥西里斯的肢体并使之复活的传说,在古埃及家喻户晓。其次,依据圣经的记载,犹太人有很长一段时间寓居埃及。在灵肉关系问题上,犹太人也许接受了埃及人潜移默化的影响,其中就包括了复活的思想。有趣的是,无论是埃及人的复活,还是犹太人的复活,均不是单纯的灵魂残存,而是肉体复活,亦即肉体与灵魂的重新结合。这仍然符合东方思想所特有的灵肉整体论的基本套路。古埃及人竭尽全力保持尸体的完整性,如制作木乃伊甚至雕琢尸体的替代品亦即人的塑像,均是为了服务于将来肉体复活之需要。犹太人从埃及人那里学来的复活思想,也被早期基督徒所传承。根据新约圣经的记载,耶稣所施行的神迹,有相当一部分是复活死者,这些复活照例是肉体复活,亦即这类复活的一个前提条件是尸体基本完整无损。耶稣本人的复活,更是肉体复活的典型例证:妇女们前往耶稣墓地去为他的尸体涂抹香料时,发现坟墓是空的,耶稣的尸体不翼而飞,后来才见到了复活后的耶稣。可见耶稣的复活,仍为肉体复活;复活后的耶稣向其门徒显现,大家以为这是耶稣的幽灵,为了打消大家的疑虑,他让其门徒多马触摸自己受枪伤的侧肋,并当众吃下一整条鱼。耶稣的死和复活,是基督教世纪的开端,这同时意味着旧世界的废弃和人的重生。因此早期基督徒坚持认为,在耶稣第二次来临之时,所有死者均要复活,与生者一道接受公正审判。可是这样一来,问题就随之而出:假如一名农民被一条鲸鱼吃掉了,这条鲸鱼随后被一名渔民及其家人所捕获并被吃下去,这名渔民死后,复活时应当是一名农民还是一名渔民?那些尸体被猛兽吞噬或被烧成灰烬的殉道者,如何实现肉体复活?复活后的躯体是否与复活前的一样?对于诸如此类的问题,早期教会领袖们从不同的角度进行了回应。如使徒保罗,就将复活的肉体与复活前的肉体区别开来,他说道:"被埋葬的是必朽坏的,复活的是不朽的;被埋葬的是羞耻的,复活的是荣耀的;被埋葬的是软弱的,复活的是强壮的;被埋葬的是物质的肉体,复活的是灵性的肉体;如果有物质的肉体,便还有灵性的肉体。"对于这种"物质肉体"与"灵性肉体"的内涵及其相互关系,奥古斯丁解释说:"人在末日复活时,其原有的躯体会发生质的改变,即由物质的肉体变成灵性的肉体,因此,在灵魂与肉体重新结合时,灵魂不是与别的肉体结合,而是与原来的、却发生了质变的肉体重新结合。"这就是说,在复活中,灵魂所回归的目标是灵性的肉体,而不是物质的肉体,物质肉体注定是要腐烂的,是由其自然腐烂,还是通过外来的作用加速其腐烂过程,则是无关紧要的。这种说法虽然显得十分牵强且前后矛盾,但是它却为许多死后得不到正常土葬的殉道者们,提供了复活的信心保障。尽管如此，根据肉体复活的基本原则，保持完整尸体的土葬，仍然是基督徒所追求的唯一合法葬式。因此，虽然不少殉道者被罗马政府当局烧成了灰，基督徒们仍要把这些骨灰收集起来，并为其举行土葬仪式。

五、东西灵魂观的融合

基督教在继承犹太人灵肉整体论的思想遗产的同时，也在不知不觉中接受了希腊人灵肉二元论传统的影响。例如早期拉丁教父德尔图良虽则公开表示对希腊思想的厌恶，但他对灵肉关系的理解还是带上了希腊传统的某些痕迹。他在《致殉道者书》中，愤恨地谴责了物质世界对人类灵魂的束缚与污染："这个世界包容了更大的黑暗，它蒙蔽了人们的心；这个世界戴上了沉重的锁链，捆绑的是人们的灵魂；这个世界散发出的是更加恶臭的渣滓，即人类的贪欲；最后，这个世界包容了大量的罪犯，即整个人类。"他这里所讲的"这个世界"，显然是与人的肉体一脉相承的物质世界；他对于世俗世界的谴责，实则包含着对人的肉体的鄙夷。另一位拉丁教父安布罗斯在《论死亡之善》一文中也曾经指出："肉体的需要产生了许多关切和追求，这些关切和追求妨害了灵魂的力量，分散了它的注意力。既然肉体的原质是泥土，它必然会玷污我们而不会洁净我们，因为它用放纵的污物污染了灵魂。"从这一论述中我们可以很明显地看出柏拉图的影子。奥古斯丁在《灵魂之不朽》一书中也谈到：凡是恒久不变的东西都是不朽的，理性是一种恒久不变的东西，因而是不朽的；灵魂的本性既然是理性，因此灵魂便是不朽的。这一思想是犹太人所缺和希腊罗马人所独具的。不过奥古斯丁并没有因此而全然否定肉体的价值，因为他接着说道：肉体虽比灵魂低劣，但它却比无（nothing）要高贵。这一说法更加接近圣经中创世论的原意。他在另一个场合里说道：灵魂的毛病不是来自肉体本身，而是来自肉体的腐败；不可将邪恶生活的过错都归咎于肉体,因为这样就等于为没有肉体的魔鬼开脱罪责了。这种既想强调灵魂的相对独立性,又想突出肉体的不可或缺性的矛盾心态,生动地体现了早期基督教在融合希伯来与希腊两种文明于一体的过程中所处的实际困境。

六、佛教轮回说与神形关系

让我们将视角再转向中国佛教的轮回说。首先我们必须强调,不能将佛教的轮回说等同于西方意义上的"灵魂轮回说"。佛教轮回说大致有三个特点:其一,轮回的主体并非灵魂,而是有情生命依缘所造的业,业既是轮回的主体,也是轮回的动力。因此,佛教的轮回说,不是"灵魂轮回说",而是"业力轮回说"。其二,众生今世不同的业力,在来世将获得不同的果报,贪欲等烦恼造成恶业,由恶业招致果报;果转为新的恶业,又招致新一轮的果报,故轮回贯通过去、现在和未来三世,包含"六道",即天上、人间、阿修罗、畜牲、恶鬼、地狱,及"四生",即胎生、卵生、化生、湿生。这比起毕达哥拉斯将轮回局限于现实存在的生物之间,要复杂和神秘得多。其三,佛教轮回说的根本目的,在于通过修行,最终达到摆脱生死轮回和无欲无求的"涅槃"状态。在佛教看来,知道人间曲直是非,是烦恼的根源之一,于是,"难得糊涂"便是其必然的逻辑结果。而毕达哥拉斯的灵魂轮回说则重在灵魂的净化,灵魂净化的目的,是为了获取一种纯净的心智,以便最大限度地把握宇宙的真理。因此从知识论的角度看,佛教的轮回说比起毕达哥拉斯学说来,显得较为遁世和消极,至少是缺乏进取精神。尽管如此,由于佛教轮回说在解释现实生活中好人遭殃、恶人获福方面,基本上能够自圆其说,从而赢得了大量的信众。以利玛窦为代表的晚明来华耶稣会士,在批判佛教的过程中,将佛教的轮回学说斥责为窃取自毕达哥拉斯的余唾,这种显然有违历史事实的说法,也许是一种故意的传教策略。

　　在中国的传统思想中,灵魂与神是很难截然区分开来的。一般来说,在相对于"形"的意义上,"神"类似于西方的灵魂;而在相对于人或魔鬼的意义上,"神"则类似于西方的神灵。早在佛教进入中国之前的先秦时期,中国思想界就有了关于形神关系的讨论。佛教进入之后,这种讨论就演变成了本土的"神灭论"与外来的"神不灭论"之间的论争。东汉末年有人对投生转世表示怀疑,一个叫牟子的佛教人士起而为之辩护,他将身体比拟为五谷的根叶,将精神比拟为五谷的种子,认为根叶虽会腐烂,种子却永不消亡。东晋时有人将形神关系类比为木与火的关系,认为既然木烧完了火就灭了,因此形谢了神也就凋了。和尚慧远则指出,这块木烧完了可以接着烧另一块木,火可以不断地燃烧下去,故神是不死的。在以后的相关辩论中,传统的唯物论似乎稍占上风。如梁朝宋人何承天在《达性论》一文中指出,生死乃自然现象,形毙则神散,精神不可能从这一个体转移到另一个体上面去。梁朝齐人范缜在《神灭论》一文中提出了"形存则神存,形谢则神灭"的著名论断,认为精神不可能离开形态而独自存在,就像刀刃与锋利的关系一样,没有刀刃,也就不存在锋利。

第四章　无处不在的魔鬼

在传统的中国思想中,神、人与魔鬼是相通的。中国古人通常认为,人有三魂七魄,其中魂属阳,魄属阴;人死后,魂上天为神,魄下地为鬼。死后可能成为鬼的人,主要有四类:第一类是大家公认的恶人,第二类是作为死刑犯而被处决者,第三类是冤屈而死者,第四类是死后无亲属收尸埋葬的独身者。

而在西方的传统中,神和鬼虽然都有可能由于某种原因潜入到人的内心里,但神鬼本质上是外来的势力,人绝对不可能变成神或鬼。在魔鬼观方面,古代中国与西方存在着重大的差异。

一、古代的准魔鬼

希腊神话中并没有后来意义上的魔鬼概念,但存在着各式各样的"准魔鬼",这些准魔鬼包括两大类。一类是五花八门的妖怪。在荷马和赫西俄德的作品中,这些妖怪形状各异,擅长于捉弄和折磨旅行者。如长着女头狮身并带翅膀的斯芬克斯,她给路人出谜语,如猜不中,就把路人吃掉;长着牛头人身的米诺陶罗斯,每年要吃掉七对童男童女;住在海岛上的西壬诸海妖,她们以奇妙的歌声引诱航海者,使他们迷而忘返;带有 6 个头和 12 只腿的女海怪斯库拉,她一口可吞下 6 名水手;长着 50 个头的冥界守门恶犬克尔伯罗斯,他不阻止任何人进入冥界,却不放任何人从冥界出来,等等。此类妖怪虽然尚未具备伦理上的善恶特性,可是由于长相丑恶又可怕,故的确具有某种道德上的阻吓作用。

　　另一类准魔鬼通常被称作"精灵"（demons）。荷马史诗中就充斥着这类生物。在赫西俄德看来，精灵是那些在黄金时代死去的有德行的人之灵魂，他们由于生前在世上所过的生活而赢得了幸福和不朽。柏拉图等哲学家也承认有精灵的存在。罗马时代的新柏拉图主义者阿颇琉斯在给精灵下定义时指出：精灵从种属上看属于动物，其灵魂屈从于激情，其心智是理智的，其躯体是由空气构成的，其寿命则是永久的。在它的这五种秉性中，头三种与人一样，第四种是它本身所特有的，第五种则与神相同。根据这一分类，阿颇琉斯断言，精灵每时每刻穿梭于天上与人间，成为众神与人类的调停者，它们把人类的祈求传达给众神，并把众神的答复传回给人类。由此可见，在希腊罗马人看来，精灵地位虽比神低，却比人高，它们介于神与人之间。普鲁塔克认为，人经过净化性的修炼后，由于去除了部分人性和获得了部分神性而可以变成精灵；精灵再进一步修炼，在去除了所有人性并获得完全神性之后，就变成了神。他还指出，埃及人所崇拜的伊希斯和奥赛里斯，最初不过是人，然后变成了精灵，最后变成了神。他还告诉我们，精灵也有好坏，伊希斯和奥赛里斯是好精灵，谋杀奥赛里斯的提丰则是坏精灵。不过无论是好精灵还是坏精灵，人类都要向他们献祭，向好精灵献祭，是为了感恩祈福；向坏精灵献祭，则是出于恐惧和避恶。

　　虽然希腊罗马人所普遍崇拜的英雄，也介于神与人之间，可是精灵与英雄却有着根本性的差异。首先，英雄是神与人交媾而生的，精灵则是人经由修炼净化而成的；其次，英雄与人一样会死，精灵与神一样，是不朽的；最后，英雄不可能变成神，而精灵却可通过进一步修炼变成神。坏精灵的确具有后来魔鬼的某些属性，故将精灵与上述的各类妖怪一起归为"准魔鬼"，是较为适当的。

二、作为上帝工具的魔鬼

　　希腊罗马诸神，包括精灵，有一个最大的特点，就是集善恶二性于一身，这就使魔鬼的存在成为多余。因为魔鬼是邪恶的化身，既然神灵已经包揽了善恶二重属性，又何必弄出一个专门代表邪恶的魔鬼来呢？后来圣经中的上帝虽然总体上属于善神，于是就有了其对立面魔鬼，可是魔鬼的出现仍然是渐进式的。例如旧约中的上帝明显具有某种性格缺陷，表现得较为专横霸道，故魔鬼出场的机会就相应较少；新约中的上帝完全成了一位至善之神，于是魔鬼便频频出现。纵观整部圣经，可以说，上帝越是完美无瑕，魔鬼出现的频率就越高。其实，在犹太圣经的早期经文中，是无法找到有关魔鬼（devils）的明确提法的。魔鬼的身影最初出现于较晚写成的经文中，后来的解经家认为魔鬼起源于堕落的天使。根据《创世记》的说法，在创世的第一天里，上帝创造了光。这光就被解释为天使，不过据说天使中的一部分很快就堕落成为魔鬼。《创世记》说：上帝的儿子们看见人间的女子美貌非凡，于是就各自娶她们为妻。"上帝的儿子们"被认为就是天使。天使娶民女为妻，据说直接导致了对人类寿命的限制以及随之而来的大洪水等灾难。该事件后来经犹太拉比们的解释，便成为天使堕落的发端。在这里，导致天使堕落的原因显然是淫欲，这意味着淫欲就是魔鬼的最初特性。不过，这只是就一般意义上，追溯整个魔鬼群体的起源。某些富有个性的魔鬼个体，在圣经的后期经卷中也有所披露。例如《创世记》中教唆夏娃吃禁果的蟒蛇，就被后来的教会教父们等同于《启示录》中长着 7 个头、10 个角的怪兽大红龙，认为它就是诸魔鬼的领袖。也有人认为这条大红龙的真正名字叫"路西佛"（Lucifer），它相貌非凡，原是天使长之一，由于天性傲慢，想与上帝比高低，它的野心终于膨胀到反叛上帝的地步。"路西佛"一词，最初是罗马神话中启明星的名字，它的希腊名字叫做"佛斯佛路斯"（Phosphorus）。启明星就是金星或晨星，在希腊和罗马的神话中，"路西佛"作为早晨显现的星座，总是赶在太阳出来之前露面，人们认为它与太阳争光辉。由于它具有这样一种特性，它便成为争强好胜和傲慢的象征，大约在旧约形成的后期阶段，路西佛就逐渐演变成为上帝的敌人亦即魔鬼。于是，傲慢就成了魔鬼的又一重要特征。

在犹太—基督教的圣经中,指称魔鬼首领用得最多的一个词是"撒旦"(Satan)。该词源于希伯来文,本义为"抵挡",即阻挠上帝的意志,引申为上帝的敌人。后来圣经中讲到"敌人"时,很多情况下是指魔鬼或撒旦,如新约中"上帝的敌人"或"基督的敌人"即为此意。"上帝的敌人"这一说法本身,已经表明了上帝与魔鬼的关系,是一种直接对立和对抗的关系。可是这一关系绝不是平行对等的,因为在圣经中,撒旦或魔鬼常常被上帝利用来作为一种手段和工具。在《约伯记》中,撒旦甚至是天国的朝臣。有一次上帝当着众臣称赞约伯的虔诚,撒旦回答说,若夺去约伯的健康,他就会诅咒上帝。上帝允许撒旦去考验约伯。撒旦先后毁掉约伯的财产,弄死他的 10 个儿女,并让约伯本人浑身长满疔疮,可是约伯虔诚如初,始终拒绝诅咒上帝。在这场打赌中,撒旦输了,约伯因经受住了种种考验仍忠于上帝,获得了上帝加倍的报答。撒旦最初对约伯虔诚的怀疑,明显是与上帝唱反调,不过,这最多是持不同政见而已,未必就是故意捣蛋。另据《历代志》的说法,大卫王在撒旦的教唆下,在以色列人当中进行了一次人口普查,结果招致上帝的惩罚:以色列遭受大瘟疫,死亡人口达 7 万。为什么进行一场人口普查会导致如此恶果? 圣经中没有明说,大概是由于这种规模庞大的人口普查工作过于劳民伤财,因此引致民力枯竭,瘟疫趁机而发。在这里,倘若撒旦对大卫王的教唆没有事先获得上帝的允许,就与上帝全知全能的特性不相符。由此可见,在多数情况下,撒旦或其他魔鬼充当了上帝考验人类的工具。换句话说,魔鬼是上帝为了考验人类而被创造出来的。魔鬼的这一"试探"功能,也被新约圣经所继承。《启示录》的作者告诉读者,基督曾预言魔鬼将要对约翰等一伙人进行试探,试探的方法是把他们打入监牢,为期 10 天。不仅凡夫俗子要遭遇魔鬼的试探,即便是贵为神子的基督本人,也未能幸免。根据福音书的说法,耶稣在受洗以后,便被圣灵引到旷野,去接受魔鬼的种种试探。耶稣被试探,既然是上帝救世计划的一个有机组成部分,魔鬼在其间所发挥的积极作用,就可想而知了。

三、魔鬼的诱惑功能

在福音书中，耶稣及其对手法利赛人，都先后提及过魔鬼的另一首领的名字"别西卜"（Beelzebub）。当耶稣提到它时，强调的是它被当时的犹太人普遍当作是骂人的词语；而当法利赛人提到它时，则重在突出它是一名"鬼王"，亦即魔鬼的领袖，反正它不是什么好东西。别西卜这一角色究竟从哪里来？圣经没有给我们提供任何有用的线索。不过，圣经学者塞缪尔·桑德米尔告诉我们，别西卜这一名称，来自犹太人对迦南古神的戏谑性改动，该古神的原意为"天堂中的别尔神"，或"大厦之主"，该神曾被古迦南人普遍崇拜，后来转换成希伯来语时，意思就成了"苍蝇之主"。至于这个异教神灵是如何被借用来特指犹太教和基督教的魔鬼的，我们一无所知。

在魔鬼的诸多属性当中，其中最引人注目的属性无疑是诱惑，亦即教唆犯罪。因此人们才会依据《创世记》的记载，将魔鬼的原型追溯到上帝伊甸园中那条教唆人类始祖犯禁的蟒蛇。在地中海地区的文化传统中，蛇是最为恶毒和狡猾的动物。依据普鲁塔克的记载，古埃及人早就将蛇当成是邪恶的本源和黑暗的化身，它代表了邪恶精灵提丰。在这方面，犹太人接受埃及人的影响，是完全有可能的。伊甸园中蟒蛇的故事，具有更大的象征意义，它表明了诱惑在人类犯罪史上的巨大重要性。《启示录》明确将魔鬼首领大红龙等同于"古时的蟒蛇"，这体现了基督徒对犹太传统的继承和引申。在福音书中，耶稣屡屡提到他的敌人是蟒蛇。耶稣所派出的 70 名学生陆续返回向他汇报其传教的成就，耶稣告诫他们，虽然蟒蛇已被他们踩在脚下，但他们切勿骄傲自满。言下之意无非是：虽然敌人在正面斗争中初步失利，但并不能排除他们会以更加恶毒的诱惑手段转败为胜。耶稣曾一再斥责法利赛人，将他们比作蛇，其原话是："你们这些蛇，既然你们属于邪恶的种类，怎么会说出好话来呢？""你们这些蛇和蛇的子孙，你们如何能够逃脱地狱的惩罚呢？"耶稣在这里所说的蛇，与引诱夏娃的"古时的蟒蛇"，显然具有同质性，因为法利赛人正是以花言巧语诱惑听众而受到耶稣斥责的，耶稣将他们比作蛇，无非是要揭露他们的蛊惑性。使徒保罗也曾对哥林多教会人员说："我怕你们的心智败坏，放弃对基督完全和纯真的忠诚，夏娃正是以这种方式受到蟒蛇狡诈的谎言所欺骗的。"这就更直接地将魔鬼的诱惑功能揭示出来了。

四、治病和赶鬼的神迹

根据《创世记》，人类始祖在上帝的伊甸园里，既无疾病也无死亡。疾病和死亡是作为亚当和夏娃背叛上帝的一种惩罚而出现的。不过，既然导致人类背叛上帝的初始原因是以蟒蛇面目出现的魔鬼，那么，疾病和死亡的最终责任者自然也是魔鬼。

罗马时代后期的人们普遍相信，人之所以有病痛，是因为魔鬼附身，这一观念后来大肆流行于整个中世纪社会。既然疾病由魔鬼引起，治病的过程自然就是赶鬼的过程，而赶鬼则体现为行神迹。因此，在早期基督教社会里，治病、赶鬼、行神迹三者是相辅相成、合为一体的，这种情形在新约中比比皆是。不过，能行神迹为他人赶鬼治病的人，是有资格条件限制的。首先，他必须是耶稣本人、耶稣的门徒、修行得法的圣徒或资深的教会领袖；其次，他在整个过程中必须奉上帝之名来进行，奉上帝之名就是借用上帝的权能，这就把行神迹与行巫术从根本上区别开来，因为据说行巫术所借用的是魔鬼的权能（即所谓"以鬼赶鬼"）。行神迹治病最常见的方式有两个：一个是用手触摸患者的患处，另一个是对着患者发出某些话语。有时两者取一，有时两者兼用。例如，有一次彼得的岳母患了热病，耶稣一摸她的手，她的热马上就退了；到了晚上，有人带来了许多被魔鬼附体的病人来到耶稣面前，耶稣只用一句话，就把魔鬼赶了出去，所有病人的病都好了。有一人因被魔鬼附体而成为哑巴，耶稣帮他将魔鬼赶跑了，哑巴又会说话了。至于耶稣用什么方法赶鬼，没有明说。有一个孩子被魔鬼附体，患上了癫痫症，多次跌入火里和水里，耶稣斥责了那魔鬼，魔鬼一出来，那孩子就痊愈了。有一人患了麻风，耶稣用手一摸，他的病就好了。有一号称"玛达丽娜"的女人玛利亚，被7个魔鬼附体，这7个魔鬼也被耶稣赶了出来。这里没有交代玛利亚患的是什么病，也没有说明耶稣用什么办法赶鬼。还有一名妇女被魔鬼附体，病了18年，腰弯得直不起来。耶稣对她说："女人，你离开这病。"然后用手按她，她马上就痊愈了。

耶稣赶鬼治病的本领，也为其门徒所继承。根据《使徒行传》的记载，许多人带着被魔鬼附体的病人，从耶路撒冷附近的城镇来找彼得治疗，均被治愈。至于如何治，没有明说。腓力在撒马利亚行神迹，为病人赶鬼，那些魔鬼大声叫喊着从病人身上出来，许多瘫痪和瘸腿的病人均得到了救治。我们也不知道腓力具体采取了什么方法。有人拿保罗披过的毛巾和围裙放在病人身上，魔鬼出来了，病人也就痊愈了。

对于具有理性思维的当代人来说，赶鬼治病显然是无稽之谈。可是，耶稣及其门徒所行神迹的灵验性，则似乎是不容置疑的，否则他们信从者的队伍就不可能扩大得如此神速。其实所谓赶鬼，无非是在神迹的外衣下所施行的一系列有一定成效的救治活动，其中可能包含了心理的、物理的和药物的等现代医学所常用的医治方法。当然，如果要相信这一解释，我们首先得接受两个假设：一个是必须承认绝大多数前来求治的"附魔者"所患疾病均是当时的可治之症，另一个是施治者必须粗懂医术，于是就不能排除耶稣是一名医生，并有可能将其医术传授给其学生。只有这样，才能合理地解释，引起疾病的"魔鬼"，在施治者的口、手或药的综合作用下离开患者的身体。

五、蛮族与魔鬼

到了罗马帝国末期,蛮族大举入侵。由于蛮族一般都是异教徒,对异教徒的斗争,往往被直接看作是基督所率领的天军与撒旦所率领的魔鬼的战斗,蛮族开始被妖魔化,于是,圣徒驯服魔鬼,便成为他保护信徒免遭外敌蹂躏的重要形式之一。根据阿尔钦的记载,有一家农户常年遭受恶鬼的骚扰,恶鬼在夜间趁家人入睡之机捣毁家具和伤害小孩。最终,当地的主教即后来的圣徒维里波洛德用祷告和喷洒圣水的方式,将恶鬼从该农户中赶了出去。阿塔纳修告诉我们,第一个修士圣安东尼在决定放弃世俗生活和离家修道之后,魔鬼便成为他的最大敌人,它们常常在他的心头激起对财产、金钱和亲人的依恋和对荣誉的追求,魔鬼甚至化妆成女人来引诱他,并常常装扮成各种各样的怪物来恐吓他;安东尼则通过守夜、祈祷和斋戒,并凭借着坚定的信仰,击退了魔鬼的一次次进攻。后来的教皇大格列哥里也讲述过一个有关圣徒智斗魔鬼的故事。有一名修女走进修道院的花园,看到那里的莴苣味道十分诱人,便贪婪地采摘并吃了起来,魔鬼立即使她感觉腹部巨痛,并把她摔倒在地。这时,修道院院长在接到报告后立即赶到,正好与魔鬼打了一个照面,魔鬼在院长面前极力为自己的行为辩解,院长则愤怒地命令它离开这位上帝的修女,魔鬼立即消失得无影无踪,中魔的修女恢复如初。有研究表明,这些所谓的"魔鬼",实为蛮族异教徒的隐喻。

在犹太—基督教传统中,魔鬼作为邪恶的化身,通常也是人的灵魂的折磨者和压迫者。人的灵魂本身不会转化为魔鬼。不过也不排除某些特殊的例外。据里昂人康斯坦修的记载,圣杰马努所居住的修道院附近,有一座大庄园的屋子里经常闹鬼。在众人的恳请下,杰马努出面赶鬼,经过他的祷告,鬼终于露出了原形——一具死后没有得到埋葬的罪犯的尸体。杰马努命人把这具仍然戴着镣铐的尸体埋葬后，庄园里的屋子便恢复了往日的平静。这一故事的确非同寻常，人的灵魂怎么可能变为鬼呢？这是违反常理的。看来我们只能这样来理解这一事件：这里所谓的"闹鬼"，不过是得不到正常埋葬的死者灵魂的恶作剧而已，按照正统的基督教思想，这并不是真正的闹鬼，而是人们对尸体处置不当的一种不良后果。从这些半虚构半神话的故事中，我们可以轻易地得出两个印象：第一，魔鬼无处不在。这在一定程度上反映了当时蛮族势力对于罗马故地无孔不入的渗透力。第二，魔鬼怕圣徒。这是比较容易理解的，在基督教的思想中，魔鬼是死亡的天使，既然圣徒是在上帝的恩宠下战胜了死亡的人，代表死亡的魔鬼自然在圣徒面前要甘拜下风。类似的例子，不胜枚举。

六、魔鬼的形象

圣经中对魔鬼的外部形象谈论得最多的是《启示录》，不过它只是集中描述了魔鬼首领撒旦或路西佛：原先住在天上的路西佛，是一只长着 7 个头、10 个角的大红龙，头上戴着 7 顶冠冕，尾巴拖着天上三分之一的星辰，并将这些星辰摔在地上。这个怪物窥视着一名即将生产的妇女，企图在婴儿出生时即一口把他吃掉。但是它无法如愿，因为出生的男婴已被天使接到上帝的宝座去了。于是，它与天使长米迦勒发生了一场恶战，战败后被逐下了人间，继续与妇女的其他儿女在地上争战。然后，撒旦将被捆绑，并被扔进无底洞里，长达一千年。一千年以后，撒旦将被放出来，为害世人，并与圣徒交战，最后战败，被扔到硫磺的火湖里，在那里永受折磨。这些描述具有十分典型的象征主义色彩，它包含了魔鬼的起源即天使的堕落、上帝的救世计划、末日审判及魔鬼的最终结局等一个相当完整的时间进程。后来的解经家普遍认为，那条大红龙的 7 个头隐喻罗马七丘，它的 10 个角则隐喻构成罗马帝国的 10 个主要民族。总之，这里的撒旦所影射的是罗马帝国。

　　对于其他一般魔鬼,圣经并没有详细的刻画。不过,《启示录》的作者还是自称曾看见过三个魔鬼的幽灵,样子像青蛙,它们分别从大红龙、大怪兽及假先知的口中出来,不仅能行奇迹,而且来到天下众王那里,鼓动他们聚集一起与天使争战。以后的魔鬼形象,大都是在《启示录》的基础上加以演绎和加工而成。但丁在《神曲·地狱篇》中的描述,也丰富了我们对魔鬼形象的认识。他笔下的魔鬼大致如下:其一,魔鬼是坠落进地狱的灵魂的折磨者,它们头上长着角,手里握着鞭子,从背后抽打罪人的灵魂;其二,多数魔鬼均为黑色,长着翅膀,身子像蛇,极其凶恶,并留着长爪,持着钢叉。这里的黑色象征黑暗,刚好与光明相对立;长翅膀,是因魔鬼源自于堕落天使,而天使是有翅膀的;长着蛇的身子,说明它们与诱惑夏娃的“古老蟒蛇”有关联。

　　魔鬼的住处也有一个历史的演变过程。毫无疑问,魔鬼在堕落以前住在天上,堕落以后的永久住处则是地狱,即《启示录》所说的“硫磺的火湖”。不过,它们常常萦回于人间,因为在天上的恶战中失败以后就被摔到了地上。它们在人间也有一个窝巢,那就是“罪恶的大巴比伦”。《启示录》曾借一位天使的口说道:“大巴比伦城已经陷落了! 陷落了! 她成了魔鬼和肮脏精灵的住处,成了污秽可憎的鸟巢。”有时,“大巴比伦”也被视作地狱的象征,被用来与象征天堂的耶路撒冷相对立。

　　魔鬼的数量随着时间的推移而增加。根据一种说法,到了文艺复兴时期,这个世界上大大小小的魔鬼一共有 4 333 556 个,这是可以理解的,因为当上帝无处不在的时候,魔鬼也随之无处不有。

七、魔鬼的伦理功能

　　从智力上看,基督教魔鬼与希腊罗马时代的邪恶精灵有着某种相通之处,即它们远比人类聪明。它们正是利用其高超的智力傲慢地背叛上帝和残害人类的。因此必须承认，一切魔鬼都与过度聪明有关，而所有的愚蠢都与魔鬼沾不上边。这正如使徒雅各所说："智慧若为了歹毒的目的，便是属于魔鬼的。"不过，如果按伦理的标准来衡量，基督教的魔鬼则是一种比人还要低劣的生物，这一点使它们有别于希腊罗马世界的精灵。虽然基督教称得上是一种一神教，但在早期基督教社会里，魔鬼与基督无疑处于伦理价值上的两端，分别代表着邪恶与正义，人们必须在这两者之间作出最终的选择，这是对人类良知的一种考验。因此，魔鬼既是宗教发展的自然结果，又是社会现实需要的产物，它的出现实际上是从威慑和警醒的角度为世人的道德行为设置一根杠杆，它在维系社会正义和防止人性堕落方面是不可或缺的。

魔鬼的形象首先被用来抵御某种违反伦理准则的现象。例如，为了揭露叛卖者，福音书把犹大与魔鬼联系了起来。耶稣在最后的晚餐中对十二门徒说：你们中的一个人是魔鬼。他指的是叛徒犹大。很明显，耶稣把叛徒比喻为魔鬼，却不是真的把犹大当魔鬼。因为福音书的作者随后说：魔鬼早已将出卖耶稣的思想放进犹大的心里了。即犹大的心被魔鬼所诱惑，已准备好出卖耶稣。这表明犹大本人并非魔鬼，而是魔鬼的牺牲品和工具。据《使徒行传》记载，一个名叫亚纳尼亚的人变卖家产捐给教会，在捐赠时暗自私留了部分款项，却谎称已经全部捐出。彼得知道后，说他的心被撒旦充满了。因为撒旦是说谎高手。保罗在给以弗所人的信函中，也劝大家要弃绝谎言，不要给魔鬼留下机会。除了说谎以外，淫欲也被归咎于魔鬼而受到严厉谴责。《启示录》曾提到骑在七头十角怪兽身上的"巴比伦大淫妇"，她与地上众君王行淫。巴比伦既然是魔鬼的住所，这名大淫妇的淫行便与魔鬼联系了起来。淫欲于是成为魔鬼的另一重要特性。在另一场合里，保罗提出要把行淫者交给撒旦，好败坏其肉体，拯救其灵魂。他还坚持夫妻要同房，免得受撒旦所引诱。

魔鬼的形象还被用来反对异教和异端邪说。异教、异端和叛教，通常都被说成是魔鬼作祟。在谈到叛教者时，耶稣以播种为例，说撒且常把撒在人心里的道的种子夺走。保罗也曾指出,传道者的任务,就是使那些已被魔鬼俘获的人们醒悟。这就是说,未皈依基督者,都是魔鬼的俘虏。这有他的另一句话为证:"离弃真道者,便听从了邪灵及魔鬼之道。"到了宗教改革时期,魔鬼则成为新教与天主教双方互相攻讦的工具。例如,有一幅天主教徒的漫画,刻画一个魔鬼正在与马丁·路德附耳交谈,相处甚欢;而另一幅新教徒的漫画,则描述路西佛因修道院被毁而向路德宣战,双方剑拔弩张。

魔鬼的形象,还常常被用来驱除内心的邪念和达到宗教内修的目的。当涉及人的灵魂深处时,外在的魔鬼常常内化为心中的不良念头,这种情况极为普遍。据福音书载,耶稣告诉门徒们,自己准备按计划去赴难,这时彼得出来阻挠,耶稣骂道:撒旦,滚开吧! 你是我的绊脚石,因为你所想的不是上帝的想法,而是人的想法。很明显,耶稣在这里所说的魔鬼,并不简单地指彼得本人,而是指造成彼得出来阻挠上帝计划的私心,这种私心被认为是由魔鬼作祟所导致。

最后,人们处于告别旧信念和皈依新信仰的紧要关头所出现的苦闷和焦虑,也常常被归咎为魔鬼作祟。例如奥古斯丁就坦承,自己在摈弃摩尼教和接受基督教时的内心痛苦与魔鬼有关。宗教改革以后,魔鬼在个人灵魂深处的影响力明显加强。马丁·路德及其追随者认为,人的堕落使人直接印上了魔鬼的形象。这无异于说,由于堕落,人开始拥有了魔鬼的某种属性。正如路德自己所言:与成了肉体的魔鬼争战,要比与属灵的魔鬼争战容易得多。

第五章　多神、二神及一神

最初人类所崇拜的是一神还是多神，这是一个存在争论的话题。安德烈·兰格和威廉·史米特等人认为，原始民族中最初出现的是原始一神教，后来各种形式的宗教都是从这种一神教中演化而来的。不过，这一观点受到了学者们的许多质疑。由于我们对这种所谓的"原始一神教"缺乏了解，因此，我们的讨论还是从普遍存在于早期文化中的多神教开始。

一、古人的万神殿

在原始时代，人们相信某些自然物或自然现象具有生命、灵性、意志和神奇的能力，并能够影响人的生活和命运，从而将其当作崇拜的对象，向其表示敬畏，并求其护佑和降福，这种现象被称作自然崇拜。各原始部落因生活环境的差异可以有不同的具体崇拜对象，例如近山者崇拜山神，近海者崇拜海神，近河者崇拜水神；人们还可能崇拜经常出现的风雨雷电等自然现象，以及生活其间的土地、经常见到的日月、经常使用的火，等等。柏拉图认为，最早的希腊人只崇拜太阳、月亮、大地、星辰及天空。此外，由于原始人类直接与动植物打交道，他们也会崇拜他们所敬畏的动植物。例如古埃及人的阿皮斯神牛崇拜，就以公牛作为他们的丰产神，他们还崇拜鹰头人身的太阳神荷鲁斯；又如古印度婆罗门教以一种称为"苏摩"的蔓草为酒神。这种以动植物崇拜为主，以其他自然物或自然现象崇拜为辅的崇拜形式,在北美印第安人那里被称作图腾崇拜。图腾崇拜在原始时代具有普遍性。原始氏族的名称一般以该氏族所崇拜的图腾动物或植物来命名,一个氏族只崇拜一种图腾,被崇拜的图腾动物或植物一般禁止捕杀或采摘,不过在特殊的节日里,有时在借助特殊的仪式之后可以开禁捕杀或采摘。对于单个氏族来说,图腾崇拜的确具有某种一神教特征;可是在氏族时代,单个氏族是不能独自存在的,它的成员必须与别的氏族的成员通婚,以便构成一个相对完整的部落社会。例如一个狼氏族的成员与一个熊氏族的成员通婚,这样一来,这个部落社会就不是一神崇拜,而是多神崇拜了。因此,有关原始人中存在一神教的说法,似乎有些站不住脚。

随着人类思维能力的提高,人们开始摆脱自然崇拜的束缚,把崇拜的对象由自然物或自然现象拓展至社会现象,于是便出现了一些反映抽象概念的神灵,例如智慧之神、胜利之神、正义之神、命运之神,等等。与此同时,在众神当中逐渐出现了一个主要的神,它成为众神的首领,如古埃及的太阳神瑞、古希腊的众神之父宙斯、古印度的梵天、古中国道教中的玉皇大帝,等等。与现实社会中阶级和等级构架相适应,神灵体系也开始出现等级制度,其中以古代中国最具典型意义。玉皇大帝之下有四大天王,天王之下有大小不等的神仙。各城市又有城隍神,最低微的是土地神,相当于乡镇一级的小官吏。这种崇拜一个主神,同时又崇拜其他诸神的宗教,我们可以将之称作主神教。在人类宗教发展史上,主神教具有一定的普遍性。

此外,在某些文明民族中,信众承认有众多神灵存在,但其中只有一位至尊的神灵值得崇拜,其他附属的神灵均无需受到崇拜。例如早期犹太教徒并没有奉他们的神灵耶和华为独一真神,而只是相信他是万神之神,是众神之首和唯一的崇拜对象。对于这种崇拜形式,宗教学者马克斯·缪勒给出了一个名称,叫做单一主神教。缪勒甚至认为,单一主神教是从多神教向一神教转变的中间必经阶段。可是除了犹太教和基督教等少数案例之外,历史上的大多数宗教都没有经过这一发展阶段,因此它就谈不上有普遍意义。

在古代世界，如同中国人口数量无以匹敌一样，中国神灵的数量也占据第一。首先是因为中国一直存在着祖先崇拜的古老传统，祖先崇拜的本质就是死人崇拜，即将死去的先人都当作神来崇拜，这不仅意味着有多少死人就有多少神，而且意味着有多少活人就有多少潜在的神，因为人不能不死。其次是因为除了形形色色的源自自然崇拜的大小神灵以外，道教和佛教给古代中国人的万神殿增添了不少新角色。按普鲁塔克的定义，神区别于人的两个主要标志是：神是不朽的，神比人更有智慧。根据这两条标准，道教的"仙"，佛教的"佛"以及候补佛"菩萨"，无疑也应当被纳入神的行列。如此一来，神的队伍就相当庞大了。

二、公共崇拜与密仪

在古代的多神教中，希腊罗马人的崇拜值得特别关注。希腊人同时崇拜两类神灵：一类是奥林匹斯诸神，这是由天神宙斯与天后赫拉及其子女和其他亲属所构成的一个庞大家族神系，这类神灵受城邦政府的公祭，是希腊人公开崇拜的对象；另一类主要是一些外来的神灵，它们只在民间受到秘密崇拜。这种公私两套神系并存的现象，在罗马人那里表现得最为典型。就国教而言，罗马人几乎完全采纳了希腊人的神系，只是在名称上有所变化而已，如罗马人用朱庇特取代宙斯，用朱诺取代赫拉，用密涅瓦取代雅典娜，用维纳斯取代阿弗洛狄特，用狄安娜取代阿尔特弥斯，等等。罗马国教突出信仰的公共性，宗教崇拜只是公共政治生活的一个组成部分，一切崇拜活动只有直接为公民政治服务，才有其存在的价值；这种宗教只关注公民集体福祉，不关心个人内心苦乐，其来世观念十分淡薄，因此它重实践，轻理论，把仪式和献祭看作揣摩神的态度和博取神的好感的唯一手段。与国教相对立的秘传宗教则只流传于民间，它是一个封闭的圈子，具有特定的入教仪式、秘密的活动程序及对新入教者的秘密启示;它是一种寻求个人拯救的宗教,它重视灵魂的净化,并向信徒许诺美好的来世生活。1—3 世纪间活跃于罗马社会的秘传宗教,主要有厄琉西斯密教、狄奥尼索斯-巴库斯秘仪、俄耳甫斯秘仪、伊希斯崇拜及密特拉崇拜等等。从本质上看,秘传宗教是与国教的公共性及现实性原则背道而驰的,因此历来受到政府当局的排挤和打压。其实,基督教在进入罗马的最初阶段,也被罗马政府看作秘密崇拜而屡遭迫害。公私两套神系的并存,在很大程度上说明希腊罗马文化的多元化特性;两套神系的消长,也生动地反映了西方古典文化的盛衰变化过程。

　　希腊罗马人除了崇拜神灵,还崇拜英雄。英雄与神灵有什么不同呢?依据赫西俄德的说法,英雄是"半神",亦即英雄一半像人,一半像神,是人与神的混血,因为据说英雄是神与人交媾生下的子女。我们别忘了在希腊罗马神话中,神灵都是一些好色之徒,他(她)们常常背着自己的配偶,与年轻貌美的凡人偷情。英雄与神灵的最大区别是,他们与凡夫俗子一样会死,任何英雄都无法超越死亡。不过英雄即使在死后,也会在其坟墓里对活人世界发挥作用和产生影响。死后的英雄对人类的影响主要集中在两个方面:一是充当人与神的中介,把人的诉求和神的回应或信息转达给对方;二是对人加以保护,或施加伤害。既然死后的英雄仍然对活人世界产生影响,人们就有必要对其进行祈求,而祈求最普遍的方式是献祭。为了与祭神区别开来,人们在夜间祭拜英雄,而且所献祭的牲口必须是黑色。根据希腊的神话传说,英雄可以以个体的形式出现,如戴着隐身帽追捕妖怪的柏修斯、完成 12 件苦差事的大力士海格立斯、勇杀怪物米诺陶罗斯的提修斯、远征特洛伊的希腊联军统帅阿伽门农,等等;也可以以集体的形式出现,如征服忒拜城的七英雄、为寻取金羊毛进行远航的亚尔古船诸英雄,等等。在崇尚勇气和膂力的古代,英雄是世人学习和模仿的楷模,英雄崇拜在西方世界影响深远。基督教崛起以后,虽然英雄崇拜连同诸神崇拜逐渐消失,但基督教的圣徒崇拜,在很大程度上是古代英雄崇拜的变体和延续。

此外，希腊罗马人还崇拜各式各样的精灵。精灵的地位和作用与英雄差不多，它们被认为是存在于神与人之间的超自然物，地位低于神而高于人，但它们不会死，而且具有种种神通。希腊罗马人相信，既存在着善良的即对人有助益的精灵，也存在着邪恶的即对人有害的精灵，人们可以向其祈求，转害为益，人们的意愿也可以通过它们传达给神。相比之下，精灵崇拜与民间巫术存在着更多的关联。

三、二神教与二元对立

多神教未必会发展为二神教，但二神教在历史上的确以各种不同的形式存在过。世界上最古老的二神教大概是出现于公元前 7—前 6 世纪左右的琐罗亚斯德教。该教的创立者琐罗亚斯德可能出生于波斯西北部的米底亚，创教初期，信者很少。后来在大夏（即帕克特里亚）国王维斯塔巴的强力支持下，王室成员和朝臣贵族纷纷加入，该教迅即兴旺，很快传播至整个波斯境内，3—7 世纪成为波斯萨珊王朝的国教。从 7 世纪起，由于阿拉伯人的扩张和伊斯兰教的兴起，该教逐步走向衰落，其中的一些信徒移居印度西海岸。目前该教在印度孟买地区仍有教徒 10 万余人，在伊朗南部也有少量信徒。该教于 6 世纪时经中亚粟特商人传入中国，在中国文献上被称作祆教或拜火教，宋代以后不再见载于中国史籍。19 世纪末至 20 世纪初，孟买地区的一些琐罗亚斯德教徒前往香港谋生，他们被称作"帕斯商人"。

琐罗亚斯德教突出善神与恶神的对抗和斗争。该教认为火、光明、清洁、生、创造等为善端，而黑暗、污秽、死亡、毁灭等为恶端。善端的主宰是阿胡拉·马兹达，即智慧和光明的善神；恶端的主宰是安格拉·曼纽，即愚昧和黑暗的恶神，阿胡拉·马兹达与安格拉·曼纽是一对孪生兄弟。世界由善神所创造，因此是好的，世界上的邪恶和败坏都来自恶神。善神最终将战胜恶神，使整个世界复归于善，恶神及其所带来的一切邪恶终将灭亡。该教还认为,人有进行选择的自由意志,有决定自己命运的权利;人死后,阿胡拉·马兹达将根据其在生时的所作所为进行末日审判,把好人送上天堂,把坏人投入地狱。

根据普鲁塔克的说法,除了善、恶两神之外,琐罗亚斯德教还吸收了印度—伊朗更为古老的密特拉神作为不善不恶的中性神。此外,阿胡拉·马兹达还先后创造了 30 位神作为自己的助手;为了与阿胡拉·马兹达相对抗,安格拉·曼纽也创造了同样数量的恶神。如果真是这样,琐罗亚斯德教从本质上来说还是属于多神教,只不过在众神之上存在着双元的首领。

公元 1 世纪初,在希腊罗马世界产生了一个融合多种宗教信仰的秘传宗教,即诺斯替教。该教突出精神世界与物质世界的对抗和斗争。该教认为,物质世界不是至高神所造,而是低于至高神的巨匠造物主所造。至高神的本质是心灵、生命和光。与虚幻的物质世界相平行,存在着一个真实的精神世界,它由至高神的无数流出体即中间体所充满,在这些中间体中有一个最大的中间体,即纯粹的范型人,世人的灵魂都是从范型人而来,而肉体则从物质世界而来。灵魂受到肉体的束缚就不得解脱,只有通过彻悟,灵魂在把握了"诺斯"(即真知)之后,才能获得解脱。因此,该教主张禁欲清修。诺斯替教的创始人据说是西门及其门徒梅南德,他们大约活跃于 1 世纪。后来,这个二元论的秘传宗教逐渐融入基督教当中,成为基督教的一个异端教派。2 世纪时诺斯替派的主要代表人物有瓦伦廷、巴西里德和马西昂等。3 世纪时,该教派趋于衰落。

公元 3 世纪,南巴比伦人摩尼综合了琐罗亚斯德教、佛教及基督教中的某些要素,创建了摩尼教。摩尼教强调的是光明与黑暗的对抗和斗争。该教认为宇宙需经历三大阶段。第一阶段,宇宙的两种基本势力光明与黑暗互相依存。第二阶段,黑暗攻击光明,并与光明交织,导致了创世之前的"原人"堕落。黑暗的势力创造了物质世界和人,光明被囚禁在人性里面;为了将光明解救出来,光明的势力聚集光明的分子充盈月亮 15 天,随后将月亮的光明传递给太阳和天堂。人堕落以后,光明的势力不断派遣先知前来启发人和照亮世界,这些先知包括琐罗亚斯德、释迦牟尼和基督等,不过所有先知中最伟大的是摩尼,他将光明的知识传授给人类。在第二阶段的末期,黑暗与光明进行激战,结果光明获胜,对世界实施审判,整个世界将燃烧1468 年。此后进入第三阶段,在该阶段里,被囚禁在人身体内的光明因得到解放回归天堂,所有物质的存在将完全被摧毁,黑暗将被驱除,与光明永远隔绝。该教认为,人的本质是光明的分子和光明的子民;个人受到光明之灵的光照,故得以领悟自己的本质,走上救恩之路。该教主张禁欲,将信徒分为选民与听众两个等级。选民由摩尼的 12 名弟子、72 名主教及 360 名长老组成,他们必须领受三重印记:洁净之口,即不可吃肉,不可大量喝酒;洁净之生命,即不可拥有世俗财富,不可从事地上的劳动,以免损毁内在的光明;洁净之心,即不可有性欲望和性生活。其余的信徒都是听众,他们的生活操守被认为不及选民,但有希望借助来世转生来提高层次,最终得到解放。

　　二神教的思想渊源是二元论。二元论思想在中国也有很大影响,如古老的阴阳学说,但终究没能发展为独立的宗教体系。最古老和最典型的二元论起源于中亚,琐罗亚斯德教二元学说至今在伊朗国家权力结构中仍依稀可辨。西方二元对立的文化传统也源远流长,例如在政治体制上,先是公民大会与元老院的并存,后是元首与元老院的并存;在哲学领域,有唯物主义与唯心主义的长期并行;在宗教领域,有公共崇拜与秘仪之间的此消彼长,等等。柏拉图应当被看作是西方二元理论的第一位阐发者,他在《蒂迈欧》一书中,就曾提出至高神与创世神二神并存的思想,后来崛起的诺斯替教,其核心教义无疑源自柏拉图。4 世纪末奥古斯丁的《上帝之城》主张存在着世俗之城与上帝之城的对立,明显残留着摩尼教二元论的影响。到了中世纪时代,西方拉丁教会与世俗政权之间既相勾连又相倾轧的微妙关系,更是这种根深蒂固的二元对立传统的一次持续时间最长的历史实践。

四、摩西与一神教

一神教可能是人类宗教发展史上的最高形式。这种宗教形式的出现与政治体制的变化之间的关系,是至今都无法厘清的复杂问题。政治统一和集权化趋势不一定都能够导致一神教,例如在秦汉之后的中国,虽然与政治专制主义相适应,思想文化上罢黜百家,独尊儒术,可是并没有出现一元化的宗教体系。不过世界历史上建立一神教的最初企图,则的确是集权化政治运作的结果。公元前 14 世纪上半叶,处于第十八王朝统治下的埃及,通过一系列的武力扩张,发展成为一个集权化的世界性帝国。与此同时,在统治集团和上层知识分子当中,产生了一个"阿顿"神的思想,该神不再局限于一个民族或一个国家,而是一个具有一定普世性的宇宙神。年轻的法老阿蒙霍特普四世继承王位之后,强制推行对阿顿的崇拜,将自己的名字改为埃赫纳顿,意为"阿顿的侍奉者",取消对传统阿蒙神及其他神的崇拜,封闭阿蒙神庙,没收其庙产,镇压一切巫术活动。据说埃赫纳顿惊人地预见到后世的科学知识,认为太阳辐射的能量是地球上所有生命的源泉,故而将太阳当作阿顿神力量的象征来崇拜。他在其亲自撰写的《阿顿神颂歌》中,满腔热情地赞美阿顿创造天地,并为自己生活在真理和正义中而感到无比自豪。可惜的是,随着埃赫纳顿的死去,传统多神教复辟,埃赫纳顿一神教改革的成果,只是昙花一现,在此后的埃及几乎消失得无影无踪。

继埃及人之后所崛起的最有名的一神教,当然非犹太教莫属。可是犹太人最初信仰的,也是多神教,而不是一神教。犹太人的一神教从哪个时候开始?由谁创立?这是一个模糊不清的问题。传统上根据犹太圣经的说法,认为《创世记》提到耶和华上帝与亚伯拉罕定立盟约,施行割礼,这是犹太一神教的开端。精神分析理论的开拓者弗洛伊德对于这种传统论调提出了诸多质疑。首先,上帝与亚伯拉罕所代表的犹太人立约,把犹太人确定为特选民族,按理应当使用一种更加独特的方式为标志,可是却使用了一种在埃及和中东其他民族中普遍使用的割礼为标志,这并不能突出犹太人的独特性。其次,上帝与犹太人立约,本该规定双边的权利与义务,可是上帝总是实行单边主义,一味地强迫犹太人服从自己,而未见上帝为犹太人做些什么。再次,在人类历史上,从来都是人选神,在圣经中却是神选人,这也是非同寻常的。最后,犹太人作为政治上如此脆弱、内部纷争如此频仍的小民族,如果没有外力的作用,如何可能自行出现一神教思想呢? 据此,弗洛伊德应用群体心理学的分析方法,对犹太人与摩西的关系以及犹太一神教问题提出了种种推测,从而得出了一些有趣的结论。弗洛伊德首先推定摩西不仅是地地道道的埃及人,而且有可能是法老埃赫纳顿朝中的显贵或边境省份的总督。在多神教复辟之后,摩西仍是一神教的一位狂热倡导者,他看到在埃及人当中推行一神教无望,便选定了旅居于埃及的犹太人,试图在这个民族中推行一神教。为了摆脱复辟王朝的政治控制和多神教影响,他带领犹太人出走埃及。摩西还强制犹太人行割礼。割礼的习俗最早出现于埃及,希罗多德早就对此有所记载,而埃及木乃伊和古墓壁画也证实了这一记载。《创世记》有关耶和华首次与亚伯拉罕立约行割礼的说法是不可信的。弗洛伊德还推断出,摩西带领犹太人出走埃及一事,发生于公元前 1358—前 1350 年间,亦即埃赫纳顿死后、多神教复辟不久。犹太人早期的上帝具有善妒忌、难和解及令人畏惧等特征,这些特征实际上正是摩西本人的性格属性。《出埃及记》说摩西"讲话迟钝",其实可以理解为他只懂讲埃及语,与犹太人的沟通要靠翻译,这也间接证明他是一个埃及人。弗洛伊德还认为,在圣经中,利未人总是与其他犹太人不太一样,其奥秘就在于,他们作为摩西的随从,本质上是埃及人。利未人为了维护割礼习俗,不惜以承认耶和华神作为交换条件,其结果就是上帝出现了两个不同的名字:耶和华(Jahve)和埃罗因(Elohim),因此圣经经文禁止直接称上帝的名字,就是怕内部不和,各行其是。摩西为犹太人创建的宗教虽然是一神教,但比起埃赫纳顿的阿顿教来,却是一种倒退,即从阿顿这个普世神缩退为耶和华或埃罗因这样一个犹太人的民族神。据考据学家厄恩斯特·塞林的推断,在荒漠徘徊的后期,摩西被造反的犹太人杀死,他推行的一神教随即被抛弃,直至"巴比伦之囚"的末期,在百般艰难之际,犹太人才重新怀念起摩西来,于是逐渐恢复了摩西的一神教,并且有了弥赛亚重新来到他们中间的希望和概念。这一推断得到了学界的普遍认可。另据历史学家爱德华·迈耶的考证,犹太人所接受的耶和华神,来自于阿拉伯半岛西北与西奈半岛东部之间一块沙漠绿洲上的部落神,该神是一位火山神,是性格怪诞和嗜血成性的恶魔,他避开白昼的阳光,在黑夜出没。这就难怪旧约常常将耶和华描述得很残暴。

五、普世性一神教

如果说犹太教只是犹太民族的一神教,那么,发源于犹太教的基督教,则是真正意义上的世界性一神教,这意味着基督徒的上帝同时也是全人类的上帝。这种普世上帝的观念,与世界主义(Cosmopolitanism)的出现密切相关。世界主义是相对于城邦主义或民族主义而言的。在希腊化时代以前,由于希腊世界小邦林立,各邦之间以及东西方之间的隔绝状态比较严重,人们的眼界常常局限于一邦一国,这种小国寡民的时代只能造就一种狭隘的城邦主义或民族主义思想。例如无论是柏拉图还是亚里士多德,他们心目中的理想国家总是以版图狭小、人口有限的城邦为原型,在这种理想城邦中,公民、奴隶和外国人的差别是永远无法消除的。进入希腊化时期以后,由于国家形态发生了变化,人们的思想观念也跟着出现了改变。首先,亚力山大的东征彻底打破了城邦时代小国寡民的局限,作为历史上第一个糅合东西方文化的世界性帝国,开始将其版图从原先的"希腊世界"延伸至东端的印度河和葱岭一带。其次,随后崛起的罗马人,借助一系列武力扩张和征战,更是将其帝国的西部边境拓展到大西洋东岸。在这些世界性的帝国里,人们开始打破原先国界的限制,展开了更加频密的交往,这些交往使人们的眼界大为开阔。于是,人们逐渐发现,在各种不同族群或等级的人当中,其实存在着某种共同的本质。一些思想较为活跃和超前的人士,甚至主张人们必须互相爱戴。例如在希腊化和罗马时代颇为流行的斯多亚主义,就提倡一种广泛的爱,即不仅要爱自己,爱邻人,也要爱自己的奴隶,爱异族人和爱自己的敌人,因为即便是我们的敌人,也与我们存在着人类所共有的利益。由此可见,世界主义不仅意味着对民族、国家和地域的超越,而且意味着对族群、阶级和等级集团的超越。世界主义必然造就"世界公民"的观念,我们知道,第一个自称为世界公民的人,是斯多亚主义的创始人芝诺,在他之后,人们常以自称世界公民为时尚。因此,公元前 1 世纪末罗马帝制的建立,不光为基督教的传播奠定了坚实的政治基础,而且为基督教本身注入了普世性灵魂。

早期基督教最神奇的人物是耶稣。耶稣是否为真正的历史人物已经无关紧要,重要的是耶稣这一角色与摩西的极度相似性。耶稣有大卫王的血统,出身高贵;如果我们接受弗洛伊德的推断,摩西也源自贵胄家族。耶稣婴孩期躲过了暴君希律王的追杀;摩西幼小时也曾差一点惨遭暴君法老的残害。耶稣年轻时在旷野接受魔鬼的考验达 40 天之久;摩西年轻时也曾独自在旷野居住 40 年,后来又带领犹太人在旷野徘徊了 40 年;耶稣成年后向民众宣道,成为上帝与民众沟通的渠道;摩西向犹太人宣讲一神教,成为上帝与犹太人之间的中介。耶稣遭犹太人杀害;按塞林的说法,摩西也死于犹太人之手。耶稣神奇般复活;摩西虽然没有复活,可是他创建的一神教却复活了。总之,按后来基督徒的理解,摩西是第一位弥赛亚(救世主),耶稣则是最后一位弥赛亚。摩西是耶稣的预演,耶稣则是摩西的再现。

对于基督教来说,耶稣基督这一角色固然必不可少,可是真正恢复了摩西有关上帝的普世性特征的,却是真正的历史人物圣保罗。保罗当机立断地废止了割礼,将基督教传播给了一切愿意接受的人们，无论他是犹太人还是非犹太人，是东方人还是西方人，是公民还是奴隶，是穷人还是富人。因此在很大程度上，保罗才是基督教的真正创建者。

基督教虽然具有了更加突出的普世性特征，可正由于神子耶稣基督的出现，它的一神教属性就难免遭到质疑。早期教父们在应对这一质疑时，唯一能做的就是构建出一套"三位一体"的神学理论，即声称神只有一位，却有三个位格（父、子、圣灵）。至于三个位格之间的关系如何，以及其中的核心角色基督具有什么样的属性等问题，在教会内部引起了极大的争论，从 4 世纪初一直争论到 7 世纪末，仍然余波难平，并由此发展出了所谓正统学说及五花八门的异端学说。

第六章 因果报应

因果报应,本来是佛教用来说明世界一切关系,并支撑其宗教体系的基本概念,这里我们借用该概念,讨论古代主要宗教的报应思想。报应是所有宗教的落脚点,也是世俗法规的重大辅助工具,它的影响力可以渗透到法律法规所能够涉及和无法涉及的一切角落,其在维护社会伦理秩序方面的贡献,堪称无与伦比。宗教报应与世俗法律一样,其主旨都是为了赏善惩恶,扬正抑邪。不过,在不同的宗教中,仍然存在着很不一样的报应思想,这些思想体现了文明的差异性和多样化。

一、浪子回头金不换

迄今所能接触到的最早的报应观,可能来自于古埃及。在埃及的一幅古墓画上我们可以看到,一名死者被戴有鹰头的神使荷鲁斯带领到了死神奥西里斯的面前接受审判,在被审判者与判官之间,摆着一把天平,被审判者的心脏,被放在秤上,如果秤往右边倾斜,说明被审判者是善人,他将被奥西里斯允许复活,并被带到西边天国去享受荣华富贵;如果秤往左边倾斜,说明被审判者是恶人,他的心脏立刻被趴在一边的怪物吃掉,他将永远不得复活。这把天平,以后就成了伸张正义的标志,常常被刻画在法庭的正堂上。

佛教的因果报应思想,则源自于印度古老的轮回学说。例如在婆罗门教中,就存在着轮回说,后来被佛教加以继承和发挥。佛教的轮回学说,最初只是一种被用来解释世间苦难和烦恼的理论,即认为无论是人间还是神界的一切烦恼和灾难,都是因业而起。业是什么东西呢?业也被称为造作,亦即一切身心活动。业分为三大类:身业(行为)、口业(话语)、意业(意念)。业力推动了生命的轮回,致使悲喜或苦乐交替生成,互为因果,无限循环。虽然业也可以分为善业与恶业,善业得善报,恶业得恶报,可是一个人即便可能做到完全杜绝恶的身业(坏行为)和恶的口业(恶言恶语),也难以真正去除掉恶的意业(邪恶念头)。既然会造恶业,就难免要遭恶报。因此佛教的最后落脚点,就是要借助一系列正确的修行,去排除一切业力,切断生命轮回,从而达到无悲无喜、不苦不乐的涅槃境界。换句话说,在最初的佛教那里,轮回是不值得追求但又客观存在的生命现象。这种理论在进入中国并转向通俗的层面之后,很快就演变成为一种独特的报应学说,在该学说之下,今生的荣辱可以从前生的作为中找到原因,今生的所作所为则直接影响着来世的祸福和处境。例如,如果你今生是一名乞丐,那是因为你在前世时曾经欺压过穷人;如果你今生是一名显贵,那是因为你在前世时曾拯救过七条人命;如果你现在继续作恶,你的来世很可能就会是一头让人随意宰割的猪,等等。这种隔世报应的理论在普通信众中具有一定的说服力,它不仅为当下社会的种种不平等找到了尚能"自圆其说"的解释,而且对于遏制人们的肆意妄为,发挥了一定的积极作用。当然,它的消极作用也是相当明显的,例如它不鼓励人们与多舛的命运作抗争,主张逆来顺受,这对于社会创造活力的激发,是极其不利的。

可是,这种源自于域外的报应观既然以个人为主体,它便与中国传统的家族主体思想产生了直接的冲突。佛教僧尼不婚不娶,这一生活方式招致了普遍的质疑,结果导致佛教出家人当中出现了严重的两极分化:一端是真正看破红尘、洞悉人生奥秘的学问僧,他们既然以涅槃作为最终修行目标,因果报应对于他们来说就显得过于低俗了;另一端则是逼于无奈投靠寺庵、只是混口饭吃的广大杂役僧,他们的出家只是为了活命,故因果报应对于他们来说也未必是至关重要的。如此一来,真正在乎因果报应的,是那些不住寺庵、居家吃斋念佛的虔诚居士,而不是僧尼。

古代的报应观基本上遵循着"以牙还牙,以眼还眼"的原始血亲复仇原则,即报应应当对等,如杀人者必为人所杀,伤人者必为人所伤,虐待父母者必为自己的子女所虐待,等等。可是后来随着神变得日益仁慈和宽恕,恶人只要能够变善,他从前所做过的坏事就可以一笔勾销,既往不咎。基督教有"浪子回头金不换"的传统,上帝特别善待那些知错能改的人士。比如某名娼妓,淫荡一生,老年时忽然幡然醒悟,经过忏悔修行,死后竟成为闻名遐迩的一名圣徒,倍受崇尚。12 世纪时有一部虚构的法文作品《教皇格列哥里传》,述及其父母兄妹为婚生下了他,他长大后偶然误杀了父亲,并误娶了母亲;在发现真相之后,他将自己锁在一块岩石上苦修了十七年,最终成圣,被召为教皇。这是中世纪版的《俄狄浦斯王》,不同的是,它是以喜剧告终,而不是以悲剧告终。中国佛教也出现过类似的变化,例如后期佛教就不太讲对等报应,而是强调"放下屠刀,立地成佛",一个杀人狂,只要他停止杀人,马上就能成佛。这就难怪许多恶人,要等到临终前才想起要入教。

二、功利主义报应观

从总体上看,正统儒学认为行善是人所固有的责任,贫富夭寿等一切外在的东西,则与个人的道德行为无关,它们既然是命中注定,就无法刻意求取。子夏断言:死生有命,富贵在天。孟子也认为,只有尽心知性,才能知天和事天,一个人应修身立命,而不要计较是长寿还是短寿。于是,道德修习便完全超脱于夭寿富贵等世俗性的报应之外。宋明理学基本继承了这一传统,如王阳明就认为,行善不应以谋求世俗利益为目的,因为人太过于功利就会干扰到内心的修习。然而,修身立命而不计功利,这不过是儒教的一种形而上的理想,这种理想对于广大普通民众来说是行不通的。连孔子本人都曾暗示过：人如果想求长寿，就应当行善积德，而不应当祈求鬼神。其实儒教并不缺乏报应理论，只是它既不涉及来世，也不把行为者个人当作报应的主要受体，报应的受体是行为者的家族及子孙后代。换句话说，儒教的报应观，具有家族连带关系的特色。《易经》说积善之家，必有余庆；积不善之家，必有余殃，可见儒教传统一开始就是以"家"而不是以"人"作为受报对象的。孟子也说过，杀别人父亲的人，自己的父亲也要被别人杀死；杀别人兄长的人，自己的兄长也要被别人所杀，这与自杀没有什么两样。这里讲的虽然是一种极其原始的血亲复仇式的报应方式，但它不像佛教的因果报应那样让行为者自行承担其行为的后果和责任，而是把这种后果或责任转嫁给他的直系亲属，这实际上还是强调了"家"的共同连带义务。司马迁曾引用某位褚先生的话说：黄帝治理天下时所积累的恩德荫蔽到了他的所有后人，后来为帝为王的人，无一例外都具有黄帝的血统；那些没有黄帝血统之人，无论如何努力，都不可能成为真正的帝王。这等于说，后辈的福分主要是由祖宗的功德积攒而来的，今人的创业则只能光泽后人。朱熹在论述后代为什么要祭祀自己的祖先时说：子孙是祖先的气，祖先死时他的气发散了，可是可以通过祭祀，将祖先消散了的气再聚集起来。这种将精神作唯物化处理的做法实际上也来自早期质朴的传统思想。只是在佛教和道教的影响下，儒教世俗的家族化报应理论才开始沾染上了某种轮回和巫术的神秘主义色彩。

唐初的道教文献曾谈到，一个人如果做了 530 件恶事，他的儿子将会因早产而死；如果做了 720 件恶事，他就不能够有儿子，只能生一群女儿。这种报应方式，是典型的家族男权本位主义。宋朝人李邦献告诫自己的族人要行善避恶，其目的也在于求子孙福报。他说，人行善则福泽子孙，作恶则殃及后代。针对个别人作恶多端，其子孙却仍昌盛不衰，另一位宋代知名人士袁采解释道：这是因为这些人的祖先累积善德过多，结果导致其家族恶不抵善。晚明社会由于受佛教和道教修行思想的影响，士大夫中开始出现以宗教主观主义去矫正孟子客观主义宿命论的趋势,结果,以"功过格"形式自我强制过道德修炼生活的习惯大为流行。"功过格"其实是一种道德日记,即人们每天将自己一天中所做的善事(功)和恶事(过)记录下来,定期进行总结清算,看是功大于过还是过大于功,以此获得道德上的自我激励。据说,用"功过格"方式进行修习,还真是有效。功过格热心推行者浙江士大夫袁黄,曾被相命先生告知将在 53 岁那年无嗣而死,为了改变命运,他求助于功过格,功夫不负有心人,他终于老年得子,耄耋而终。袁黄的同时代人杨自惩也借助功过格修炼方式获得丰盈果报:儿孙满堂,而且个个都通过读书入仕成为名臣。最有意思的是,明代的另一士大夫姚舜牧将儒教的家族报应观与佛教因果报应思想融为一体,他说道:释迦牟尼的轮回报应说是正确的,只不过佛教所说的"前世"就是我们的祖父辈,"来世"就是子孙辈;祖父辈的善恶,在子孙辈那里积累成祸福,这就是轮回。

做任何事情都事先想到其预期后果,即报应,这对于人们扬善抑恶和匡正民风民俗的确起到了一定的积极作用。可是正如动辄就讨价还价、斤斤计较报酬那样,过分强调因果报应,会导致伦理行为的实用主义和功利主义。近日有报道说,某个内地省份兴起一种"道德银行",人们把自己所做的善事存入这种银行,可以零存整取,银行会定期结账,以作为储存者升职评级的参考依据。至于善事的种类,则是五花八门,应有尽有,不过据说人们做得最多的善事是放生动物。这是完全可以理解的,因为市场上的动物是明码标价的,这对于急于确定善事的量化标准的善男善女来说,记起"账"来就相当方便。不过,不知道放生者有没有想过,就算你自己由于放生可能真的会得到善报,但其他的动物会不会因此而遭殃呢?比如你放生了一只乌龟,乌龟以小昆虫和小鱼小虾为食,一只乌龟的得救,就意味着大量昆虫和鱼虾要面临灭顶之灾。细究起来,类似"善行"的结果是不是要被大打折扣呢?前段时间有报道说,某个自称为信佛者不知从哪里弄来了一千多只老鼠进行放生,结果导致附近方圆数百亩农田被毁,农民颗粒无收。此君还以为自己行了大善,而受害的则是农民的生计。

三、古犹太人的报应观

最初的犹太人认为死亡就是与上帝关系的结束，因此便不存在隔世报应的思想。报应都是发生在当世的事情。而对人的道德行为所做出的最为通常的报应方式，就是延长善人的寿命，和缩短恶人的寿命。换句话说，人寿命的长短，必然与其德行的多寡成正比：德行越高，寿命越长；德行越低，寿命越短。在希伯来圣经形成的一些关键时期里，犹太人总是生活在颠沛流离的艰难环境中，他们对于曾经荣耀的遥远过去有着深深的怀古情结，这种情结难免在圣经文献中留下印记。圣经的一些卷次记载了不少属于自然死亡的重要人物的寿命，总的来说，是一代不如一代。例如，始祖亚当活了930岁，其儿子塞特活了912岁，其孙子以挪士活了905岁。到了大洪水以后，人的寿命已大不如前，虽然备受天宠的所谓"第二代始祖"诺亚尚可以活到950岁高龄，但他的后裔却每况愈下，如闪活了600岁，其儿子亚法撒活了438岁，亚法撒的儿子沙拉亚活了433岁，沙拉亚之子的重孙西鹿活了230岁，西鹿的儿子拿鹤则只活了148岁。以后的境况更加糟糕，希伯来人的祖先亚伯拉罕活了175岁，就已被认为极其罕见，被称作"寿高年迈"，他的妻子撒拉只活了127岁。此后的相关记载计有：以撒活了180岁，雅各活了147岁，摩西活了120岁，约书亚活了110岁，以利活了98岁。这些有关岁数的叙述揭示了一个不争的事实：至少在古代犹太人看来，高寿是上帝给予有德者的奖赏，夭折则是对失德者的惩罚。犹太历史学家约瑟夫也曾指出：古人的长寿，固然与当时较为健康的食物有关，但更重要的是因为他们的美德，他们因为爱上帝而得到上帝的特别关照。历史和现实的数据均表明，人类的平均预期寿命，是随着时间的推移和物质生活条件的改善而不断延长的。犹太人却反其道而行之，将最远古人类的寿命夸大了十几二十倍，这隐藏着什么样的动机呢？这些经文的撰写者，显然是他们那个时代的愤青,他们对于自己所处的时代不是一般的不满,是极端不满。他们当然不是在记述历史,而是在抒发一种感情,一种对人类堕落前无忧无虑时代的完美道德状况的强烈怀念。

早期犹太人的家族观念,比起古代中国人来,有过之而无不及。一个人死去时如果没有留下后代,那就会被看作是上帝对其恶行的最大惩罚。亚伯拉罕是一名善人,却一直没能生育孩子,心里难免暗暗焦急;所幸的是,上帝并没有遗忘这位年高德劭的义人,不仅让他老年得子,而且向他许诺,他的子孙将"多如海边的沙"。另一位善人约伯,在被撒旦夺去了所有财产和 10 个孩子之后,对上帝的忠诚仍坚如磐石;为了报答他的忠诚,上帝赐给他 10 个儿女和双倍的财产,并通过先知向他承诺,他的子孙将会"像地上的青草那样繁多"。不过约伯被夺去生命的 10 个孩子,却硬生生地成为此次上帝"试探"的牺牲品,他们何罪之有? 一切都是为了成全其老父的虔诚和名节,这的确令人细思极恐。

在早期犹太人中,由于阴间不过是死者幽灵暂时居住的场所,它并不承担任何赏善罚恶的道德义务,因此便不存在一个不公正的现世借以得到平衡的"来世",因为在宗教集体主义和家长制的强势干预下,一切正义都可以在今世得到实现,也就是说,恶人的毁灭与善人的获福都发生在此生此世。而且,由于对家族血脉和家庭集体责任的强调,报应未必会落在行为者个人身上,他们的子孙后代,常常要为自己的长辈承担行为后果。例如耶和华上帝曾威胁犹太人说:我可以因为父母的罪行惩罚你们的儿孙达到三四代人。这看来与古代中国的情形有些类似,唯一的差异是,由于较早确立起了上帝一神教,犹太人就不可能出现具有多神教特征的祖先崇拜。

不过,从希腊化时代开始,随着外来文化的侵入,犹太社会中传统的宗教集体主义和家长制原则面临严重危机。由于犹太社会的分化,人与人之间的差异日益明显,阶级对立日趋尖锐,在现实生活中,恶人并不总是受到应有的惩罚,善人也未必能够得到应有的保护,许多人的道德行为终其一生,都得不到公正的回报。于是,联结各个个体的社会纽带逐渐松懈，个人主义悄然抬头，古老的报应观在维系社会道德和维持传统宗教信念方面，已经显得软弱无力，人们开始发现，由儿孙来承担长辈的行为后果很不公平，而发生在个人身上的现世报应，也极少能够真正体现社会的公义。一段显然撰写于希腊化时期以后的圣经经文，便借助先知的口断言：那种"父母吃了酸葡萄，儿女尝到了酸滋味"的时代已经一去不复返了，从此以后，只有吃酸葡萄的人才会尝到酸滋味，各人必为自己的所作所为负责。可见，一种全新的报应观出现了，它在本质上是反传统的，因为它既强调个人责任个人承担的理念，又把报应的时间从现世延伸到了来世，与此相应，复活、天堂与地狱的思想也开始萌发了。当时在犹太民间流传着一个有趣的故事：一名富人和一名穷人在同一天内死去，富人的葬礼非常奢华体面，穷人却只是被草草下葬。穷人的朋友对此感到愤愤不平，直到有一天他做了一个梦，梦见穷人在天堂享乐，富人则在地狱受折磨。他还被告知，穷人在一生中也犯过罪，富人在一生中也行过善；穷人葬礼的简陋是对他罪过的惩罚，富人的豪华葬礼则是对他行善的报偿。这一故事揭示了当时盛行于犹太民间社会的一条报应原则：善人的小罪在这个世界里就得到了惩罚，以便在另一个世界里去享受幸福；而恶人的小善也在这个世界里得到报偿，以便在另一个世界里只受惩罚。该故事将富人与穷人分别归入邪恶与善良这两个截然相反的道德行列里，这只是反映了下层民众的价值判断，自然无法见容于犹太上层社会。因此，即便在公元前 2 世纪以后，也不是所有的犹太人都相信复活和来世报应。

四、地狱与天堂

如果说，复活与来世报应的思想，在犹太教当中只处于萌芽状态，那么在基督教那里，这些思想便得到了苗壮成长。耶稣在复活后宣布，他将会第二次降临，到了那一天，所有的死者都将复活，与仍活着的人一起，接受最后的审判。这就是著名的"末日审判"。耶稣甚至讲到了末日审判的具体情景：审判由他亲自主持，所有人，包括活人和从死中复活者，都将依据其所作所为，被甄别分成两类，站在基督右边的是善人，他们受到基督的祝福，被赐予天国的永生；站在基督左边的是恶人，他们遭到基督的诅咒，被判以地狱的永罚。

天堂与地狱的观念，在耶稣的时代还比较含糊，不过以后就慢慢清晰起来了。基督教的地狱一词，最初来自于犹太教的"杰赫纳"（Gehenna），杰赫纳是耶路撒冷正南方的一个日夜焚烧着大火的垃圾场，偶尔也被用来焚烧死刑罪犯的尸体，该词后来被新约圣经的作者借用来指称恶人被定刑后的最终去处。由于它的特殊出处和背景，它总是与火联系一起，耶稣在谈及地狱时说道：那里的虫子永远不会死，火也永远不会灭。在另一场合里他又说：如果有人骂自己的兄弟为疯子的话，他就要受到火狱的惩罚。他还预言说：在今世终结之时，天使会把恶人从善人中区分出来，然后将他们扔进火炉里，他们将会在那里切齿哀嚎。《启示录》的作者谈到在一千年太平盛世过去以后，被释放出来兴风作浪的魔鬼，将被扔到"充满着火和硫磺的湖里"。有一个外典文献提到童贞女马利亚游地狱的故事，说马利亚看到地狱里的大火熊熊，绝望的恶人们正在等待着折磨与惩罚。在较早的新约文献中，堕落的罗马城也曾被当成是地狱的原型；《启示录》的作者则将罗马指斥为罪恶的大巴比伦，是魔鬼的住处和各种污秽之灵的巢穴，其情景与地狱没什么差别。在但丁的作品中，地狱就像一个漏斗，一共有 9 圈，每圈分为若干层，各层安置犯有各类罪行的恶人。

既然地狱继续保留了现实世界中用来惩罚罪犯的极端化手段，天堂的奖赏便体现了人们在摆脱了世间苦难和烦恼后的心旷神怡的状态。新约中只有《启示录》对天堂进行过比较集中的描述，该文献的作者在展望天堂的美景时，最初出现在他脑际中的，可能就是《创世记》中伊甸园的形象，这种初民时代的简朴和恬静的确令人神往。可是由于现实世界中有太多的苦痛和烦恼，展望中的天堂美景首先必须去除掉一切令人不快的事物,因此,《启示录》有时用否定的形式,来描述这个被人们苦苦追求的美好世界,在这个世界里,上帝将擦去人们的一切眼泪,再也没有死亡,再也没有悲哀、号哭和痛苦,所有的烦恼将成为过去。与此同时,《启示录》作者还谈到了天堂的具体情形,他试图调动起读者的视觉、听觉、味觉和嗅觉,使他们身临其境般地感受到天堂的尽善尽美;他用通俗的语言描述了一座从天而降的新耶路撒冷:这是一座正方形的城市,四周巨大的城墙用碧玉筑成,城中的建筑物用精金建成,宏伟的大门镶有最珍贵的宝石和贵金属,街道就像黄金一样辉煌,城里永远充满着灿烂的光亮,黑夜不再出现,河里的生命水和树上的生命果取之不尽。这样一座圣城,与充满着恐怖的"火湖"形成了鲜明的对照。

五、恩典论与行善论

那么,如何才能够最终进入天堂般的圣城而避免进入地狱般的火湖呢? 对这一问题,基督教各不同教派有不同的回答。根据正统拉丁教会的思想,由于人类始祖的原罪,人的本性彻底败坏,人便无法依靠自身的力量获救升天;此时,至善的上帝便赐予人一种超自然的恩典,靠着这种恩典,人才可能行善避恶,从而获救升天。在这里,有三个要点必须记住:第一,神的恩典是无偿赐予的,即上帝把恩典白白地赐予罪人。这意味着上帝在赐予恩典时,不会从人那里收取任何酬劳和回报,亦即人在获取恩典时无须付出任何代价,这体现了上帝的至仁至善。第二,恩典的赐予是不可抗拒的。基督教早期的主流信仰认为,上帝不是把恩典赐予所有人,而是把它赐予一部分被当作"选民"的人;哪些人是"选民"和哪些人是"弃民",这是由上帝早就预定好的;当上帝把恩典赐予他的选民时,选民们是不可以加以拒绝的,因此恩典的赐予便带有绝对的强制性。第三,先有上帝的恩典,后有人的善行。上帝把恩典赐予自己的选民,好让选民们能够带着上帝的恩典去行善。换句话说,人如果没有恩典,就不能行善,故不能说人因行善而获恩典,相反,人的行善是恩典作用的结果,而不是获取恩典的理由或原因。总而言之,人的善行不能被用来作为交换神的恩典的一个筹码,因为即便是善本身,也是至善的上帝所掌控的资源,它归根结底也是归上帝所有,因此人就无权把它当作一种商品来交易。

先有恩典后有善行的理论,是深度理解西方思想特质的关键所在。这种理论源自于上帝主权的观念:既然万物为上帝所造,也便为上帝所有;善作为上帝的造物,必然也归于上帝。如果人想获得属于上帝的善,就必须首先确认自身已经被赐予了上帝的恩典,才能带着这种恩典去行善。

由于新约圣经中不可协调的内在矛盾,也由于体制化教会对权势的过度贪恋,西方历史并没有始终一贯地沿着这条伦理路线顺利发展。例如在中世纪的大部分时期里,教会当局借助对《雅各书》中善行理论的片面解读和肆意发挥,实际上颠覆了上述由奥古斯丁所创立的正统救赎论思想,把善行当作灵魂获救的唯一手段和工具,其严重后果就是导致了在特定时期里社会的普遍腐败和人性的堕落。针对这种情况,16 世纪的宗教改革家力图拨乱反正,重新回到了奥古斯丁的救赎理论。

明末清初,耶稣会传教士在中国传教时,同时将西方的恩典论和善行论都向中国人作了系统介绍,中国人只能接受善行论,因为它比较符合中国的国情;却始终无法理解恩典论,因为在中国,无论是儒教,还是佛教或道教,都没有独一神创世以及随之而来的上帝主权的思想,因此善就不是一种神的专利品,它是一种人皆有之的起码秉性,人们可以用它来换取神的恩典。故在中国的传统思想中,先有人的善行,后有神的恩典,即人必须先积德行善,才有望获得神的回报。在这里,善行纯然是获取恩典的一种手段和工具,甚至可以看作是购买恩典的一种通用货币。在一名具有传统思想倾向的中国人看来,先有恩典后有善行,与赊贷消费一样,对于入不敷出的穷困人士来说虽则未尝不是一个救困之举,但它毕竟只是权宜之计,它的最大弊端就是造成穷人债务的不断积累,因而会使信誉记录不良的消费者数目剧增。在诚信缺乏有力保障的社会里,人们宁愿以一手交钱一手交货的传统贸易方式,来处理与神之间的互利关系。根据无功不受禄的传统思路,人在没有做出任何善行的情况下,自然是不敢贸然期待获取神的恩典的。

此外,在报应问题上,西方的个体本位原则,与中国的家族本位原则,也发生了极大的矛盾和冲突。明末耶稣会士艾儒略在福建传教时,有华人基督徒曾向他谈起自己那些尚未皈依的家人和儿子。他抱怨说:纵使自己能够蒙恩得救,可是一想到家人和孩子将在地狱里受永恒之苦,自己又如何安心独享天堂之乐呢?这一质问,的确让聪明善变的艾儒略一时语塞。大约与此同时,泉州信徒颜维圣曾在一篇文章中描述自己做了一个梦,梦见自己在接受末日审判,主审天使认为他功德未满,将他重新发落回世间。有趣的是,在他返回世间的路途上,引路圣徒也是一名中国人,该圣徒竟托他带回家书一封,家书的内容主要是规劝家人速速行善积德,争取尽早前来天国与其团聚享天伦之乐。这位中国籍圣徒充分利用与上帝接近的便利条件,来为自己的家族谋求最大利益,这大概也是来自西洋的神父们所始料未及的。

第七章　孝亲与忠君

公元 1 世纪前后，佛教传入中国，经过几个世纪的磨合，它最终被改造成为汉化佛教。佛教的确给中国文化带来了巨大影响，例如轮回转世、因果报应的观念，以及出家修行、为僧为尼的习俗，等等。不过，如果据此就认为佛教体现了中华文明的特质，它是传统中国人的普遍宗教信仰，那必定是言过其实了。传统中国人骨子里所崇拜的，并不是佛教，而是儒教。

一、孝道与愚孝

儒教也称礼教，是中国土生土长的宗教，它的基本特征是：家国一体，孝忠互通，鬼神相交。我们先来看看在《礼记》中，孔子如何论"礼"，他说：礼是先朝的国王从天上继承而来的道理，也是根据民情实施统治之术，失去它就会毁灭，得到它就会生机勃勃；因此礼源自上天，流传于大地，渗透于鬼神，具体施行于包括丧、祭、射、御、冠、婚、朝、聘等各个环节，因此圣人以礼为规范，天下国家就可长治久安。由此看来，礼是贯通天地鬼神无所不包的通则，难怪中国有礼仪之邦的称号。礼的本质，说到底，就是孝亲与忠君。

按孔子的说法，孝包括养亲、事亲、葬亲和祭亲等四个过程。父母在世时，要养亲事亲；父母去世了，就得葬亲和祭亲。根据《礼记》的说法，为人子者，要尽最大可能使在世父母衣食无忧，心情舒畅。如果父母有过失，要柔声轻语地谏劝；如不被接受，要换一种方法再谏，如果因谏劝引起父母发怒甚至被殴打流血，也不应有任何怨言。父母不召见，不可擅入其室；父母不令退出，不可自行退出；父母没有提出问题，不要擅自作答。父母在世时，为人子者不可住在主房里，不可坐在中间席位中，行走时不得走在中间，站立时不可站在中门。父母在世时，为人子者不可以说自己老，因为父母比你更老；不可以私设小金库，家里财权必须由父母专控；不可以对自己的孩子表现得很慈爱，这种慈爱应该由父母来表达，等等。换句话说，对父母要竭尽"顺"和"敬"，做到绝对服从。在这种文化传统的熏陶下，民间流传着各种离奇古怪的养亲事亲"事迹"，如割股疗母、割肉救母等等极端化的做法，这些孝行据说还获得朝廷的旌表，并被载入县志或地方志中。这些传奇故事，似有似无。有，是因为流传甚广，且存在文字记载；无，是太过不可思议和不人道，而且不合情理。割股无异于自残，是在拿生命开玩笑，不知割股者有没有想过，如果自己因割股而死去，又有谁能够替他去尽养母事母的义务呢？对于这种愚孝做法，虽然人们总是津津乐道，笔者却不敢恭维。有一位先生早年丧亲，中年时发了点小财，于是便到处哀叹自己无亲可孝之憾。我们不免要作如下设想：假如这位先生的父母尚存活于世，却长期瘫痪在床，需要他日复一日地服侍和照顾，他还敢将这种费心劳神的服侍工作当成是一种荣幸吗？为了标榜对传统孝道精神的践履，如今人们热衷于教孩子们为父母洗脚，一些学校将其列入重要课外活动，年轻的父母们也将其看作理所当然，并引以为荣。对此我很不理解，如果自己行动方便，双脚由自己来洗，难道不比由别人去任意摆布来得舒服吗？对父母行孝当然是必要的，但不能食古不化，也不能只做表面功夫。在我看来，趁年轻时努力攒钱，依法纳税，在父母年老的时候给他们找一个尽可能好的养老院，这就是最大的孝道。因为服侍人是一种专业性很强的工作，把它交给专业人士去做，总比让笨手笨脚的儿女来完成要有益得多。

　　在中国历史上，不孝从来就被当作不赦大罪而为千夫所指。按曾子的说法，不孝有种种表现形式，其中包括不忠于君王、不敬畏官吏、不信任朋友、作战不够勇敢等,他认为这些行为辱没了父母的名声,因此属于不孝之列。孟子则明确提出,在诸种不孝中,不养育男性后代,是最大的不孝。因为没了男性后代,祖先的烟火就难以为继,从而断绝了"祭亲"的义务。问题是,孟子为什么忽然要把养育男性后代看得那么重?我想有可能到了孟子的时代,为了寻求生活的安逸或别的原因,单身贵族已然屡见不鲜,孟子对此开始感到焦虑不安。况且,孟子生活于战国时期,这是一个列国都在追求富国强兵的时代,大家都把高出生率尤其是男性人口的高出生率看作是一个国家强盛的最根本的指标,各国都急需大量的壮丁猛男来保家卫国或实施对外扩张,因此单身者对祖宗的不孝就被与对国家的不忠联系了起来。孟子的这一思想,在此后的两千余年里,造成了广泛而深远的影响。时至今日的某些角落,情况仍然如此。我的一名出身于南方农村的学生,因没有生下男丁而被认为是绝了祀,在屡遭族人的白眼之后,只好拖家带口逃到城里来谋生。

二、厚葬之习

自然不造不死之人。父母一离世,首先要面对的就是如何葬亲的问题。在有关如何发出讣告、如何奔丧、迎送来吊宾客、何时哭泣、何时止哭、对着哪个方向哭泣、成服、奔父丧与奔母丧有什么差异,等等事项,《礼记》有非常详细的规定。据《礼记》的要求,人死后要对尸体进行梳妆打扮,使其穿戴整齐,然后停尸三日,三日后才能安殓。为什么要停尸三日呢?《礼记》作者解释说,因为人可能会有假死现象,留够三天停尸,是希望死者复活。三日过后,复活无望,尸体就得入殓。入殓方式也颇讲究,先将尸体安置于小棺材(棺),小棺材外面套一个大棺材(椁),只有大棺材才可以粘土掩埋。孟子在谈到葬亲时也说:虽然对于棺材的厚薄没有统一的规定,但一个有孝的人,绝不会因为要为天下人节约物资而在埋葬父母方面省钱。言下之意,无非是棺材越厚越好。不过,棺椁并用,也只是有钱人才能做得到,对于普通民众来说,死后能够享用一口薄棺就已经很不错了。许多穷人耗尽一生精力,就是为了能够赚取一笔足以购买一口棺材的资费。一些精明人士未雨绸缪,在身有余力之时就开始为自己积集棺材费,甚至早早为自己选购好心仪的棺材,有了棺材,他们就免除了后顾之忧,就能如释重负般地过好后半生。按传统礼俗,裸尸而葬是绝对不被原谅的。笔者年幼时,同巷有一名六亲不存的单身汉死了,有一位好心人出资买了一卷草席,将死者尸体包裹起来埋葬了,也算是一种行善积德。总之,中国传统礼俗是不允许尸体(哪怕是穿戴整齐)直接接触泥土的,目前还不清楚其中的奥秘。大概是为了将人与禽兽区别开来,看重人的尊严和价值,认为人如果裸葬,便与禽兽无异了。

据《礼记》所披露的信息,迟至春秋时期,人殉的习俗仍未完全绝迹。如陈国的公子陈乾昔临终前就向自己的兄弟交代后事,要求在他死后将他的两名女仆进行殉葬,受到了他兄弟的拒绝。虽然陈公子的愿望未能实现,却多少反映了旧礼虽废,旧心未死,不少人仍在憧憬着往日的野蛮习俗。

至于陪葬品,那自然是多多益善。如《礼记》所说,"事死如事生,事亡如事存",既然死亡被理解为是到另一个世界去生活,那么就应当让死者带上足够的生活用品去享用。于是,现实中的生活用品,便或以原物,或以象征的形式被带进坟墓里。这已经屡屡被考古发现的证据所证明。孔子曾多次谈到冥器(即陪葬品)对于死者的重要性。不过孔子有一点做得相当开明,那就是他反对使用人俑陪葬,认为这种陋习来自于远古时期的人殉,是非常不人道的。具有讽刺意味的是,两三百年过后,秦始皇在自己陵墓的陪葬坑中,却命人安置了大量的兵马俑,这无异于开历史的倒车。

不过从总体看,儒教传统是主张厚葬的。丧事大操大办,大概就是由儒教带来的一种习俗。一场丧事下来,极端的近乎导致家破人亡,以致于卖身葬亲,在历史上屡屡成为行孝"佳话"。当代人比古人更是夸张,在南方某些农村地区,坟墓越造越大,陪葬品的花样越搞越多，连两千多年前遭到过孔夫子唾弃了的人俑，也被重新使用上了。不少人在其父母生时视之如草芥，在其死后才弄得天翻地覆，深怕村邻乡里不知晓他们"孝道"，他们的这些秀，显然是专门做给活人看的。在这点上，我同情墨子的主张，为子孙后代计，还是厚养薄葬为好。

传统礼制所规定的葬俗，也并非一无是处。《礼记》要求丧亲时官员守三年之丧，庶民守一年之丧，时间的确太长，但一定时间内的哀思悼念，还是有必要的。《礼记》说：由于丧亲之痛，孝子"形变于外，口不甘味"，三天没心思起火做饭，只好依靠邻里提供的糜粥为食。这未免有些过分，可是其目的既然是为了让孝子们在死者入葬之前，表现出作为人子所应有的哀伤之情，那这些规定就有一定的合理之处。反观我们今天的一些丧事，不要说守一年之丧，就连完整地守一日之丧也做不到。孝子们在中午死者下葬时嚎啕大哭，极尽悲痛欲绝之状，在晚上丧宴时却能谈笑风生，喝酒吃肉，猜拳行令，一醉方休，不知是什么心理，令人百思不得其解。

两汉相交之际，先是佛教入华，随之道教兴起。佛道二教对于儒教丧葬礼俗的影响，是复杂而又微妙的。一方面，人们逐渐相信佛教的轮回学说，于是便会在传统丧仪的基础上，增设道场，聘请和尚或道士主持超度法会，好让逝去的亲人投胎转世到一个更好的人家，如此一来，丧仪便显得更加热闹和排场。另一方面，人们对于佛教寺院的独身主义却保持着高度的警戒，他们不相信一个拒绝履行行孝义务的独身僧尼，会在来生世界里获得任何福分。从明代开始，随着佛道社会影响力的衰落，人们更是纷纷将和尚与道士拿来当作嘲讽的对象，当时的许多名人笔记或家训，常常规劝家人要远离佛道，类似于"人如要行孝，莫交僧与道"这样一些训示，随处可见。

三、繁琐的祭祀

如果以为行孝的义务随着父母的安然下葬而结束，那就大错特错了。相比于养亲、事亲和葬亲来，祭亲的职责一点也不轻松。祭亲是世代相继的系统工程，这意味着只要你活在这个世界上，你就得祭祀你的先人；而当你自己死去之后，你就会被你的后人所祭祀，如此烟火相传，永不中辍。祭亲的原理与儒教圣人对鬼神含义的理解有关。孔子有一名叫做宰我的学生问老师：鬼神之名倒是经常听说，就是不知其中的意义。孔子回答说：人在生时含有气与魄两样东西，到了死的时候，魄附着于肉体腐烂于地下而变成鬼，气则上扬天上为神，两者合为鬼神，均是众人敬畏和崇拜的对象。如此看来，人们不仅要祭神，而且要拜鬼，因为两者出于同一个人的灵。换句话说，无论是神还是鬼，都是源自于死人。这不禁令我想起年幼时随同父亲去扫墓，看到父亲在祭祀大坟的同时，也祭祀旁边的一个小坟堆。我有些好奇，便问这小坟堆里睡的是谁。父亲告诉我，里面葬的是没人认领的尸骨，已经成了孤魂野鬼。这时我才知道鬼也是人变的，也值得祭拜。鬼神到底是什么东西？孔子在《中庸》一书中有所解释：鬼神所完成的功德极其盛大，它虽眼不可见，耳不可听，但它存在于万物之中而无一遗漏；它可使天下人斋戒沐浴，穿戴盛装，敬奉祭祀；鬼神似乎无所不在地漂浮于人们的上空，又似乎就在人们的身边。由此看来，鬼神虽然无所不在，但却无法为人所真确地感知和认识，显得非常神秘。那为什么要祭拜鬼神呢？《礼记》列出了十大理由：第一，是为了让人们懂得服侍鬼神的道理；第二，是为了让人们明白君臣关系的意义；第三，是为了让人们理解父子关系的重要性；第四，是为了让人们清楚贵贱之间的鸿沟是不可跨越的；第五，是为了让人们懂得亲疏是有差别的；第六，是为了让人们了解赏赐和分封官爵的意义所在；第七，是为了让人们认识到夫妻各自的职能是不能互相取代的；第八，是为了让人们明白政治义务必须均等承担；第九，是为了让人们知道长幼之间是有尊卑之别的；第十，是为了让人们知晓上下级之间是有界限的。这十大理由被称作"祭祀十伦"。虽然看来有些繁琐，但归纳起来，无非是说，通过祭祀，就可以上通鬼神，下晓人伦，知荣辱，明事理，各安其位，各尊其亲。曾子给出的理由更加简单明了,他说:祭祀的目的,就是为了"慎终追远,(使)民德归厚矣"。也就是说,对死去的亲人尽审慎之礼,通过祭祀追怀先人事迹,就能够使民风淳朴,民心向上。曾老先生不愧为孔夫子的高足,他在两千多年前就为统治者设计好了驾驭老百姓的妙法,即将民众的主要精力引向没完没了的祭祀上,从而达到不治而治的目的。两千多年来的历史实践,证明了这一方法大体上是有效的和成功的。

无论是《礼记》的作者,还是曾子,无疑都是站在统治者的视角来看问题的,他们将祭拜鬼神提升到了政治的高度。而老百姓则要实际得多。如果站在祭祀者自身的角度,那么祭神只是出于敬,旨在求荣祈福;拜鬼则是出于畏,旨在安抚消灾。因此祭神与拜鬼还是有所区别的。从本质上来说,祭祀是一种赤裸裸的利益交换,祭祀者给鬼神提供祭品,鬼神则为祭祀者消灾或提供荣福,双方各取所需,各有所得。人向神的许愿和还愿,相当于商业上的借贷和还贷,许愿而不还愿,与借贷而不还贷一样,属于不守信行为,是要受到惩罚的。由此我们可以推断出,中国人的祭祖与世界历史上形形色色的多神教献祭活动具有一个共同的观念预设,即认为来世或阴间是一个物质极端匮乏的世界,鬼神的存在状况是十分不理想的,因此需要活人祭品的供养才能存活。而这样一来就产生了一个荒唐的悖论:既然鬼神都无法自食其力地养活自己,那活人还能指望得到它们的护佑和赐福吗?

根据《礼记》的说法,夫妇结合不单纯是为了繁殖后代,接续祖先烟火,也是为了给祭祀提供完美的分工组合:妻子为祭祀准备祭品和祭器,丈夫则主持祭礼。《礼记》还说,祭祀是一件大事,不能随便应付,因此在祭祀之前要做好各种准备工作,如夫妻都得斋戒和沐浴,斋期三天,戒期七天;祭祀时则需穿上盛装,并始终保持毕恭毕敬的态度,俯首屈膝,就如祖宗亲临一样,要向其低语禀告,即使未获答复,也要设想神明能够听懂你的话语,因为它们是明察秋毫的。

依据传统礼制,家祭的主要对象是五代以内的已逝先人,祭祀的时间是在先人的忌辰,亦即先人去世的那一天。逢年过节,也是祭祖的大好时机。此外，如果家人有人信佛道，那么在佛教或道教节庆之日，也得顺便祭祖。如此一年下来，每个家庭的祭祖活动，就得有十几次，平均每月至少一次。要是虔诚人士严格遵守祭前守斋戒的规矩，这种家庭级别的宗教活动，就会占去一年的近四分之一时间。

《礼记》中所列出的祭品，包括牛、猪、羊、鸡、狗、兔、鱼、酒、黄米、高粱、小米、大米、韭菜、盐、玉器和钱币。这份清单实际上透露出了先秦时代中国人日常的饮食品种及主要用品，即活人所能享用到的东西，死人也要有。清单中没有茶，是因为它是后来才被发明出来的；清单上的狗，由于很快就成了人类的忠实朋友，后来就越来越少被端上祭坛了；清单中使用的钱币在当时必定是硬币，可是随着后来人们发明了纸币，于是也就相应地发明出了纸质的冥币来。因此就可以肯定，祭祖烧纸钱的习俗，最早也不可能早于发明纸币的宋代，就如焚烧纸制手机祭祖的习惯，只有在手机被发明出来之后才可能出现那样。

四、君 为 臣 纲

子女孝亲，与臣民忠君，是一脉相承的，忠君是孝亲的引申。根据《礼记》的思想，人发源于祖宗，万物发源于天；君主是天的儿子，他代表天实施统治，因此人人都要忠于君主，尤其是臣属。臣子一旦受遣出使，就应当马不停蹄地去完成君主使命，不得在家滞留；使命完成后，应立刻返回面见君主，如实禀报。就如父母有错，儿子必须劝谏一样，君主有错，臣子也应当劝谏。劝谏时不要讥讽，不要急躁，不要傲慢，要用打比喻的方式慢慢讲道理，当然也不要带有谄媚的态度；要一而再再而三地进行劝谏，如果最终没能成功，就只好离去。君主倘若有病需要吃药，做臣子的要先尝，看看药中是否有毒，要像一名孝子服侍自己的父母那样服侍君主。

在规定臣子的忠诚义务的同时，《礼记》也强调了作为一名君王所应尽的职责。一名君主,首先是不要错过祭祀的时机,即春祭、夏祭、秋祭和冬祭。天子所要祭祀的对象,包括天地、四方之神、山川之神及自家五代宗庙的祖先。君主在行为上,应当成为臣民的表率。正如孔子所说,臣民所信服的,并不是君主的命令,而是他的品行;臣民将君主当作是可以效仿的道德楷模,因此君主的一举一动,都必须小心翼翼。孔子特别提到君主与其臣民之间的相互依存关系。他说,臣民将君主当作自己的心脏,君主则将臣民当作自己身体,心脏强壮,身体就健康,心脏安宁,身容就舒展;君主所喜爱的东西,也是臣民所珍惜的东西;心脏可以因身体的安好得以保全,也可以因身体的不全而受伤害;君主因为臣民的存在而存在,也因为臣民的灭亡而灭亡。《礼记》进一步指出,君主施政应当以正义为引领,因为不正义就会危及君主的统治地位,统治地位不稳固,大臣就会叛乱,小臣就会贪污偷窃,由此引发一系列连锁反应,包括良俗凋敝、法律废弃、礼乐崩坏、臣不忠、民不孝,整个社会陷入混乱。到了战国时代,随着礼崩乐坏的现象日益加重,孟子隐隐感觉到了民众在推动历史变更中的重大作用,于是提出了"民贵君轻"的思想,认为人民作为一个整体,其价值高于作为个人的君主。与孟子同时代的荀子,则将人民比拟为水,将君主比拟为舟,认为水可载舟,也可覆舟;人民能够支撑君主的统治,也能够颠覆君主的统治。这些思想虽然谈不上民主,但在限制君权的无限膨胀方面,仍然发挥了积极作用,因此历来成为忠臣向皇帝进谏的权威依据。

不过,先秦礼制对于君主职责的限定,并不意味着专制政治的进路已被彻底堵死。有人说是商鞅变法改变了中国历史的根本发展进程,这明显是言过其实。个人的作用毕竟要受制于社会发展的大势,中国专制主义的根苗,其实早就孕育在先秦宗法家长制的肥沃土壤里,孝亲显然就是忠君的主要社会基础。根据传说,春秋时期的晋国公子重耳亦即后来的晋文公逃难在外 19 年,随行人员介子推不离不弃,在饥饿难忍的关键时刻,从自己的大腿上割下一块肉让主人充饥,从而保住了主人的性命,使其日后有机会回国复位。介子推这种为了自己的君主不惜牺牲自己的忠诚行为,与上述"割肉救母"的孝道行为,可谓互为表里,一脉相承。可以说,没有愚孝,就没有愚忠;没有愚忠,就不可能有专制政治。

即使在先秦时期,君臣关系也绝非平等,例如《礼记》就指出,只要将君臣之间贵与贱和上与下的关系捋顺了,天下的公正秩序就确立起来了。随着后来专制主义的形成,文臣冒死而谏,武臣冒死而战,就成为忠臣们捍卫专制体制的主要义务。1521 年,明武宗朱厚照死而无嗣,由其堂弟朱厚熜继位为皇,即为明世宗。按照传统礼制,世宗应当过继给武宗之父、即已作古的前朝皇帝明孝宗为子,这样才好名正言顺地继承皇位。可是这位新皇帝既想维护对于亲生父亲的孝道,又希望其继位的合法性不会受到影响,于是他拒绝过继,而是追认自己的父亲朱祐杬为皇帝。这种不符合规矩的做法立刻引来公开的非议,据说有两百多名朝臣在散朝后仍跪伏在宫殿的广场上苦谏了三天,要求皇帝收回成命。结果有 180 多名官员受到当廷杖打,其中 17 人因受伤过重致死,其余的都遭到了流放。这就是历史上著名的"大礼仪之争"。这场闹剧一方面反映了君主的专横和专制体制的内在矛盾,另一方面也反映了朝臣们的迂腐和食古不化。

朝臣们对于皇帝的忠诚,源自于帝王崇拜,而帝王崇拜则是祖先崇拜的自然延伸。不过,对帝王的崇拜,与其说是崇拜帝王,不如说是崇拜帝王体制。历史上出现过如汉武帝那样的强势君主,出现过如唐太宗那样的贤明君主,出现过如秦始皇那样的暴虐君主,出现过如刘后主那样的昏聩君主,还出现过大量的平庸君主,但具体君主个人的品德、行为和能力是无关紧要的,要紧的是他们既然是皇帝,就应当成为大家效忠的对象。就如父母是无法选择的,皇帝在一定程度上也是不能选择的,无论谁当皇帝,你都得效忠和尊崇。所谓"君要臣死,臣不得不死",这是因为君主掌握着至高无上的生杀予夺的权力。在专制体制下,忠君与爱国是相辅相成的:没有一个爱国者不忠君,也没有一个忠君者不爱国。如果我们将抗金名将岳飞效忠于一个腐败的南宋王朝说成是愚忠,那么我们照样可以将希腊哲学家苏格拉底效忠于变态的雅典民主政治视作是愚忠,只不过其效忠对象不同而已。

专制体制在思想上的一个重要副产品,就是皇权主义,即视皇权的存在为理所当然,不认为这个世界没有皇帝可以照常存在。中国历史上出现过无数次大小规模的起义和暴动,归纳起来无非有两类,一类是只反贪官,不反皇帝,起义者通常打着替天行道、为皇帝除害的旗号,目的是想告诉皇帝,我们是为了维护您老人家的权威被迫起来造反的。宋江、方腊等地方性暴动均属于此类。另一类是起义领袖自己想当皇帝,因为他们认为现在的皇帝不行了,只有改朝换代,建立新的皇帝政权,才能拯救民众于水火当中。陈胜吴广、刘邦项羽及李自成等领导的起义就属于这一类。这两类起义中无论哪一类,都没有人想到过要从根本上推翻皇帝体制,建立别的新体制,因而叫作皇权主义。

佛教在进入中国后,与中国传统礼教产生了直接的矛盾和冲突。礼教的维护者认为,佛教僧侣剃度出家,拒绝履行家庭义务,是为不孝;僧侣秉承印度僧本位理念,拒绝跪拜帝王,是为不忠。佛教僧侣则据理辩驳,认为出家人是"方外之宾",可以不受世俗礼法的约束。东晋和尚慧远还为此专门写了一篇《沙门不敬王者论》的文章,为佛教的礼俗进行了较为系统的辩解,也引发了很大的争论。该争论时断时续,一直延至唐朝中叶,似乎不了了之,因为缺乏文献证据,不清楚最终结局如何。不过根据北魏开始设置、后来被历朝所沿用的僧官制度判断,既然佛教已被纳入了专制政治的官僚管理体制,沙门不必跪拜帝王的论调,在实践上大半是行不通的。

第八章　权　术　崇　拜

权术,也称权谋,是政治权力运作的一种独特方式,即为民间所说的"耍手段"。将政治权力尊崇到神的地步,对其佩服到五体投地,进而参与其间,加以充分利用,这就是权术崇拜。与拜金热相对应,权术崇拜本质上是一种拜权热,即对于权力的严重迷恋和狂热依赖。权术崇拜似乎与政治体制关系不大,集权制社会固然是产生权术崇拜的沃土,民主体制也同样会滋生这一崇拜。

一、权 术 与 战 术

权术的历史非常悠久。大约在公元前 11 世纪,周文王姬昌图谋推翻商朝,受人告发后被捕入狱,姬昌在狱中装疯作傻,商纣王以为他精神不正常,便将他放了回去。没料到这一放却酿成了大祸,姬昌回去后暗中积蓄力量,招降纳叛,于是就有了以后的牧野之战,商朝终被周朝所取代。这是有关利用权术扭转政治局面的较早记载。

另一个典型的案例是春秋时期的吴越之争。先是越国被吴国所征服,越国国君勾践被扣为人质。勾践表现出彻底服膺的姿态,心甘情愿成为吴王夫差的驯服侍仆,据说为了讨夫差的欢心,勾践甚至不惜当众品尝夫差的粪便以判断其病况。勾践的种种"孝顺"之举让夫差放松了对他的警惕,最终的结果便是,缺乏心计的胜利者反倒被充满权谋的战败者所剿灭。

有迹象表明,早期的权术与军事斗争中的战术存在着密切的关联。春秋战国时期,列国合纵连横,斗智斗勇,只为两个目的:不是企图灭掉他国,就是避免为他国所灭。因此产生了五花八门的兵法。我想这些兵法最初应当是绝密级的军事机密,因为假如让敌方事先知道了你的作战计划,敌军岂不是可以"将计就计",轻而易举地将你击毁吗?姬昌虽然是装疯,但他必定要装得像真疯那样;勾践装殷勤,当然也不能露出丝毫破绽来。等战打完了,大局已定,人们在总结战争的经验教训时,才有了所谓的兵法。每一场具体的战役,都有其特定的兵力对比、地理条件、气候环境、粮草供给及武器效能等等非常复杂的制约因素,聪明的战役指挥者决不会事先手捧一部兵法大全来生搬硬套,而是会因时制宜、因地制宜和因势制宜,在高度关注战局的每一个细微变化的过程中,对先前的作战计划随时作出必要的调整。因此在我看来,所谓的兵法,大多数不过是事后诸葛亮,亦即后人总结前人用兵的经验教训。在历史上,那些自称熟读兵书的人,常常在实战过程中一败涂地。例如许多著名军校的优等生,就往往打不过不按常规出牌的草莽英雄,因为前者大多因循守旧,死抠书本;后者大多能审时度势,随机应变,亦即更能娴熟地运用权谋。

战术是如此,权术更应当是如此。"权"字明确告诉我们"临时起意"的至关重要性,也就是见机行事,根据场景的不同变化,随时准备改用新的手段和做法。因此我相信,无论是姬昌的装疯,还是勾践的装殷勤,都有可能是临时起意,而不大可能是事先已经有了一个完整的行动计划,这样才突显出他们的"权变"能力和处变不惊的高度智慧。

秦兼并六国后,大一统的专制王朝形成,如今,国与国之间的争斗已成为过去,随之而来的是人与人之间的勾心斗角,特别是在争取专制君主的恩宠方面的明争暗斗。各种兵法开始被巧妙地运用来对付特定的竞争对手。军事战术上的策略,被移用于王朝权术上的,不胜枚举,不过其中最为常用的有虚与委蛇、兵不厌诈、欲擒故纵、声东击西、放长线钓大鱼、狡兔三窟、虚张声势、破釜沉舟、弃卒保车、围魏救赵、投其所好等。在中国历史上,权术斗士层出不穷,其中如秦朝的赵高、汉末的董卓、三国的曹操、明朝的严嵩及清朝的和珅等,都是玩弄权术的高手和专家,他们招权纳贿,结党营私,排除异己,最终连皇帝都对其畏惧几分。

皇帝们进行权术博弈最精彩的场面,就是"禅让"表演。明明是逼宫篡位,却为了掩人耳目,硬要做出不乐意就大位的姿态,而且要坚辞再三,最后才在一大帮手下人的"强谏"下,半推半就地登上了宝座。魏帝曹丕取代汉帝刘宏,晋帝司马炎取代魏帝曹奂,所用的都是这一套路。曹丕篡汉之后,远在四川的刘备据说哭着登上了蜀汉帝位,其表演天赋,令专业演员也难以企及。

人们总是过于相信皇帝的英明,认为某些忠臣的不幸下场不过是奸臣当道所致。例如说起南宋抗金名将岳飞的遇害,都会对秦桧咬牙切齿。可是如果没有皇帝的"恩准",岳飞怎么可能入狱并被斩杀呢?岳家军北伐连连获胜,大有直捣金廷之势,一旦将两位被扣押于敌手中的先皇解救出来,赵构的皇帝宝座岂不是要腾挪出来?显然,宋高宗赵构心中的这个小九九,才是导致岳飞被冤杀的主要原因。

人一旦掌握了权势,就会想方设法将其发挥到极致,男性是这样,女性也是如此。中国历史上唯一一位女皇帝武则天,在操弄权术方面的娴熟和老道,堪称无与伦比。晚清的慈禧太后不是皇帝,却胜似皇帝,她将皇帝变成了自己手中的玩偶。她最擅长的是拉一派,打一派,最乐于看到天下大乱。在宫廷内是如此,在宫廷外也一样。例如她先是借义和团之手去打击洋人,然后又听任洋人去歼灭义和团,而她自己则生日照过,礼物照收,排场照搞。真是权力使人无耻。

二、权 术 之 书

中国的权术传统发源于法家思想。法家对于儒家的那套伦理道德是深恶痛绝的。因此从本质上说,古代专制政治的根是法家。到了西汉,儒学再度复兴,儒家与法家这对老冤家,在新的历史条件下成为了盟友,两者结盟的共同基础,就是大家都为专制政治服务。不过对于专制政治来说,法家仍是根本,儒家则是华丽的装饰。由于有了儒家这个装饰品,权术的玩弄更臻于成熟。

中国历史上第一部从纯法家的角度教导君主如何玩弄权术的作品,是战国后期的《商君书》。《商君书》的总体精神,是要求君主用严刑酷法,将人民的注意力全部集中在耕地和作战上,和平时期耕种,战争时期作战,除了耕战以外的商业、学问及娱乐等一切其他活动,则应受严格限制,甚至取缔。《商君书》的具体内容包括驭民、弱民及愚民三大部分。基督教把人民视作羊,管理人民就是"牧羊";法家把人民视作马,管理人民就是"驭马"。牧羊是为了让羊吃饱养肥,驭马则是为了让马负重赶路,两者性质完全不同。根据法家思想,驭民之术,首先是重刑罚轻奖赏,九分刑罚,一分奖赏。在赏罚问题上,官吏与人民一视同仁,例如若官吏不行王法者,属不赦的死罪,而且株连父、子、孙三族。其次是使人民忙而忘乐,不敢有丝毫私心,即所谓"民无私意,以上为意"。如何才能做到这一点呢?那就是战时全民皆兵,青壮年直接与敌人交锋,妇女则挖陷阱、毁桥梁、拆房屋,老弱看管牲口和押送粮草;和平时期全民皆农,劳则赏,逸则罚。人民既然一年到头忙于耕战,也就没有闲暇胡思乱想和犯上作乱了。最后是选拔人才,"任其力,不任其德",也就是只看能力,不看品德。在有必要的时候,甚至提倡重用奸佞之人,即所谓"以奸治善则治,以善治奸则乱"。后来历朝出现的"酷吏",就是这一历史传统的典型遗产。

《商君书》指出:"民弱国强,民强国弱;故有道之国,务在弱民。"于是便明确提出了弱民的主张。这里的"弱民",并不是要在体力上将人民搞得羸弱不堪,这不符合君主强兵争霸的目的。所谓的"弱民",主要是指不让人民太富裕,该富裕的是国家而不是个人。因为在法家人士看来,民弱就会尊重官吏,民贫就会看重奖赏,哪怕是蝇头小利式的薄赏。总之,人民永远应当处于饿不死和撑不饱、不断打仗和耕作的忙碌状态。

至于愚民,那更是法家的拿手好戏。商鞅认为民愚则国安,民智则国乱;他劝秦孝公不要使用头脑灵活的人,要经常变换统治手段,让老百姓常常感到诚惶诚恐。在商鞅心目中,人民与牲口是没有什么本质差别的。

《商君书》称得上是专制主义的一部宣言书,在作者看来,所有权力只有牢牢地掌握在君主手里,社会的稳定和国家的强大才有可能实现。正如该书所说:"权者,君之所独断也……权制独断于君则威。"以后的两千余年里,历代君王无不将之奉为圭臬,并据以展开各式各样的权术游戏。这样一种社会,虽然算不上古典式奴隶制社会,却是更为可怕的"尽人皆是奴隶"的极权社会。

在《商君书》出笼的1800多年之后,西方世界才出现了第一部教导君主如何耍弄权术的作品,那就是意大利人马基雅维利所撰写的《君主论》。在这部作品的第18章中,马基雅维利指出,一位成功的君主,必须同时具备狮子与狐狸的秉性,即像狮子那么勇猛和残暴,又像狐狸那么狡猾和善于伪装自己。马基雅维利告诉我们,要求君主信守诺言是荒唐可笑的,因为历史上建立过丰功伟绩的君主,没有一个是守信的。为了给读者留下更为深刻的印象,我认为有必要将马氏的某些精彩段落全文照引。在这里我不得不说,《君主论》的中译者潘汉典先生的优美译文,为我们的阅读增添了额外的情趣。

马基雅维利首先告知我们,君主之所以无需守信,是因为这个世界上守信者太少,坏人太多,因而陷阱也太多:

> 君主既然必须懂得善于运用野兽的方法,他就应当同时效法狐狸与狮子。由于狮子不能够防止自己落入陷阱,而狐狸则不能够抵御豺狼。因此,君主必须是一头狐狸以便认识陷阱,同时又必须是一头狮子,以便使豺狼惊骇。然而那些单纯依靠狮子的人们却不理解这一点。所以,当遵守信义反而对自己不利的时候,或者原来使自己作出诺言的理由现在不复存在的时候,一位英明的统治者绝不能够,也不应当遵守信义。……因为人们是恶劣的,而且对你并不是守信不渝的,因此你也同样地无需

对他们守信。一位君主总是不乏正当的理由为其背信弃义涂脂抹粉。……许多和约和许多诺言由于君主们没有信义而作废和无效；而深知怎样做狐狸的人却获得最大的成功。但是君主必须深知怎样掩饰这种兽性，并且必须做一个伟大的伪装者和假好人。

不过，马基雅维利并不绝对地反对君主守信。他指出，君主有时候也是可以守信的，不过得讲原则，那就是见机行事，随时准备改弦易辙，尽可能守信，但在必要时可以不守信：

> 你要显得慈悲为怀、笃守信义、合乎人道、清廉正直、虔敬信神，并且还要这样去做，但是你同时要有精神准备作好安排：当你需要改弦易辙的时候，你要能够并且懂得怎样作一百八十度的转变。必须理解：一位君主，尤其是一位新的君主，不能够实践那些被认为是好人应做的所有事情，因为他要维持国家，常常不得不背信弃义，不讲仁慈，悖乎人道，违反神道。因此，一位君主必须有一种精神准备，随时顺应命运的风向和事物的变幻情况而转变。……如果可能的话，他还是不要背离善良之道，但是如果必须的话，他就要懂得怎样走上为非作恶之途。

也就是说，在马基雅维利看来，守信与不守信只是手段，维持君主的权威和统治才是目的；为了达到这一目的，君主既可以选择守信，也可以选择不守信，一切依具体情况而定。

《君主论》与《商君书》的共同点是，两者都认为人性是不可靠的甚至是邪恶的，多数人都是恶人，故君主不可滥施仁政；不同点是，《君主论》要君主善于伪装自己，《商君书》则认为君主无须任何伪装，应当赤裸裸地对人民施行暴政。不过，中国历代的帝王没有那么笨拙，他们从儒家那里，也照样学到了如何掩饰自己真正意图的统治权术。

大约与《君主论》出笼的同时或稍晚数年，另一位意大利作家卡斯蒂廖内出版了《朝臣之书》，该书专门教导人们如何当好一名朝臣。

在作者看来,理想的朝臣,应当同时具备演说家的口才、中世纪骑士的军事技能、吟游诗人的浪漫、外交家的交际手腕、绅士般的举止和谈吐。总之,朝臣应当成为逢源的大师,应当使用一切手段赢取君主的欣赏和满意,从而获得尽可能多的恩宠。

《朝臣之书》与《君主论》一道,揭示了文艺复兴时代西方宫廷内部权术运作的一般真相。

三、权术的平民化

凡有权力的地方就有权术,故权术无处不在。在希腊罗马古典时代,公民们因拥有部分政治权力而懂得了如何玩弄权术。与集权国家有所不同的是,城邦公民除了使用阴谋诡计之外,还使用阳谋,亦即在光天化日之下操弄政治。例如罗马从共和制向元首制过渡期间出现的“三头政治”,就是三名政客在众目睽睽之下,公开地瓜分本属于元老院和公民大会的公共政治权力。

善良的人们相信民意代表公正,选票意味着平等,但实际情况比表面看来的要复杂得多。民意可以操控,选民并不都是理智的和有素质的。苏格拉底不过讲出了一些真话,就被公民法庭以多数票处以死刑。这是一场反智主义的判决,它意味着以苏格拉底为化身的智慧,败给了以多数公民为象征的权术。民主与民粹只有一步之遥,恶意的民主实际上就是民粹。雅典民主政治发展到了后期,便走上了其自身的反面,原为民主监督机制的“陶片放逐法”,蜕变成了党争和政客们牟取个人私利及迫害政敌的工具,一时间人人自危,政坛上乱象横生。许多自诩为民主的国家或地区,无论哪个政党上台执政,都不是真心实意地听取民意,而是千方百计地操弄和强奸民意,为了达到政治目的而不择手段。纳粹党人的上台,就是德国政客操弄民意的结果;因此有时过分相信民意,也是一种迷信。某地区每当领导人大选届临,候选人们必有“两拜”:一是到神庙拜神,祈求神灵保佑其顺利当选;另一是上街拜票,号召和蛊惑选民将票投给自己。某一位上了年纪的候选人,甚至当众跪下求票,痛哭流涕地请求选民最后给他一次机会,可谓为了权力,洋相出尽。

民意既然代表公众的一般利益诉求,就的确值得政治领导人去加以高度重视;民意对于执政者的施政行为发挥着重要的鞭策作用。可是民意并不等同于真理,因为它并不总是理性的,施政者在倾听民意的同时,更应该尊重理性,服从真理,主持正义。施政者只要出于公心,就无需一味地讨好选民,相反,政治领袖应当以非凡的魄力成为公众的引路人,尽可能让民意朝着理性和真理的方向迈进,而不是被动地受盲目的民意所裹挟和绑架。公元前7—前6世纪,雅典著名立法者梭伦发起了一场堪称革命的改革运动,这场改革并不顺利,贵族和平民均对他极为不满,前者认为他侵害了他们的传统利益,后者则认为他对他们保护不力,如梭伦自己的诗中所说:他不得不手握两块盾牌,右边挡住贵族,左边挡住平民,两边都不讨好。但历史事实证明,梭伦的改革牢牢地奠立起了雅典民主政治的社会基础,使子孙后代受益无穷。不过像梭伦那样有远见卓识的政治家如凤毛麟角,唯利是图的政客却随处可见,这的确是历史的悲哀。

根据美国当代经济学家克雷格的理论,在一些存在着限制市场进入政策和制度的地区,由于市场运作与政府权力运作之间的张力,会出现权力"寻租"的现象。权力寻租实际上也是一种权术操弄。比如在那个特殊的年代里,人们在生存竞争中学会了拉关系走后门。但凡手中掌控哪怕是一点点的权力,大家就会物尽其用,将其当作换取最大利益的手段。例如推荐上大学,被推荐者无一不是当权者的关系户;提拔干部,任人唯亲;夫妇俩都是小学教员,如与领导关系搞不好,其中一个必被调派到另一所遥远的小学,造成夫妻长期两地分居;贫困学生要求减免学费,也得给有关领导说情送礼,否则不给出具证明;至于处理紧缺专卖商品的供销社售货员,更是人们争先巴结的对象,他们的社会地位比一般公办教师高出一截。那时社会上流行着一句话:"天下三样宝,干部、司机、猪肉佬。"由于干部手中掌握着大小不等的权力，即使是居委会干部，都在很大程度上决定着辖区内民众的前途命运。大大小小的干部，形成大大小小的特权阶层，他们的职业自然是人们觊觎的目标。而在公车私用成为常态的岁月里，司机往往也成为人们讨好和巴结的对象。卖猪肉的之所以地位高，是因为他的每一次手起刀落，便决定了每个人每月两毛钱猪肉的肥与瘦和优与劣，其权力不可小觑。基于法不责众的惯例，这种全民性的腐败，在那个无法无天的年代里，是从来不需要也不可能接受任何相应的惩处的。

四、权术与学术

权术属于政治，学术属于科学，正如政治与科学毫无关联一样，权术本该与学术各行其道，两者互不相干。权术如河水，学术似井水，在正常情况下，河水不犯井水。可是，当河水泛滥成灾时，自然就会干犯井水。由于时令不好，洪涝频发，河水干犯井水是经常发生的事件，因此，权术侵袭学术，也是由来已久的事情。中国古代的官本位，导致了"学而优则仕"，每个读书人的目标定位都是当官，不像今天那样有众多的专业可供自由选择，这自然使得官员同时也是文人学者，类似于当今的"双肩挑"。双肩挑的一大好处是内行管内行，官员们既然是技术专家，管理起来就驾轻就熟。可是这种体制也存在一大弊端，那就是使权术与学术纠缠不清。古代的专制帝王在操弄权术和干预学术方面，可谓费尽心思，无所不用其极。古代最大的文人群体是儒士，对于这一群体，秦始皇采用的是"焚书坑儒"的政策，汉武帝采用的则是"罢黜百家，独尊儒术"的政策，这一压一捧，虽然反映了两位君主的不同政治嗜好，却丝毫没有改变他们的专制属性。汉武帝的政策基本上为以后历朝君王所沿用。这当然并不意味着从汉武帝开始，文人学者就获得了真正意义上的解放，而是表明从此开始，他们就走上了被限制加利用的漫长历史道路。换句话说，在专制体制下,文人们开始了为争夺君王的宠信而进行复杂的内斗。这就如在一群饿狗当中扔下了一块带有残肉的猪骨头,众狗相争的场面正是残暴的主人最愿意看到的游戏。著名史家司马迁不过为李陵的败降匈奴讲了句公道话,便因言获罪,受牢狱之灾且遭宫刑。三国时的曹操作为一位文采极佳的统帅,是典型的双肩挑领导,他在耍弄权术收拾手下那帮自作聪明的谋士方面毫不心慈手软。魏晋的那些名士们为了摆脱政治的烦扰,饮酒服药,装疯扮傻,但终究逃不过君王的掌控。唐代著名文人韩愈,因提倡尊儒反佛,被工于心计的皇帝放逐到了潮州。北宋大文豪苏东坡作诗"谤讪朝廷",被先后放逐到了黄州、惠州和儋州。北宋时期的另一个名儒王安石和自己的得力助手吕惠卿共同主持过一场著名的变法运动;可是当王安石被贬复出之后,两人竟反目成仇,吕惠卿对自己的老师落井下石,后来的史学家称他是翻手为云、覆手为雨的小人。明朝万历年间,江南地区的士大夫阶层报团取暖,他们以学术这个天下之公器为手段,发起了东林党运动,试图向黑暗的王朝政治提出抗议,结果以失败告终。清代,汉人出身的朝臣曾一度愤愤不平地向朝廷抱怨,因为他们不能在皇帝面前像满族大臣那样自称为"奴才",而只能自称为"臣"。其实,从语源学的角度看,"臣"的本义就是奴才。因此,这样的平等要求是毫无意义的。

西方的学术圈在耍弄权术方面,也常常与君权的运作脱离不了关系。公元 65 年,著名的诗人和剧作家塞涅卡就被自己的学生、臭名昭著的暴君尼禄勒令自杀,而尼禄之所以要这样做的理由,竟然是因为他的这位老师的名声盖过了他本人。524 年,西方最后一位真正意义上的哲学家和古典学者波伊修斯,因为得罪了设在意大利拉文纳的东哥特王国的王室,遭监禁并最终被杀害;他在监狱里写成的《哲学的安慰》,至今仍留芳于世,成为众多受挫者真正的精神安慰。波伊修斯死去五年之后,亦即 529 年,前后持续存在了 900 多年的著名雅典学园,即柏拉图学园,被东罗马皇帝查士丁尼勒令关闭,古代文明从此烟消云散。基督教官方化之后,皇帝们用政治干预学术的事件更是屡屡发生。三位一体论争，本来属于正常的教会学术之争，可是却渗入了太多的政治因素。例如坚持正统三位一体论的亚历山大里亚宗主教阿塔纳修，就因坚持自己的学术观点而先后被皇帝君士坦丁父子放逐过五次。坚持正统基督论、反对"一性论"异说的君士坦丁堡宗主教克里索斯托姆，也死于流放地克里米亚。668 年，罗马教皇马丁一世因为反对东罗马皇帝所喜爱的神学理论，被从意大利掳掠至君士坦丁堡，被剪去舌头，砍断右手，最终被折磨而死。后来随着罗马教会地位的提升，一贯号称主持公义的罗马教皇，在成为既得利益者的同时，也成为权术的玩弄者。13 世纪初由教皇创建的异端裁判所，对于与教会正统思想相悖的科学理论，进行了大肆的挞伐，天文学家伽利略和哲学家布鲁诺的不幸遭遇，反映了学术在遇到权术时的尴尬处境。

第九章 迷信辨析

某些非宗教人士喜欢将宗教与迷信连结一起,称之为"宗教迷信",这对宗教人士是不公正的。宗教人士认为,他们的宗教是"正信",而不是什么迷信。就拿佛教来说,它所追求的是觉悟,与迷信人士的"执迷不悟"恰恰相反,因此不能到处都把宗教与迷信等同起来。佛教最初是以出家修行为号召的一场哲学运动,它既没有崇拜任何神,也极力反对献祭;佛教发展到今天这个样子,完全是后人牵强附会的结果。不客气地说,佛教汉化的过程,同时也是它迷信色彩日益浓厚的过程。总之,佛教最初是没有迷信色彩的,只是后来那些迷信的信众,给它披上了一套迷信的外衣,或者说,是迷信的民众绑架了宗教。

一、迷信概说

从历史上看,宗教是一个社会的主流信仰,迷信则是受到主流社会打压的弱势信仰。例如,在公元1世纪前后的罗马帝国,巫术在民间社会中大行其道,这严重冲击了以奥林匹斯诸神为主体的罗马国教的正常运作,于是以老普林尼为代表的政客开始将巫术斥为"迷信",要求罗马元老院加以立法禁止。从此以后,反对迷信的声音就在历史上经常响起。此外,一些外来的宗教在无法被主流社会接受的情况下,也常常沦为"迷信",如来自埃及的伊希斯崇拜、来自小亚细亚的大母神崇拜和来自高卢的凯尔特人土著崇拜等等。在古代中国,不符合统治规范和礼制要求的崇拜活动被称作"淫祀",被用来进行淫祀的寺庙被称作"淫祠"。淫祀和淫祠,实际上就是迷信的崇拜活动和场所,它们自然源自于民间社会或外来影响。

在各式各样的信仰中,基督教地位的变化,最能说明"迷信"一词的历史相对性。基督教一诞生,就与罗马国教形成了激烈竞争的态势,为了将这个新生的宗教扼杀于萌芽状态,罗马皇帝图密善于公元80年以立法的形式,宣布基督教是一种新型的迷信。可是基督教毕竟不同于一般的民间秘仪,它在与罗马多神教进行全方位抗争的过程中,以历史事实和理性论证为武器,指控对方才是真正的迷信。后来随着基督教的最终胜利,基督徒获得了政治话语权,该教作为唯一真正宗教的地位被牢牢地确立了起来,而传统的多神教信仰,不是作为有用的东西得到改造和再利用,就是作为彻头彻尾的迷信而被抛弃。不过基督教在自身的发展过程中,也逐渐沾染上了不少迷信的习气,如对圣物、天使及魔鬼的崇拜等等。而16世纪的新教徒,则以破除天主教的迷信习气相标榜,于是围绕着什么是迷信的问题,基督教出现了新的分裂。这充分说明,迷信作为一种历史现象,不仅具有相对的意义,而且具有历史的流动性。

在中国现代文化的语境下,迷信因常常被与"封建"联系在一起,而有了"封建迷信"之说。当说一个人很迷信时,甚至可以直接说他"很封建",于是迷信就被等同于封建。封建与迷信本来并没有必然的联系,两者风马牛不相及。中国的"封建"是先秦时期特有的历史现象,它指的是因封侯建国所导致的政治乱象,这种乱象自秦统一六国和建立中央集权政治体制之后便宣告结束。可是后来的官方历史学家为了对应西方同时期的历史形态,将自秦汉至鸦片战争前的中国传统社会,反倒定义为"封建社会";由于在这个历时特别长久的所谓"封建社会"中,各种宗教信仰又特别发达,于是在一个喜欢把宗教与迷信混为一谈的社会氛围里,"迷信"便与"封建"莫名其妙地结上了缘。如今看来,"封建迷信"一说,不仅与中国历史不相符,而且与西方历史也不相符,可以说是一个带有意识形态偏见的、不伦不类的政治性术语。

　　迷信甚至不能够简单地与落后画等号。西方历史上许多走在时代前沿的自然科学家,均有迷恋占星术和炼金术的嗜好。当代中国不少一流的学者,常常热衷于气功,并相信所谓"气场"的存在。实际上,各种迷信的形式也在与时俱进,不断地改头换面去迎合科学的进步和人们的新需要。近年来,易学大师们日益走红,他们在利用最新科技去为人们排忧解难的同时,腰包也不断增厚。那些意气风发的官场新一代,借助求签问卜和看手相、算八字等多种方式去探明未来的官途和财路。每个家庭的客厅或书房里均不可或缺的祝福挂历,照例要标明每一天的"宜"和"忌";令人哭笑不得的是,这些宜忌常常自相矛盾,互相打架,看来制作者充其量不过是小学肄业的程度。尽管如此,他们仍然宣称它们出自最新一代的电脑测算。担任着启发民智重任的学校老师,更是迷信得可爱,每年在学生参加高考前后,他们必会组织学生游历大庙名观,目的是为了求神佛保佑自己的学生一举命中,好有效地提高自己的教学业绩。某地区在举行选举之前,候选人们总要到黄大仙庙等著名神庙去烧高香,祈求神仙保佑他们能够被顺利选中。某些高等院校甚至公开鼓励教师开设风水课程,为羽翼未丰的青年学生传授取悦鬼神之道。献祭给祖先的地府钞票,如今面额越来越大,不知阴间是否也会出现金融危机或通货膨胀。至于其他仿生祭品,凡人世间有的,阴间自然也要有,哪怕是刚刚面世的新玩意儿;一般的全自动洗衣机、环保型电冰箱等已不在话下,最新款的智能手机及最被玩家们看好的上市公司股票也早已在阴间世界中被隆重推出,于是迷信便开始与新潮和时髦结上了缘。

二、献祭及其属性

　　迷信与习俗的关系也扑朔迷离。让我们先来看看历史上曾经普遍流行的献祭。献祭就是向神奉献礼物,这种礼物通常是牲口、谷物食品、酒和油等。献祭是人与神进行联系和沟通的常用方式,借助这一方式,神从献祭者那里获得有关忠诚的承诺,献祭者则从神那里得到庇护。古西亚的《吉尔加美什史诗》说,马尔杜克神创世时,之所以创造出人来,是为了使众神可以享有人类的献祭。柏拉图在《饮宴篇》中,借助戏剧作家阿里斯托芬之口,说宙斯之所以将人劈成男女两半,就是为了得到人类双倍的祭品。因此,恐怕任何民族都有过献祭的历史。野蛮时代的人类甚至流行过人祭。在各式各样的献祭活动中,最为壮观的是烧祭,这种祭祀的主要特征是,把宰杀后的牲口或牲口的内脏和油脂放置在架起柴火的高坛上进行焚烧,直至烧成灰烬为止。烧祭在古代希腊罗马人和犹太人当中都很盛行,其所要表达的思想是,人对神的奉献是毫无保留的。希腊罗马人还流行死人崇拜,他们在死人坟墓上安装一条由地面通往墓穴内的管道,各种祭奠的食物通过这条管道,被送进死者那里。由此看来,至少在古代地中海地区,并非所有经过献祭后的物品都能够被人们再利用,相当大的一部分祭品,不是被烧成灰烬,就是被埋藏于地下任其腐烂变质,这的确是一种暴殄天物的陋习和迷信。因此,生活于公元前6—前5世纪的希腊哲学家赫拉克利特,公开反对献祭,他讽刺说:那些将献祭动物的血涂抹在身上以求纯洁的人,就像一个想通过跳进泥坑来洗净自己的人一样愚蠢。

古代印度的婆罗门种姓,以献祭为职业。婆罗门教有四大吠陀经,其中的《耶柔吠陀》就是专论祭祀的。婆罗门教另一个重要典籍《森林书》,也以祭祀为叙述重点。《摩奴法典》提到的献祭,除了祭祀诸神和祭祀祖灵以外,还有为超度死者亡灵所进行的斯罗陀祭。后来借由佛教传入中国的超度仪式,其最初的渊源就是这种斯罗陀祭。

古代犹太人的献祭种类更是名目繁多,从献祭的物品看,有肉祭和素祭;从献祭的目的看,有平安祭、报恩祭、非故意获罪祭和赎罪祭,赎罪祭又可细分为为集体所献的祭、为官员所献的祭和为平民百姓所献的祭,等等。就献祭的形式来说,古代犹太人最盛行的是烧祭。根据圣经的规定,烧祭祭坛上的火,必须日夜不停地燃烧。在一年一度的诸多献祭活动中,逾越节的献祭和赎罪日的献祭是最重要的献祭。与多神教信徒不同,古代犹太人的献祭是在一神教的框架中展开的,因此其意义非同寻常。文化史学者维斯特先生认为,古犹太人的献祭具有三层含义:其一,通过返还部分牲口及粮食,来确认上帝对一切生命和造物的至高所有权;其二,借助献祭来达到与上帝进行正常交流和沟通的目的;其三,借助献祭来修复被犹太人屡屡打破的神人之间的契约关系。

为了坚持独尊上帝的一神教原则,犹太人规定献祭的场所只集中于耶路撒冷圣殿一地。公元70年,罗马将军提图斯在镇压犹太人起义的同时毁掉了圣殿,犹太人失去了法定的献祭场所,流行近两千年之久的献祭习俗就此告终。基督教崛起后,基督徒认为耶稣以自己的身体为人类作了最后的赎罪祭,从此人们就不必进行献祭了,于是献祭开始被当作是异教迷信来反对。375年,基督教皇帝格拉提安下令禁止建造神庙和崇拜偶像,献祭从此退出了西方的历史舞台。

在中国,献祭源远流长,而且长盛不衰,流传至今。早在周朝时,献祭就受到了高度重视。《礼记》规定不同等级的人祭祀不同的神灵,如天子祭天地,祭四方,祭山川,祭五祀;诸侯祭山川和五祀;大夫祭五祀;士和百姓只祭祖先。祭品包括牛、猪、羊、鸡、狗、兔、鱼、酒、小米、高粱、黄米、水稻、韭菜、盐、玉和币等等。祭前还得吃斋沐浴,祭时要表现得诚惶诚恐,容貌温顺,服饰端庄,语言诚恳。

比起古代的希腊罗马人和早期犹太人来,中国人的献祭具有更明显的实用主义精神。例如中国人不向墓穴灌注食物或日用品,也不搞纯属挥霍浪费的烧祭,祭祀后的食物由祭祀者及其家人或其他成员共同享用,基本上能够做到物尽其用。中国人用点香烧烛来召唤神灵,至于烧纸钱,那要等到纸张被发明出来并且变成极其廉价的商品之后才慢慢成为习惯。烧纸钱祭祀是中国人的一大发明,它是贵重祭物的廉价替代品,在特定的历史条件下,这种做法既满足了人们向神献殷勤的虔诚心理,又不致造成太大的浪费。最初的献祭目标是坟墓、神主牌位或被认为的神灵所在之处。后来随着佛教入华，造像运动逐渐兴起，人们开始也向偶像献祭。

从理性的角度看，今天中国人的献祭包含有双层涵义。如果献祭只是为了达到与神沟通的目的，献祭者想要借助献祭表达对神的虔诚和敬意，并且企图从中得到某种回报，那么这种献祭就是一种宗教行为；如果献祭只是单纯地为了表达献祭者对被献祭者的一种思念，而并不祈求任何实际利益或回报，那么这种献祭就不过是一种习俗而已，例如我们用香花祭奠我们的英雄、烈士或先人。在献祭是一种宗教行为的情况下，迷信必然随之而至。如今人们喜欢在献祭形式上互相攀比，祭品种类越来越多，纸钱面额越来越大，献祭次数越来越频繁，礼数越来越复杂，这些陋习若不加以革除，我们的文明进化就会停滞不前。

三、占星术与天文学

世界历史上维持时间最长、影响面最广的迷信，是各式各样的占卜。占卜的目的是获取有关未来的信息，以便防范于未然。至于采取什么样的手段来达到这一目的，则是五花八门。中国商朝时期使用的是甲骨卜，即在牛、马的骨头上或乌甲上刻上要问的事项，在其背面挖出的小凹坑上，填入艾绒线，然后引燃，这时甲骨上就会出现狭小裂缝，裂缝会带分叉。于是人们根据分叉的走向，来判断事情的宜忌和吉凶。"卜"字代表甲骨上的裂缝形状，卜下再加上一个"口"，成为"占"，意为将判断的结果用口头传达出来，这就是占卜最初的来源。到了周朝，人们开始用著草的茎作为占卜工具，称作筮卜。这种用筮梗占卜的方式在《周易》中被揉入了阴阳五行学说，进一步演化成为"卦卜"。这种占卜的基本元素是阳爻"—"和阴爻"--"，三条这样的爻组成一"卦"，依据 2 乘 2 乘 2 等于 8 的原理得出了八卦，又依据八八六十四而组成六十四重卦。每一卦被认为象征着一定的事项，六十四卦据说代表了世界上所有事物。

甲骨卜早已不兴,但卦卜则流行至今,人们对其兴趣不减。我的一个老邻居的儿子无心向学,但对《易经》却有专研,初中未读完就辍学回家,挂牌搞起了一个"易学研究所",顾客盈门,生意蒸蒸日上,竟住上了大别墅,并雇起了私人保镖。

古代西亚流行一种脏卜,即将祭神的牲口主要是牛或马的腹部剖开,然后通过察看其肝脏的颜色来判断未来的宜忌和吉凶。这种习俗后来也传到了欧洲,深受罗马人的喜爱。不过罗马人最流行的却是鸟卜,亦即通过观察鸟飞行的方向、排列的队形和鸣叫声,以及母鸡啄食的方式,来判断未来的宜忌和吉凶。为此罗马政府专门设有一个庞大的鸟卜官团,其成员在鸟卜方面均拥有专门知识,这个机构在决定罗马内外政策方面举足轻重。拉丁文中"神圣"一词,便是从"鸟卜"发展而来的。

在所有的占卜中,星占是影响力最大,而且是与科学之间的关系最为密切的一种占卜术。占星术是一种通过观测天体运动轨迹来预告自然变化及人事变动的法术。占星术源远流长,从很早的时期起,埃及人就发现天狼星的位置与尼罗河的涨落有着必然的相关性。古代希腊人也注意到,月亮的盈亏会引起大海潮汐的变化。有人将占星术划分为两大类:自然占星术与命运占星术。前者考察星象变化对自然的影响,它实际上是科学的天文学;后者考察星象变化对人类命运的影响,它与迷信有关。古希腊人的占星术与人类命运无关,因此是真正的天文学,例如米利都人泰勒斯可以称得上是希腊第一个天文学家,他准确地预测到发生于公元前 585 年的一次日食,他是第一个测定太阳从冬至点到夏至点的运行历程的人,他已经知道将一年分成 365 天,一个月分成 30 天,他很可能已经发现了小熊星座。又如萨摩斯人毕达哥拉斯最早提出了大地是球形的学说,认为地球并不居于宇宙的中心,它围绕着"中心火"作不断的旋转运动。另一位萨摩斯人阿利斯塔恰,确定了地球、月亮及太阳之间的相对距离,并断言地球不过是围绕太阳旋转的一颗行星而已,这一说法比哥白尼足足早了 1 500 年。

希腊并不是占星术的最早发源地,占星术的发源地是巴比伦。在遥远的苏美尔时期,占星术就在两河流域下游兴起。例如历史上最早的史诗《吉尔伽美什史诗》就含有占星术的内容。巴比伦占星术在公元前 6 世纪初新巴比伦王国建立时达到鼎盛,当时,自然占星术与命运占星术并行和交叉发展。据说,在春秋、战国之交,西亚的占星术还通过西域传入了中国,"五行"学说的出现,就与占星术的传入有关。新巴比伦王国灭亡后,继起的波斯帝国继承了新巴比伦的占星传统。新约圣经就有记载,当耶稣诞生时,三名波斯僧侣早就从星象中得知此事,因而循着那颗明亮的星追到了巴勒斯坦去向刚诞生的耶稣献礼。希波战争以后,尤其是亚历山大帝国建立以后,东方的占星术大举流入西方,命运占星术迅速在希腊人和后来的罗马人当中盛行,整个西方世界开始由科学的天文学转向了迷信的占星术。

罗马文化与希腊文化的一大差异,就是罗马人比希腊人更加相信占星术。在罗马,占星是一种高尚的职业,许多皇帝都拥有御用占星家,他们通过观察天象,为皇帝预卜未来命运。罗马的许多杰出人物都相信占星术,例如诗人和哲学家塞涅卡、自然科学家普利纽斯、历史学家塔西佗、传记学家苏维托尼乌等等,无不对占星术趋之若鹜。连著名的天文学家托勒密都被认为与占星术有关联。公元 2 世纪的罗马医学大师加莱诺也相信,人的疾病与他出生时特定星座运行的位置有关。据说东方君王密特里达提之所以能够重创罗马帝国,是因为两次彗星的出现,这两颗彗星第一颗出现于他出生那年即公元前 132 年,第二颗出现于他即位那年即公元前 120 年。根据当时占星家的说法,两颗彗星均在天边出现 70 天之久,这预示着密特里达提的寿命为 70 岁;彗星占了天空的四分之一,这预示着他将征服世界的四分之一。吊诡的是,后来考古学家在密特里达提的征服地所发现的硬币上,竟然的确铸有他的头像和彗星形状的图案。

中世纪是一个迷信盛行的时代,占星术大行其道,纯属情理之中。中世纪天文学大师第谷,据说只是为了研究占星术才开始天文观测的。文艺复兴时代的天文学家卡普勒,实际上也是一名占星术士,一辈子以替人算命为生。曾发现一元三次方程的意大利数学家卡尔达诺,据说也是一名占星师。即便到了 17 世纪末,像牛顿那样的科学大咖,也并没有完全放弃对占星术的痴迷。这些历史事实表明了作为科学的天文学,与作为迷信的占星术之间那种扯不断、理还乱的复杂和微妙关系。不过,命运是如此诡异,人类自由意志可供发挥的空间又是如此狭小,把希望寄托在预卜未来上,是毫无必要的,未来只可期待,不可预卜,占星术与科学再怎么联姻,也无法确切预知人类将来的命运,对于人类集体是如此,对于个人也是如此。正如罗马共和末年著名政治家西塞罗所说,有多少人出生于同一个时辰,并与相关星体的运行位置完全相合,但他们却有着截然不同的命运,这用占星术又如何解释得通呢?

四、风 水 术

风水术是东亚地区特有的一种迷信,它是通过观察住宅、墓地或其他建筑物的方位和地势来判断吉凶的法术。风水有一个雅致的名称叫堪舆,"堪"指的是高地,"舆"指的是低地,两者合起来,就是指对方位的研究。在民间,风水术士通常被称为地理先生,于是,这一迷信就与地理科学粘上了边。

风水术在实践上主要应用于两个方面:第一个方面是新建筑物的选址,第二个方面是对已有建筑物进行吉凶方面的评估和矫正。因此风水先生身上总是带着两样东西:罗盘和卷尺,罗盘用来定位,包括方向定位和水平定位;卷尺用来度量距离。这两样东西在风水先生的手里,就如金箍棒在孙悟空手里那样,被玩得出神入化,当然,风水先生的钱袋也随之不断充实。

风水术是一门集测量、定位和占卦于一体的综合性"学问"。例如有某位客户需要迁祖坟，这被称作"做风水"，第一步就得请风水先生选址，当然选到的总是"风水宝地"。不过这只具有潜在意义，重要的还在于你怎么去利用这样的宝地。因此第二步即迁葬就显得极为重要：家族中所有成员的生辰八字应一个不漏并准确无误地上报给风水先生，由他使用这些数据来进行综合研究和分析，最终选定一个黄道吉日和良时佳辰。在选地和选时两大环节中，最为忌讳的，据说就是家庭成员命相"相冲"，故须绝对避免。第三步即举行晚宴进行庆祝，为了造势和图吉利，亲戚朋友应请尽请，宴会上大家山吃海喝，不醉不散。

至于为什么要进行迁葬，无非出于三个原因。第一是政府征用建设用地，所及范围内的坟墓必须搬迁。第二是源于二次葬的习俗，南方人忌讳让先人的遗骨化为泥土，故在第一次埋葬的几年后，即等到死者尸体剩下一堆白骨之后，挖开坟墓，将这些骨殖捡起来放入一个叫"金瓮"的陶缸里，这被称作"捡金"。捡金后将缸盖盖牢，迁葬到另一个经慎重选定的风水宝地。第三是家道不顺，家庭成员屡屡遭遇不测，经风水先生鉴定认为是祖坟风水不好，因此必须另择墓地，进行迁葬，以求转运。

择地与择时，对于任何形式的风水，据说都是至关重要的环节，弄得好祖坟冒青烟，后代兴旺发达；弄不好灾难频仍，家破人亡。这未免有些危言耸听，故弄玄虚。其实，找一个山清水秀、风景怡人的墓地安葬先人，让先人的灵魂得以安息，这是合情合理的。找一间环境优雅、空气流通和阳光充足的住宅来安置活人，让人们在工作之余有一个舒适的生活空间，这也是人之常情。因此未必需要风水先生装神扮鬼，弄得大家神经兮兮。至于择时，我认为，任何日丽风和的时候，都是黄道吉日和良时佳辰。风水先生所选的好日子，常常是雷鸣电闪、大雨倾盆。这方面的情况我们见得太多了，因此决不会去相信风水大师们的胡说八道。可悲的是，许多人至今对风水仍深信不疑，在国内是这样，在国外也是这样。例如某国自从推行民主选举制以来，多数总统在离任后均难逃牢狱之灾，于是人们高度怀疑总统办公楼风水有问题,甚至有人提出办公楼应迁址。这真是迷信得可爱,总统犯罪问题涉及复杂的社会政治和经济体制,而与办公楼没有丝毫的联系。

现在的某些报刊,甚至是非常正规的报纸,都辟有风水专栏,向普通民众普及风水知识。而这些所谓的"知识",大多是迷信糟粕。例如,如果家中某个房间煞气过重,就当在东南角永久性地放置一个水晶球;如果夫妻常吵嘴,应当在卧室的窗台边放置一盆百合花;如果上班时经常被上司训斥,可以通过挂一幅阿弥陀佛像在客厅而得到化解,等等,不一而足。风水师们故作高深地教导说:旺财和旺丁的住房,首先必须避免一个房门与另一个房门处于正对面,其次必须避免在卧室里挂太多镜子,再次必须选择阳台向南面的住宅。这些与其说是风水,不如说是常识。一个房门正对着另一个房门,这当然不好,因为如果大家都不关上房门,就没有任何个人隐私可言;如果都关上房门,则空气无法流通。卧室是最隐蔽的私人空间,它最多应当属于两人世界,如果挂了许多镜子,至少在心理上会给主人造成有外人侵入的压力和负担。至于阳台应当朝南,其道理恐怕连小孩都懂:阳台不朝南的话,就没有冬天阳光之暖和夏天南风之凉。过去有些老宅被称作"鬼屋",因为住进去的人,没有一个不因肺病而夭折。后来人们才逐渐弄清楚,原来问题出现在这所老宅的建筑材料上,它的砖含有一种不利于健康的放射物,于是迷信就从科学中得到了化解。

古代的将领带兵打仗,必先弄清地形地貌,比如屯兵高处,虽有居高临下、势如破竹的优势,却无取水解渴、开灶做饭之便,因此,高处也未必是久留之地。一个优秀的将领,必定也是一名优秀的地理地貌学家,但他无需是一名风水师,因为对于地形地貌的研究,未必一定要牵涉到风水。相反,风水术倒是借研究之名行迷信之实。地理学,不管是人文地理学还是自然地理学,作为一门纯基础科学学科在社会上的确并不太吃香,可是要是讲到风水,人们就会像打了鸡血那样眼睛发亮。这就叫"逼良为娼",地理学被风水术拉下了水。于是,某些高等院校的地理专业被迫鼓励教师开设有关风水方面的课程,迷信堂而皇之地登上了大学课堂,其唯一的理由就是社会亟需,这难道就可以叫做"领风气之先"吗? 在我看来,情形恰恰相反,这是科学为迷信所绑架,是地地道道的媚俗。

第十章　摩西十诫及其他

根据犹太圣经的记载,摩西率领犹太人从埃及出走,摆脱了埃及法老的奴役;当他们走到西奈山脚下时,上帝通过摩西与犹太人约法,为犹太人的信仰生活、家庭生活及社会生活,规定了一系列十分详尽繁琐的禁忌和诫条,这些禁忌和诫条统称"摩西律法",加起来总共有 613 条,其中最重要的十条是摩西十诫。对于犹太人来说,摩西十诫像其他诫律一样,不仅是宗教诫律,而且也是生活准则,只不过它的地位更加特殊。

一、禁多神崇拜和偶像崇拜

摩西十诫首次出现在旧约圣经《出埃及记》第 20 章第 1—17 节,第二次出现在《申命记》第 5 章第 6—21 节。这两个场合出现的十诫,文字表述上稍有差异,但内容基本一样。十诫以上帝第一人称的形式展开:

第一诫,不可拥有除我之外的其他神;

第二诫,不可制作和崇拜偶像;

第三诫,不可滥用我的名字;

第四诫,不可在安息日工作;

第五诫,不可忤逆父母;

第六诫,不可杀人;

第七诫,不可奸淫;

第八诫,不可偷盗;

第九诫,不可作假证加害邻人;

第十诫,不可贪图邻人的房屋,也不可贪图邻人的妻子、仆婢、牲畜及其他财物。

十诫的这种表达方式很值得玩味。在立约者双方地位平等的情况下,约书通常会以一种决疑式条件句的形式存在,其基本套路是"如果……就应……"可是摩西律法的立约者是上帝与犹太人,两者是宗主与臣属的关系,这类约书以宗主赐予恩惠和仁慈、臣属服从宗主为特征。上帝将犹太人从埃及的奴役状态下解救出来,并承诺对其实施保护,来换取被拯救者和被保护者的忠诚及服从,这显然是一种主从关系,两者地位是不平等的,宗主只能用一种不容置疑的命令来实现对于臣属的支配权。上帝与犹太人的关系,犹如仁慈而又严厉的父亲,面对着顽劣的小孩,只有施以各种管制手段,才能保证其安全成长,因此也就不难理解,为何十诫中的条款,无一例外地是以"不可……"这种绝对否定句的方式提出的。

十诫中的第一诫,"不可拥有除我之外的其他神"。此诫开宗明义地规定了犹太人的宗教是一神教。虽然在此之前,埃及第十八王朝的法老埃赫纳顿,进行过一场试图建立一神教的改革,可是在该法老死后,改革即告失败,埃赫纳顿的一神教只是昙花一现。摩西的一神教改革可能也经历过一个极其曲折和漫长的过程,但它毕竟取得了最终的成功,这无疑是具有世界历史意义的伟大创举。一神教取代多神教,是人类思维的一次质的飞跃,这意味着人类从认识事物的存在形式,向认识事物的最初本源过渡,亦即从追寻个别真理,向追寻终极真理转换。实际上,古代希腊罗马的哲学巨匠们,也在逐渐地朝着这一方向努力,只是最后的突破口,是在摩西的一神教改革中找到的。一神论的宣示,还表明了独一无二的神的排他性和嫉妒性,亦即他绝不允许有任何其他的神与他共容,他是万物的创造者,也是万物的保护者和毁灭者。因此我们在旧约圣经中所看到的上帝,性格刚烈,嫉恶如仇,就像眼睛容不了沙子一样,不允许任何人对他意志的忤逆。更为重要的是，一神论的宣示还意味着"上帝主权"思想的正式出现，亦即上帝对他所创造的万事万物拥有最终所有权，上帝对其予取予求，不受任何限制和制约。既然人是上帝所造，也就归上帝所有；上帝所造的人是平等的，故由此萌发出了"上帝面前人人平等"的观念，这种观念往好的方面看，是启发了民智，促成了民主；往坏的方面看，是给政客们操弄政治提供了无限的空间。

基督教从犹太教当中分裂出来以后，虽然也在大体上继承了上帝一神论的思想，可是基督徒心目中的上帝，要比犹太教的上帝宽容得多，他由刚烈变慈爱，由暴虐变柔和；与此同时，他的"选民"亦即保护对象，也从犹太人扩大到普世的基督徒，上帝成了人类的共主。这种差异导致早期的某些基督教异端教派如马西昂派，公开声称犹太教的上帝与基督教的上帝不是同一个神，前者是义神，后者是善神：义神创造了不完善的世界，把以色列民族作为选民，并赐予旧约圣经，他只能以律法约束人，而不能拯救人；善神则怜爱世人，以人的形象来到人间，救赎人类。善神高于义神，并结束了义神的权能。因此马西昂派只接受新约圣经，拒绝使用旧约圣经。基督教正统派尽管同时接纳旧约和新约，并认为新约与旧约中的上帝无区别，但是在处理耶稣基督这一角色的问题上，最初还是显得有些茫然无措：如果把耶稣当作人，那么基督教就有崇拜人的嫌疑；如果把耶稣当作神，那么基督教就有崇拜两个神的嫌疑。经过一番长期的神学论争之后，教会最终确立起了三位一体的正统教义，即神的本质只有一个，但他却有三个位格，即上帝圣父、上帝圣子和上帝圣灵。该教义是否在严格意义上符合一神论的原则，我们姑且搁下不论，单凭早期信众当中广泛崛起的圣徒崇拜、圣母崇拜和天使崇拜等，就足以表明，比起犹太教和后来崛起的伊斯兰教来，古代与中世纪的基督教，其一神教原则在具体的宗教实践上，是不完善的，至少也是不纯粹的。

第二诫"不可制作和崇拜偶像"，与第一诫有关一神论的宣示密不可分。既然只能够崇拜一个神，而且这个神又是万物的创造者，偶像制作和偶像崇拜等行为就是与一神教的原则相抵触的。因为如果制作和崇拜的，是其他神的偶像，那就直接违反了一神教原则；而如果制作和崇拜的是上帝的偶像，那就是在亵渎上帝。之所以不能够制作和崇拜上帝的偶像，是因为古代近东人有一种普遍的观念，即认为制作偶像者，必然自以为比他所制作的偶像及其所代表的神还要高明，这意味着能够制造神的偶像的人，必然也想要控制神，这种企图控制神的把戏便是亵渎神的巫术，巫术的原则是与上帝的全能和主权直接相悖逆的。这就解释了为何一神论者必然同时也是偶像崇拜的反对者和巫术的敌人。

偶像崇拜历史悠久，影响广泛，几乎所有的民族均有过崇拜偶像的经历，不过以古代埃及人为最典型。古埃及人普遍存在一种灵肉整体论的观念，即认为灵魂不能长期离开其躯体而单独存在，如果长期离开躯体，灵魂就会枯萎死亡，为了防止这样的悲剧发生和保持灵魂的活力，人们必须千方百计地维持躯体的完整。他们先是用制作木乃伊的方式保存尸体，后来发现木乃伊终究也会腐烂，于是他们就用雕琢石像的方式来替代。偶像崇拜就是这样兴起的。崇拜由人工所雕琢的偶像，这从理性的角度看，也是相当愚蠢的：人造的东西怎么有可能赐福于人呢？

在旧约圣经中，上帝对于那些违反戒律制作和崇拜偶像的犹太人，从不心慈手软。因制作和崇拜牛犊塑像而遭上帝剪灭的事例，屡屡出现。对于犹太教以及后起的伊斯兰教来说，反对偶像崇拜与反对多神崇拜，具有同等重要的意义。

基督教在大体上继承了犹太教反对偶像崇拜的传统。使徒保罗反偶像崇拜的宣教活动，曾经激怒了雅典城里那些以制作偶像为生的手工匠人。在基督教受迫害的岁月里，罗马当局逼迫基督徒向皇帝的塑像献祭，受到了顽强的抵制，有些人为之英勇献身，成为殉道者。不过随着时间的推移和基督徒队伍的迅速扩展，基督徒中的文盲也大量增加，这些目不识丁的信徒无法通过阅读圣经去了解基督教的道理，于是，一些传承了希腊艺术文明的教会人士便开始借用连环画的方式，描绘耶稣及其门徒的生平事迹，或旧约人物故事，借以教导普通民众,使其获得有关基督教的初步知识。他们将这些连环画上的人物像称作"圣像",以区别于多神教的偶像。万万没有想到的是,无知的民众竟将这些圣像当作狂热崇拜的对象。这引起了教会当局的警惕,因此,很多主教反对利用圣像作为教育群众的手段,以免走火入魔。4世纪上半叶,君士坦丁大帝的妹妹君士坦提娅曾经向安条克主教优西比乌讨要一幅耶稣的圣像,遭到这位主教的断然拒绝和严厉斥责,他认为崇拜圣像就是崇拜偶像,这违反了基督教教律。此后,教会中分成了两派:一派为拥护圣像派,另一派为反对圣像派。541—542年,地中海区域爆发了一场严重的鼠疫,因恰逢查士丁尼执政之际,史称"查士丁尼大瘟疫"。疫情的蔓延,对民间的圣像崇拜起了助推的作用。可是从7世纪早期开始,随着伊斯兰教的崛起,穆斯林与犹太人极力攻击基督徒的圣像崇拜活动,以抵制拜占庭教会的扩张,基督教内部的拥护圣像派与反对圣像派,处于势均力敌的状态。

726年,拜占庭帝国的皇帝利奥三世,以教会使用圣像有碍犹太人和穆斯林皈依为由,宣布圣像为偶像,并下令予以拆除和销毁,这就是著名的"圣像破坏运动"。在这场运动中,政府用暴力镇压拥护圣像派,逮捕其代表人物,没收其财产,并处死敢于反抗者。利奥三世的继任者君士坦丁五世,以及君士坦丁五世的继任者利奥四世,都继续了这一政策。结果,全国教堂中的圣像几乎被清除殆尽。罗马教皇对此极为不满,用开除教籍的手段对付拜占庭皇帝和所有的反对圣像派。8世纪末,皇后艾琳娜摄政,她支持圣像崇拜,运动暂告一段落。9世纪上半叶,利奥五世和提奥菲罗在位时,又恢复了利奥三世的圣像破坏政策。843年,女皇提奥多拉执政之际,与教会妥协,制止了圣像破坏运动。870年,教会召开君士坦丁堡第四次公会议,重申了787年第二次尼西亚公会议的决议,再次宣布恢复圣像崇拜。圣像破坏运动最终失败。

拥护圣像派的胜利,意味着教俗当局向群众宗教感情的妥协让步,但同时也使基督教带上了某种偶像崇拜的色彩。因此,16世纪的新教改革家普遍将废除圣像和圣物作为改革的一项重要内容。著名改革家卡尔文将禁止圣像崇拜列入其自拟的"十诫"当中。1566年,尼德兰的卡尔文派新教徒发起了十分猛烈的破坏圣像运动,教堂和修道院里的全部圣像和圣物均被砸毁,运动遍及十二个省区,直接打击了罗马天主教会和西班牙的统治,成为尼德兰革命和独立运动的开端。因此,在今天我们可以看到,虽然在东正教和天主教的教堂里还保留有圣像和圣物,可是在新教的教堂里,不见了圣像和圣物,只保留一个十字架,风格十分简朴。

二、禁滥用神名和安息日工作

第三诫"不可滥用我的名字",似乎有些费解。"滥用"(misuse),意为"过分随便地使用",就是使用得极不严肃。如果作这样的理解,那么,正确地使用还是容许的。可事实上,按犹太习俗,人们是不能直接叫出上帝的名字的。为了精确理解其中的缘由,我们有必要先看看上帝拥有哪些名字。

犹太圣经中用各种各样的名号指称上帝,如"至高者""有权能的上帝"及"永生的上帝"等等,但最早出现的可能是"雅赫维"(Jahveh)和"艾罗希姆"(Elohim)。根据旧约《出埃及记》第3章第15节的记载,"雅赫维"一词是上帝应摩西的请求,在西奈山自己说出来的名字。既然上帝叫做"雅赫维",那为何有时又会出现"艾罗希姆"这一名称呢?这是一个一直存在争议的问题。传统的说法认为,上帝的两个名字在圣经中交叉并用,与犹太人的特殊历史有关。公元前930年左右,犹太人国家的国王所罗门去世,其儿子罗波安继位为王。此时,北方10个支派不服罗波安的统治,遂另立国王,建立属于自己的政权;南方仍忠于罗波安政权的,只有犹大和便雅悯两个支派。于是整个犹太人的国家就分裂成为南方的犹大王国和北方的以色列王国。这种南北分治的局面维持了整整200年,直到公元前722年,原定居于两河流域上游地区的亚述人灭掉了以色列王国，从此以色列王国不复存在。不过此时南方的犹大王国仍保持着表面上的独立地位，实际上成为亚述帝国的附属国。故学者们认为，两百年的南北分治足以使南北之间的信仰习俗发生一些差异，这种差异也包括了对上帝的称谓，有可能北方的以色列王国称之为"艾罗希姆"，南方的犹大王国则称之为"雅赫维"。这就解释了为何圣经中常常会出现两个名称交叉并用的情形。

心理学家弗洛伊德则将这种差异的出现上溯得更早。他认为，摩西的随从就是著名的利未人，这些利未人与摩西本人一样，全都拥有埃及人血统，他们从埃及带来的独一真神的名字是艾罗希姆。为了维护割礼的习俗，他们不得不与犹太人达成了妥协，即承认犹太人所一直崇拜的神的名字雅赫维，于是便出现了雅赫维与艾罗希姆两个名字交替并存于圣经中的情况。

无论上述两种观点中的哪一种更加符合历史事实，都会从中引申出一个更难以确定的问题：为什么上帝会禁止人们"滥用"他的名字？据说从公元前3世纪起，犹太人在诵读圣经时假如涉及上帝的名字，就用尊称来取代，最常用的名号是"阿多奈"（Adonai），其希伯来语的意思为"主"（相当于英文中的Lord）。一般人都认为，直呼上帝的大名显得对上帝不尊重，因此用尊称加以取代。这一说法不一定正确。在我看来，禁止滥用上帝之名的规定，仍然与第一诫即禁止崇拜多神的规定有关；上帝只有一个，却有两个名字，这显然不利于犹太人在一神教下的统一；为了防止因名称多样所导致的崇拜对象的混乱，干脆不要叫其名，只取其尊称。

后来的基督徒将雅赫维误写为"耶和华"（Yahweh），而且直呼其大名，至于是否达到了"滥用"的地步，则不得而知。

第四诫，"不可在安息日工作"后来演化为"应当持守安息日为圣日"。犹太人的安息日为星期六（Saturday），是一周的最后一天，旧约《创世记》记载上帝用了六天创造世界万物和人类，第七天亦即星期六完工休息，因此它是一个神圣的日子。既然上帝都休息了，人怎么可以工作呢？安息日的设置，为劳动者休息的权利获得了一个宗教上的借口。劳动固然光荣，但适当的休息也是神圣的。在古代社会里，从安息日的设置中获益最大的是奴隶。在安息日休息这个神圣的问题上，奴隶与主人是平等的。既然安息日那天大家都休息了，但人不可以不吃饭，于是星期五那天就不得不提前将安息日的饭准备好，并将屋子和自己的身子收拾干净，因为安息日那天是不能生火做饭的，也是不能搞卫生的。当然，休息并不等于大家都躺在床上睡大觉，诸如诵经、祈祷等积极休息的行为，不仅被允许，而且受到鼓励。

与安息日的规定相对应，据旧约《利未记》和《申命记》记载，上帝在西奈山通过摩西指示犹太人，在进入迦南地后，应当六年耕种，第七年让土地休息，不得播种，这一年被指定为上帝的"安息年"。这一年里田中自然生产的东西，应当用来救济贫民，犹太人在这一年里应豁免债务人所欠的债。

对于守安息日的规定，耶稣及其门徒常有所突破。据福音书记载，在一个安息日，耶稣及其门徒穿过一片麦田，他的门徒肚子饿了，于是便掐起麦穗来吃；在另一个安息日，耶稣为病人治病。这两件事情受到了犹太保守人士的抨击，说耶稣及其门徒违反了守安息日的诫律。耶稣当即反驳说，安息日是为人所设，而不是人为安息日所设，人应当是安息日之主。

由于有了耶稣及其门徒的榜样，后来的基督徒就再也没人遵守安息日的规矩了。不过基督徒却发展出了自己的圣日，亦即"礼拜日"（Sunday），我们通常叫星期天，是每周的第一天。礼拜日的设置，其近因与耶稣的复活有关。据福音书记载，耶稣在星期五那天受难，第三天亦即星期天复活，为了纪念耶稣的复活，早期基督徒遂于每个星期天举行礼拜纪念活动。星期日在新约《启示录》中开始被称作"主日"，以后相沿成习。使徒保罗与特罗亚斯城的基督徒在这一天聚会，举行"掰饼"活动；这位使徒还命他的信从者在这一天对贫民进行施舍救济。2世纪著名殉道者查士丁论证说，星期天是上帝创世的第一天，因此更为神圣。不过星期天作为基督徒的一个法定礼拜日，则始于公元 4 世纪早期。321 年，皇帝君士坦丁颁布法令，禁止城里居民在星期天工作；380 年的劳狄西亚公会议教令，要求所有基督徒尽可能在星期天停止工作；6—13 世纪的教会法令，则一而再再而三地强调守礼拜天的重要性。

守礼拜天的规矩，更远的渊源可以追溯到异教崇拜。星期天是太阳神的献祭日，而太阳神则是地中海地区异教徒所普遍崇拜的重要神灵。3 世纪以来的许多罗马皇帝，常常将太阳神当作主神来崇拜。连君士坦丁都崇拜"不可战胜的太阳"，他甚至命人将太阳及其光芒刻在发行的硬币上。其实基督徒也认可太阳的威力，他们从旧约《玛拉基书》中，找到了"公义的太阳"这一表述，认为太阳象征正义。由于基督教最初崛起之时，恰遇异教世界太阳神崇拜大流行，有关耶稣的复活日与太阳神献祭日的重合就绝非偶然，很有可能是基督教向异教世界作出的一个重大让步。

与星期日特别相关的一个基督教节日是复活节，这是基督教最古老和最重要的节日，它当然也是为了纪念耶稣的复活而设置的。325 年的尼西亚公会议规定，复活节日期为每年春分月圆后的第一个星期日。由于各地所使用的历法不同，因此围绕复活节日期的问题，在教会中争论了好几个世纪，结果各自为政，各过各的。可是大家的差异无论有多大，这一天落在星期日则是必定无疑的。

基督教礼拜日与犹太教安息日之间存在着一个重大的差异，那就是安息日重在休息，而礼拜日则重在礼拜活动，也就是说，礼拜日比安息日的活动内容更为丰富，其宗教功能更加明显。这一差异也体现了《创世记》中上帝的创造活动与上帝的休息之间的不同。

三、禁忤逆父母和杀人

第五诫，"不可忤逆父母"，后写成"应当尊敬父母"，涉及家庭关系。早期犹太人因为重视家族血脉的传承,他们将人丁兴旺和后代的繁衍看作是上帝的恩赐,因此发展出了较为严格的家长制,强调子女对于父母的服从。父母对于子女,尤其是未成年的子女,拥有绝对的支配权,父母可以将子女变卖为奴,可以将其作为债务的抵押或人质。《出埃及记》和《利未记》中还规定,辱骂父母者,罪可致死。基于这一点,中文版圣经把这一诫律翻译为"应当孝敬父母",这就使其带上了中国特色。原文是"尊敬(respect,or honour)父母",并无"孝敬"(respect with piety)的意思,因为"孝敬"具有宗教虔诚的色彩,而实际上,十诫中的这一诫律并无此含义,也就是说,犹太人的"尊敬父母",并没有要求中国人那种类似于"割股救母"式的愚孝。

对于这条诫律,耶稣似乎是很不以为然的。例如有一次耶稣正在屋里讲道,他的母亲和兄弟前来探望他,有人告诉他"你母亲和兄弟找你来了",耶稣却回应说:"谁是我的母亲?谁是我的兄弟?"然后指着屋里的听众说:"他们就是我的母亲,他们就是我的兄弟。"在他看来,基于上帝信仰的情谊,远远超越了血亲上的情谊。他在另一个场合里,把话讲得更狠。他预言说:"人们将要把自己的兄弟交去送死,父亲要把自己的儿女交去送死;儿女们将要反抗自己的父亲,并害死他们。"他还向自己的听众说明自己来到这个世界的目的:"我来是为了教儿子与父亲疏远,女儿与母亲疏远,媳妇与家婆疏远。人们的仇敌就是自己家里的人。"他宣布:"爱父母过于爱我的,不配做我的门徒;爱儿女过于爱我的,不配做我的门徒;不背着他的十字架跟我走的,也不配做我的门徒。"在耶稣看来,"应当尊敬父母"这一诫律中所说的父母,实际上指的是天父,即上帝,上帝才是值得尊敬的真父母。

耶稣之所以敢于对"尊敬父母"这一诫律作如此变通,是有其社会基础的。需知到了耶稣那个时代,随着罗马帝制的形成和西方文化大肆渗入东部世界,犹太人社会的传统家族制体系逐渐瓦解,原有的家庭血缘纽带在西方价值观的冲击下逐渐松懈,个人主义正在取代家族集体主义成为主流思想,人们纷纷把倚靠的对象,由先前的家长和族长,转向了独一真神上帝,如今,只有上帝才是连结犹太人个体的牢靠纽带。基督教正是在这一背景下出现的,因此基督徒虽则也在一般的意义上遵守"尊敬父母"的诫律,但与早期犹太人的情形已大为不同,当必须在"敬父母"与"敬上帝"之间做出单一选择时,基督徒宁愿选择后者。这就解释了为何在古代和中世纪,有那么多的人能够冲破家庭的藩篱进入修道的行列。从本质上说,基督教不是家族性的宗教,而是个体性的信仰,它对家庭关系的理解和价值取向是与犹太教迥然有别的。而在这一方面,耶稣不过是开了一个头而已。

有趣的是,佛教为世俗居士所规定的五戒,竟然没有"不准忤逆父母"这一戒。乍看起来似乎有些不可思议。在孝文化的土壤上生根落地的佛教,仍然保持着出污泥而不染的高傲品格。这可能与佛教的根基——苦谛的思想有关。佛教八谛中有"爱别离"一说,即认为难以割舍的家庭关系和牵挂,正是导致人生诸多烦恼和苦难的缘由之一,真正的悟道者,懂得如何防止被卷入琐屑而又复杂的家庭联系当中。道教大概是仿效了佛教的做法,如"老君五戒"中,也不见有关于"孝敬父母"的戒律。这些做法,当然引起了拥有传统儒教思想的保守人士的不满,所以在中国历史上,越是往后发展,针对佛、道的批评越多,这种现象绝对不是偶然的。

第六诫,"不可杀人",是一条适用性最广的禁律,无论是宗教诫律,还是世俗法律,都会有杀人偿命的规定,因为它最直截了当地体现了神的或法律的公义。只是犹太人的诫杀禁令,隐含着独特的神学意义。犹太人认为,人不仅是上帝的造物,而且是上帝诸造物中最具灵性的造物,因此人就被赋予管理其他造物的权利和义务;既然人是上帝所造,就属上帝所有,剥夺一个人的生命,是上帝的专有权力,人没有这样的权力,除非他受到了上帝的授权。人如果蓄意杀害另一个人,他就是在侵犯上帝的主权,这是对上帝最大的冒犯。在古代中东地区强邻环伺的情况下,犹太人是一个相对弱小的民族,他们尤其迫切需要通过传宗接代来实现种族的复兴,这种现实诉求也就强化了"诫杀"这条宗教诫律。

　　基督教继承和发展了犹太教有关诫杀的律令。在福音书中,耶稣明确指出:舞刀弄剑者,必死于刀剑。这一说法与杀人偿命没有根本差别。在后来的基督徒中,有三种情况被排除出"杀人罪"的行列:第一是在正义的战争中杀死敌人,第二是在执行公义时处死死刑犯,第三是遭到危及生命的袭击时进行正当防卫而被迫杀死袭击者。基督徒认为,在这三种情况下,杀人者都是得到上帝授权的,因此是合法的。除此之外的一切杀人行为,均是非法的,因而也就是犯罪。杀死自己,亦即自杀,当然也是不被允许的,因为自杀也是杀人。神学家奥古斯丁在抨击自杀现象时指出,一名受到强奸的妇女如果选择自杀来洗刷自己的耻辱,那她便是犯了双重的罪行:首先是她在没有得到正确审判的情况下就杀害了一条可能是无辜的生命,其次是她杀害了一个这起强奸案的至关重要的证人,使案件无法得到公正的审理。14 世纪初的人文主义作家但丁,在其著名的《神曲》中,也把自杀者的灵魂打入地狱里的第七圈第二环中去受罪。另一位著名人文主义诗人彼特拉克曾经试图自杀,可是由于害怕受到惩罚,才断了念头。这些人的自杀观,直接颠覆了古典社会对于自杀的认知。虽然古典哲学家并不赞同过于随意的自杀,但他们均认为在身处绝境的情况下,以自杀来结束自己的痛苦和耻辱不啻为一种明智的选择。著名的罗马法,对自杀也没有提出明确的谴责。

　　与犹太人一样,基督教的"杀人",也包括杀死人的胚胎,甚至包括终止胚胎形成的行为。因此,一切采取避孕、堕胎及人工流产的方式剥夺新生命的造就的做法,都被囊括在"杀人"之列而遭到严禁。奥古斯丁认为基督徒婚姻的最终目的,就是繁殖基督徒人口,上述这些行为与该目的明显相悖逆,当然被视作是犯罪,而且是大罪。

　　虽然犹太人和基督徒的"诫杀"令在字面表达上有些含糊,它只是说"不可杀"(Do not kill),其中的"杀"字是不及物动词,故没带任何宾语,不过它在实践上的指令性是十分明确的,即"不可杀"的对象毫无疑问是人。这就与佛教的戒杀令严格区分了开来。佛教所要戒杀的,不仅仅指一切的人,还包括了除人之外的其他一切有生命的东西,因此叫做"不可杀生"。为什么还要将其他生命纳入戒杀之列?那当然与佛教的六道轮回学说有关。依照轮回学说,一个人的前世或来世很可能并不是人,而是其他生命体,那人与其他生命体就是平等的,杀了其他任何生命体,与杀人在本质上并没有两样,故而佛教提出"众生平等"的口号,要求善待一切生命。众生平等的原则,在中国大乘佛教的宗教实践中,演化出了吃素不吃荤的独特斋戒习俗,以及放生动物的善行善举。这在基督徒看来是荒唐的,因为基督教根据圣经的创世理论,上帝已经委托人去管理和主宰万物,人类当然有权驯养和宰杀动物,因此,基督教的"诫杀",不包括牲口在内的动物。明朝末期来华的耶稣会传教士,曾严厉批评佛教居士们吃素的做法,认为这不利于人的健康;他们还嘲笑放生的行为,将其指斥为伪善。

四、禁奸淫和偷盗

第七诫,"不可奸淫",涉及性伦理。犹太教对于婚外性活动,一贯加以严格提防和谴责。根据犹太律法,婚外性行为一旦被发现,当事人应被乱石砸死。不过有关性伦理的各种行为,在宗教实践上还是分轻重缓急的。例如,"不可奸淫"中的"奸淫"(adulery),主要指的是已婚者的婚外淫乱活动。这是可以理解的,因为这种非法活动,直接破坏了既有的家庭关系,动摇了社会的统治基础,不仅为虔诚的宗教人士所不耻,而且给世俗统治者出了难题。除了这种淫乱之外,还普遍存在着一种未婚者之间的"私通"(fornication),它虽然也不被宗教法和世俗法所宽容,但如果隐蔽地进行,人们对其常常是睁一只眼闭一只眼。当然,公开的卖淫是绝对不允许的。公元前6世纪初,新巴比伦国王尼布甲尼撒二世率兵攻入耶路撒冷,大部分犹太人被掳掠至巴比伦,他们在那里度过了半个多世纪的囚虏生活,并亲眼目睹了巴比伦人的一种叫做"神女献身制"的习俗:人们将自己的女儿送到塔庙去与过路的旅人过夜,等她们怀上孕之后,才能回家结婚;与之过夜的旅客则给塔庙留下夜宿费。犹太人自然不能容忍这样的"恶习",他们认为这是公开的卖淫,把巴比伦城看作是一个大淫窝,将它称作是"罪恶的大巴比伦",或"巴比伦大淫妇",简直就是藏污纳垢的地狱。

至于同性恋,那更是万人所恶。根据《创世记》的记载,亚伯拉罕的侄子罗得住在所多玛城,有两名天使化妆成人住在罗得家里,所多玛城的所有男人得知消息后,拥到罗得家门口,要求与两名天使行淫,罗得恳求众人不要这样做。天使在帮助罗得一家逃出所多玛之后,遵上帝之命,降下硫磺和大火,将整座所多玛城毁灭。从此以后,"所多玛"就成了男性同性恋和鸡奸的同义词。

那么,耶稣对于所谓"性犯罪"持什么样的态度呢?有一个福音书的故事很能说明问题。有一天耶稣在圣殿里向民众传道,一帮犹太保守人士带来了一名因行淫当场被抓的妇女,告诉耶稣说,按规矩该女人是要被用乱石砸死的,现在你看怎么处理?耶稣对在场的所有人说:你们当中谁要是没罪的,就可以留下来拿石头砸她。结果在场的人一个个走光了,最后剩下了耶稣和那个女人。耶稣当场宣布饶恕她的罪,并要她以后不可再犯。这个故事从侧面反映出,在耶稣的那个时代,所谓"性犯罪"已经很普遍,以致于找不到一个洁白无瑕的人来担负起处置一名罪犯的工作。耶稣饶恕一名"淫妇",并让其改过自新,说明他是有心挽救她的。犹太人以惩罚为手段,基督徒则以感化为手段,两者之间的界线是由耶稣首先划出来的。耶稣在另一个场合里讲了一个寓言故事:一位牧羊人拥有100只羊,走失了一只,于是他便暂时撇开99只羊,去寻找走失的那只。这并不是因为尚在的99只羊不重要,而是因为走失的那只羊同样重要。耶稣在福音书中所讲的另一个寓言故事更加发人深思:一位父亲拥有两个儿子,其中小儿子是一个败家子,他在挥霍尽了分给他的家财后回到了父亲家,父亲举行了盛大宴会高兴地欢迎他回家。这时大儿子不高兴了,他责怪父亲偏心,父亲对他说,你弟弟迷途知返,这是浪子回头金不换啊!从这里我们领略到了耶稣的博爱思想,即犯过错误的人改邪归正,尤为可贵和难得。以后的基督徒,均遵循着这样的传统,许多被追认为圣徒的人,早年都有过堕落的经历,例如生活于4—5世纪间的埃及圣女玛丽、生活于5世纪的"忏悔者"佩拉吉娅,以及生活于13世纪后半叶的科尔托纳人玛嘉莉特,等等。她们的前半生都是淫荡无度的娼妓,后来在高人的指点下并借助圣经的启发,突然间幡然悔悟,于是转入禁欲苦修的生活,不仅净化掉其前半生所犯的罪行,而且将自己修炼得出神入化,屡显神迹,为人治病疗伤,成为修女中的楷模,死后被追认为圣徒。

第八诫,"不可偷盗",涉及私人财产和公共财产的保护,在法律史上具有普遍意义。例如著名的《汉谟拉比法典》就规定,偷盗者罪证一经确定,就须赔付所盗财物价钱的10—30倍的罚金;罗马的《十二铜表法》更严厉,对偷盗者的惩罚是死刑。对于一般的偷盗,犹太人也以征课数额不等的罚金作为惩罚,一般罪不至死。例如依据《出埃及记》,偷人牲口者,必须赔偿被偷牲口的4—5倍。不过对于用暴力手段进行明抢的强盗,则常常处以死刑。据福音书的记载,耶稣受难时与耶稣一起被钉死在十字架的,就有两名强盗。在未曾征得所有者同意的情况下暗地里取走所有者的财物,叫做偷盗;而如果偷盗的对象是大家公有的财物,则叫做贪污。偷盗损害的是个人的利益,贪污损害的是公共的利益,因此往往罪更大。根据新约《使徒行传》的记载,有一个叫做亚纳尼亚的人,已经承诺将出售田产所得的所有款项分毫不留地捐给教会,可是他和妻子却暗地里私留了部分款项,此事被发现后遭到彼得的斥责,结果夫妇俩双双扑地而亡。既然已经承诺将款项捐出,它的一分一毫就成了教会的公共财产,对其进行私下截留,就等于盗窃或贪污公帑,难怪彼得要生气。

如果一个人因贫穷而需要得到财物救济,你可以公开要求别人的施舍,就像中世纪的托钵修士,走到哪里乞讨到哪里。这种公开索要,不仅不被视作为耻辱,而且被普遍认为是一种"守贫"的宗教美德。相反,如果你暗地里利用手段侵占别人的或公共的财物,你就得负起偷盗的罪责。这是文明社会的普遍现象。可是在私有制的社会里,乞讨和所谓的"偷盗"只不过是弱势者的一种特殊生活方式,对于政治强人来说,公开的盗窃和占取是他们的家常便饭,他们又何曾因此而担负过刑责? 在地中海地区从古代向中世纪转型之际,一些人圈田占地,强取豪夺而成为封建领主,他们所倚靠的是膂力,而不是什么法律或正义,更谈不上宗教良心了。封建体制形成之后,不少修道院的土地常常受到世俗封建主的蚕食,为了维护自身利益,它们不得不寻找更加强大的封建主来当靠山。在这种情况下,"不可偷盗"的诫律就只能被专门用来对付底层民众间的小偷小摸了。

1202—1204 年,西欧的封建主对东方发起第四次十字军东征运动,在威尼斯商人的唆使下,这些虔诚的基督徒竟然调转进军方向,将矛头指向同属基督教的拜占庭帝国,最后干脆把这个庞大的帝国"偷盗"精光,在它的废墟上建造起了属于自己的拉丁帝国,这可谓是"盗钩者诛,盗国者王侯"。

从 15 世纪末开始,随着大航海时代的到来,西方的基督徒在追求资本的强烈欲望驱使下,万里迢迢地来到了新大陆和东方地区,他们不仅仅占地殖民,而且开掘金银矿,将新殖民地的宝藏通通据为己有,美其名曰"地理大发现",本质上是赤裸裸的武装侵略、公开抢劫和海盗活动,其套路与 13 世纪初对拜占庭帝国的征服如出一辙。

一般的小偷小摸偶尔也会为自己的所作所为面红耳赤,感到难堪,在处境好转时可能还会改邪归正;而这些明目张胆的强盗的高明之处就在于,他们一直坚持自己的作为是一种类似于耶稣救世那样的高尚行为,他们似乎认为,假如没有他们的掠夺,被掠夺者就无法过上文明的生活。因此他们这不叫"偷盗",而是"施舍"。他们的无耻让脸皮偏薄的东方人直感汗颜。

五、禁说谎和贪图他人财物

第九诫,"不可作假证加害邻人",实际上就是"不可说谎",它与佛教的"不妄语",或道教的"不得口是心非",具有大致相近的意义。至于诚谎的规条为何要以反对作假证害人的方式表达出来,则与该诫律出台时犹太人的特殊历史环境有关。公元前12—前11世纪末,是犹太人的士师时代,所谓"士师"(judges),就是审判者。士师时代就是犹太人的军事民主制时代,即从野蛮社会向文明社会过渡的时代,在这个时代里,社会矛盾复杂尖锐,人际关系紧张,各种官司不断出现,因此就需要部落首领扮演审判者即士师的角色,来处理人们的官司。在处理这些官司的过程中,士师们发现有不少诬告或作假证的情况,故而在制订法律时,特别规定了这一条,即禁止人们诬告和作假证。它后来被推而广之,用来鼓励人们不说谎,讲真话。

据《创世记》第4章记载,亚当与夏娃的长子该隐嫉妒自己的弟弟亚伯为上帝所宠,一怒之下将其杀害;当上帝向该隐询问亚伯的下落时,该隐假装不知道。据说这就是人类说谎的开始,而且是对上帝说谎。在新约福音书中,耶稣曾预言彼得将三次不认耶稣,彼得信誓旦旦地保证,他连陪耶稣一起去死都愿意,怎么会不认他呢?可是后来到了耶稣真正落难时,有人连续三次问他是否是耶稣的门徒,他真的三次加以否认。作为耶稣大弟子和教会磐石的彼得尚且公然说谎,其他人可想而知。上面所说的亚纳尼亚夫妇隐匿部分捐赠款,其所犯的不仅是偷窃罪,而且是说谎罪。

真正的诚谎,不仅要求一般地不说谎话和违心的话,而且要求不要隐瞒事实真相。晚明来华传教的耶稣会士利玛窦,在南昌工作时由于社交广泛,上门探访者络绎不绝,利玛窦感到精力上有些吃不消,便向一名中国朋友透露了自己的困境。这位朋友给利玛窦出招说:你可以让看门人告诉来访者,说你不在家。利玛窦立即拒绝说:我们的信仰是绝对禁止说谎的,因为说谎是很大的罪过。这位中国朋友顿时深受感动,于是将此事广为宣传,从此以后,利玛窦在中国的声望更高了。

在这件事情上,尽管利玛窦难避见机炒作之嫌,不过还是从一个侧面反映出中西两种文化传统的冲突与碰撞。如果自己感到心力不支,采用某种借口婉拒来访者,这在一般中国人看来也不是什么大不了的个人品行问题,一定要将其说成是蓄意说谎,未免小题大做。不过利玛窦也有他的道理。如果自己的身体的确难以承受过多来访者的打扰,完全可以实话相告,为什么非要使用某种借口不可呢? 在这一点上我还是倾向于同情利玛窦的,因为我个人揣测,那位中国朋友的到访本身,可能就给利玛窦带来了直接的困扰,利玛窦向他说出了实话,而这位可爱的朋友也许太过于不识相,还给这名外国人出臭招。

那么,是不是我们在每一件事情上都得说真话呢? 那也不一定。有些真话说出来如果伤及对方,你可以选择闭口不谈。一些老人家心理承受能力较低,为了让他们活得更加愉快一些,晚辈们在他们面前常常报喜不报忧,这一般不会违反"不说谎"的诫律。不光是对老年人,即便是对于神经较为脆弱的年轻人,或者是对于那些毫无认知能力的幼童,为了他们的健康,我们也不能将有关他们身体问题的真相和盘托出,这种"说谎"在伦理上是被允许的,通常叫做"善意的谎言"。当然,在法庭上作证时,还是以讲真话为妙,否则就有犯伪证罪的危险。

第十诫,"不可贪图邻人的房屋,也不可贪图邻人的妻子、仆婢、牛驴及其他财物",此诫表述有些累赘,其实总括起来就是,"不可贪图邻人的妻子和其他财产"。将妻子与牲口及房产等其他财产连在一起,给人一个感觉就是妻子也是丈夫的财产。这反映了在古代犹太人当中,家长制特别严厉。希腊人当中也有家长制,但比犹太人宽松,罗马人又比希腊人要宽松。在家庭关系中,犹太人的妇女分为三个层次:妻、妾、婢。妻妾成群是古犹太人上层社会的普遍现象。亚伯拉罕的妻子撒拉长期不育,只好让丈夫娶了夏甲为妾;后来撒拉老年得子,就急于将夏甲及其儿子以实马利赶出家门。雅各也娶了不止一名妻子。所罗门王后宫有 700 名女子,其中不少是外国姑娘。古犹太社会是男人的社会,妇女是没有话语权的,这种情况即使到了耶稣的时代仍然变化不大。耶稣虽然很少谈论女人,但他精心挑选的十二门徒无一例外是男性,他派出去传道的 70 个人估计也是男人。使徒保罗虽然拥有罗马公民权,可他毕竟是犹太人,因此就不得不受犹太父权制的约束。他不断地强调,男人是女人的头,女人外出时要包头蒙脸,他不允许女人公开讲道,要她们务必服从丈夫的管束。

有趣的是,这一诫律用了"贪图"(desire)一词,意为"想要得到",但未必真正能够得到。显然,该诫律是对思想罪的一种防范,这在很大程度上只具有道德伦理的意义,在实践上的确难以操作。例如某位男士暗恋着别人的妻子,如果他没有展开追求攻势,他可能就永远停留在单相思的状态,虽然这构成了一种思想犯罪,但由于外人难以觉察,对其进行处罚就变得很不现实。当然,也有从希冀发展为行动的。例如据旧约《撒母耳记下》的记载,大卫王暗恋其手下士兵乌利亚的妻子拔示巴,为了将她弄到手,大卫借助敌人之手杀害了乌利亚,于是便名正言顺地把拔示巴娶了过来,还与她生下了后来成为著名国王的所罗门。圣经并没有报道大卫为此罪行遭受任何处罚。

在福音书中,耶稣告诉他的听众,如果有人看见妇女就动淫念的,那就等同于他已经与那妇女行淫了。这给"不可贪图邻人妻子及其财产"的诫律提供了一个注脚,同时也将赤裸裸的男权主义充分暴露出来。如果说那个见到女人就动淫念的男人有罪,那么那个没有动淫念的女人又何罪之有呢? 实际上,无论是在希腊罗马的古典传统中,还是在犹太人的圣经传统中,女人都被视作性的象征,是性犯罪的诱惑者和教唆者。在进入基督教世纪之后,这个世界上只有一个女人是保持纯洁无瑕的,那就是童真女圣母马利亚,因此就有了所谓"死由夏娃而来,生由马利亚而至"的说法。

进入中世纪后,教会对于思想罪尤其是性方面的思想罪管控日趋严格,忏悔神父要求作忏悔者必须如实地将自己内心里的性犯罪活动供述出来,甚至对漂亮女人多看几眼,也必须坦白交代其意欲何为。据说在这方面只有进行彻底的忏悔,才能获得教会的赦免,否则灵魂就无法进入天堂。

六、割礼、洁净与酒

割礼没被列入十诫中，这多少有些出人意料。割礼就是用石刀割损男子的阴茎包皮，以表示他与神立约。除了犹太人之外，割礼还流行于古代埃及人、埃塞比亚人、阿拉伯人以及澳大利亚和美洲的某些部落当中。有学者甚至认为，割礼普遍存在于野蛮民族当中。古人与神进行交流的过程中，通常采用献祭的方式，而割损包皮则显然是一种特殊形式的献祭，即借助祈求者在割礼中所流的血，来见证他与神之间所达成的协议。至于为什么一定要采用割包皮的方式来流血，一种较流行的观点认为，古人大多把过度的性欲和性生活看作人类各种烦恼和不幸的根源，因此自然也被看作是对神的亵渎；割损包皮象征着对性欲望的有限度的抑制，故长期以来也被看作一种洁净礼，它有利于协调人与神之间的关系。

根据圣经的记载，犹太人的割礼起源于亚伯拉罕。上帝赐予亚伯拉罕及其子孙迦南地，亚伯拉罕及其子孙则以割礼为标志，成为上帝的选民。不过依据弗洛伊德的说法，犹太人的割礼，是从埃及人那里继承而来的。

基督教崛起以后，犹太人出身的基督徒在行割礼的问题上，自然没有遇上任何麻烦。但问题是，随着基督教的扩展，基督徒的主要来源，由原先的犹太人变成了外邦人。加入基督教的外邦人，是否要按犹太习俗行割礼？这一度成为教会人员争论的焦点。道德风尚较为纯良的犹太教，曾经吸引了不少异教徒，可是他们加入犹太教的意愿，却受到该教过分繁琐的清规戒律的阻吓，其中最令人难以接受的就是割礼。如今基督教面临着同样的问题，如果它继续把这种犹太习俗强加给外邦慕道者的话，势必会从根本上影响教会的扩张。使徒保罗是第一个意识到问题的严重性并试图进行大刀阔斧改革的人，他公开声称旧约中的割礼规定已经不合时宜，入教仪式完全可以用简单而又庄严的洗礼取代陈旧的割礼。保罗与自己的伙伴们一起，最初在安条克教会中实践自己主张。不过该改革并不太顺利，当他行进到加拉提亚的时候，持保守观点的对手对他进行大肆攻击。为了从根本上解决这一迫在眉睫的问题，公元 50 年前后，在耶路撒冷举行了一次宗教会议，会上双方进行了激烈的辩论。保罗的主张获得了彼得和雅各等耶路撒冷教会台柱的有力支持。随着巴勒斯坦教会的萎缩和其他地区外邦人教会的迅速扩大，割礼作为入教的一种仪式，最后被废止，取而代之的是不那么令人难堪且较为安全的洗礼。

此外，犹太人还遵守各式各样的洁净礼，例如，吃饭前要仔细洗手，去了市场回来要洗澡，家中的器皿要认真清洗，等等。有一次，耶稣的门徒没有洗手就吃饭，被一些犹太保守人士看到了，由此遭到了斥责。耶稣辩解道：吃进去的东西落入肚子又被拉进了茅坑，是不会肮脏的，只有从内心里发出来的各种各样的恶才是污秽的。耶稣门徒在洁净礼问题上的不讲究，后来被基督徒所发扬光大。基督教最初是底层民众的宗教，他们缺乏讲究卫生的物质基础，而犹太人则清洁成癖，孤芳自赏，故与基督徒的距离越拉越大。犹太人只吃自己的专业屠夫所宰杀的牲口，在宰杀时如果发现牲口的内脏有瑕疵，就会拒绝食用该牲口。在这种情况下，他们会把它卖给基督徒，而基督徒则常常怀疑犹太人向他们出售次品。犹太人所饮用的酒不允许非犹太人接触，而基督徒则认为犹太人卖给他们的是劣等酒。当犹太人请非犹太人喝酒时，客人用过的酒杯按惯例被整个扔掉；有时非犹太客人喝剩的酒滴碰巧滴进酒桶里，主人甚至会把整桶酒当场倒掉，这被基督徒视作最大的侮辱和不礼貌。

说到酒，不禁使我们联想起另一个有趣的问题：摩西的诫律根本不禁酒。这与东方的一些重要宗教形成了鲜明的对照。佛教和道教不仅要求出家人戒酒，而且要求一般信徒不饮酒。摩尼教中的"选民"也被要求尽量少喝酒。希腊罗马人、犹太人和基督徒则无酒不欢,似乎对饮酒没有任何限制。这一分歧背后隐藏着什么样的历史衷曲呢? 酒在东西方的农业部落中,很早以前就被发明了出来。只不过用来制酒的原材料不同:中国和印度等地区的先民,多用稻类酿酒,是为米酒;西亚和埃及人多用小麦酿酒,是为啤酒;希腊罗马人则用葡萄酿酒,是为葡萄酒。另外,《吉尔加美什史诗》还有用芝麻酿酒的记载。《创世纪》描述诺亚在大洪水之后不久,种植了第一颗葡萄藤,做了第一桶葡萄酒。在古埃及金字塔内的壁画中,画有压榨葡萄和酿制葡萄酒的整个工艺流程。葡萄是古代希腊罗马的主要农作物,葡萄酒对于希腊罗马人来说,是一种生活必需品,而不是一种奢侈品。而远东古人用稻米酿酒,稻米是主粮,只有在满足了三餐填饱肚子的基本需求之后,剩余的稻米才得以酿酒享用,因此,从一定意义上说,米酒对于东方人来说是一种额外的奢侈品,而不是非要不可的必需品。这也许是造成东方宗教有戒酒令,而西方宗教则缺乏同样诫令的主要原因。此外,古希腊罗马人和基督徒认为只有神才配饮用纯度的葡萄酒,人在饮用葡萄酒之时,必先往酒里兑水,以减少葡萄酒的烈度,这对于饮酒者的身体健康具有某种保护作用,故即使多饮也不容易醉;而东方人则将酒的烈度视作一个男子汉豪迈气概的象征,在酒里兑水反倒被视作是肆意造假,喝酒不醉成了胆小鬼,故常常因酗酒而乱性。

第十一章　如何面对死亡

生与死这两大课题,与人类本身一样古老。一般来说,死比生带有更浓厚的神秘色彩,不同的民族总是借助自身的生活条件,并以其独特的方式去理解它,因而便产生了各式各样的死亡观。古雅典哲人梭伦在给幸福下定义时曾指出,一个人如果拥有巨量的财富、健康的身体和愉悦的心境,便称得上是幸运;可是如果他想成为一个幸福的人,则还需加上善终。可见古人在追求生存质量的同时,也十分讲究结束生命的方式。我们每个人都无法预知自己将死于何时、何地及何种方式,这也许并不是一件坏事,因为假如我们确知了我们大限的每一个细节,严重的焦虑症势必随之而至,我们将会惶惶不可终日。不过,弄清古人在死亡问题上的奇思妙想,对于我们理解生活的意义,或许有所助益。

一、未 雨 绸 缪

明朝晚期来华传教的耶稣会士利玛窦,在谈及中国人的性格时说道,中国人生性孱弱,胆小怕死,不适合当兵打仗。这种先入为主的评判,想必以性情彪悍、喜欢争强好胜的西方人为衡量标准。但仔细回味,发现利氏所说,也不无道理。我们姑且认定,与西方人相比,中国人的确较为矜持和谨慎。至于"怕死",则不能一概而论,因为在涉及国家利益和民族存亡的关键时刻,敢于挺身而出,乃至英勇赴死的中国人,也并不少见。何况,战斗中不怕牺牲,不过是勇敢美德的一个部分而已，不是勇敢全部。有时候，勇敢地活下去，比勇敢地死去还要困难得多。正如孔夫子所言：君子坦荡荡，小人长戚戚。对于一个正直的人来说，一生不做亏心事，难道还怕鬼敲门吗？人死后死者所能发生的情况，无外乎有两种：一种是人死如灯火灭，一切归于乌有，在这种情况下，死并不可怕；另一种是存在死后的报应，生前有善行者得善报，有恶行者遭恶报，如果这样，善人就更没有理由害怕死。只有内心阴暗、坏事做尽的人，才会因害怕报应而怕死。可是话说回来，由于没有一个活人有过死的体验，因陌生而产生恐惧，故一般意义上的"怕死"，仍是人的自然本性，它与种族、民族及血统均没有必然的关系。重要的是，我们有必要理解"怕死"的社会文化根源。对于一名浸染于宗法制传统中的中国人，有三大理由使他在死亡面前踌躇不前：第一个理由是不想死，第二个理由是不敢死，第三个理由是不让死。那些帝王、皇亲贵胄和富豪们，因贪恋今生的权势、金钱和荣华富贵，他们竭尽全力延长自己的寿命，甚至追求长生不死，于是就有了求取仙丹的方术，进而发展起道教，中医中药大概就是因应这一需求而兴起的。恋生本能当然并不是豪门大族所特有，平民百姓也一样珍惜生命。只是与底层民众相比，上流阶层的求生欲望更为强烈，因为获取得越多，就越是害怕丢失得多，这是常理。当一名官员语重心长地叮嘱自己的子女"身体是革命的本钱"之时，他必定理解，这"革命的本钱"，也是有贵贱等级之分的，这叫同人不同命。那些上有老、下有小的人士，他们却是不敢死，他们倒不是真的怕死，而是死不起。在居家养老仍是主要的养老方式，社会保障尚不发达的时代，假设家中经济顶梁柱坍塌了，受死亡威胁的可就不只是一个人，而是一整个大家庭。在某些特殊的年代里，一些特殊人群求生不能，求死不得，因为如果他们因彻底绝望而自寻短见，那他们将不仅是自绝于人民，死有余辜，遗臭万年，而且会株连家庭其他成员，使他们受尽世人白眼，无法抬头做人。那些受尽病痛折磨而生命垂危之人，则不被允许有尊严地离去。只要单位领导一声令下："务必尽力抢救！"医护人员就会出于"人道主义"考虑，马上忙乎起来，割喉、插管和电击，无所不用其极，结果生命是保住了，但病人再也无法自主活动，成了一个植物人。患者本人的心身痛苦究竟有多大，人们不得而知，可是亲属的痛苦和无奈，却是能够直接感受得到的。我在医院里曾亲眼目睹过一位享有省部级经济待遇的离休老干部，双手被捆绑在病床上，靠着鼻饲的方式维持生命；之所以将他的手绑起来，是因为他企图拔掉鼻饲管，以求速死；而家人则竭力延长他的生命，因为他的妻子，以及他那啃老的儿子一家，全靠他的养老金维持生计，所以他无论如何不能走。

在死亡问题上，深受传统文化影响的中国人，显得有些目光短浅，缺乏必要的前瞻性。许多人不愿意立遗嘱，许多人不愿意买意外事故保险，他们自信只要经常吃斋念佛，求神拜鬼，就可确保平安无虞。可是真要有起事来，不仅自己活受罪，而且连累家人，死后也会引致一连串遗产官司。我在接近 60 岁那一年，曾与年迈的父母聊起今后的家产继承问题，我随口说起，如果我走在父母前面，该作如何安排。没想到我父亲十分生气地说道：如果你走在我们前面，我们两位老人就去跳楼。我的心理压力陡然倍增，看来我是无论如何不能死在父母前面了。可是谁能保证呢？

与传统中国人相比，古代犹太人显得更为深谋远虑。在过去那个死亡是常态、生存反倒成为例外的时代里，犹太人无疑早就磨练出足够的勇气去应对可能随时而至的死亡。在他们看来，既然明天不可预期，今天便显得弥足珍贵，因此他们把每一天的生活，都看作是上帝的特别恩赐和礼物。据说，今天的犹太人在与朋友作出一个约定时，仍然不敢肯定地说"让我们明天再见"，而是有保留地说"让我们明天再见，如果上帝乐意的话"，或"让我们明天再见，但我不能保证"。一般犹太人在购置地产时，总要同时为自己购买一件裹尸布，并对所购地产作出继承方面的遗嘱安排。这种未雨绸缪的做法，是他们祖先烙刻在子孙后代身上的一个有关苦难经历的印记。

早期基督徒在死亡观上继承了犹太人的传统，同时也拓展了对于来世永福的期盼，因此在遭到罗马当局的暴力镇压之际，多数信徒能够坦然以对，勇敢赴死。

二、超越死亡诸方式

　　古代两河流域的居民把死亡看作是最大的人生悲剧，他们认为死者的灵魂将在阴森愁惨的冥间苦苦挣扎；古代埃及人则刚好相反，在他们看来，来世生活是神赐给善良人的一种特殊报偿，它比现世生活要荣耀得多。古代希腊罗马人在这两个极端之间走了一条中道：他们既不像巴比伦人那样大肆丑化冥间，也不像埃及人那样刻意美化来世，对于他们来说，死亡不过是一个与万物发展变化相适应的自然过程，人们无需为这一过程作过分的渲染。至于人在死后是否有灵魂存留，若真有死后灵魂，它的归宿如何等问题，则见仁见智，各有说法。迟至罗马共和国末期，西塞罗对于是否存在死者灵魂仍毫无把握，他说："如果有灵魂存留下来，它们将会快活；如果灵魂消失了，它们也不见得会悲哀。"这一说法在很大程度上反映了古典世界的居民对待死亡的一般态度。

　　不过，希腊罗马人这种相对积极的人生观，并不表明他们对死亡问题的漠视。早期的希腊诗人在颂扬人间美好的同时，也常常谈及冥间的枯燥乏味和不愉快。在希腊人当中普遍存在着这样一种看法：生与死是通向光明与黑暗的两道关卡，生是走上光明，死则是走进黑暗。这个黑暗王国给予人们的一个最深刻的印象，就是它的不可知性，早期希腊人把它描述成一片朦胧，所谓"哈得斯"（Hades）实际上不过是"混浊不清"的代名词。陌生而又朦胧的冥间，不可能给死者的灵魂提供什么优厚待遇，这正是他们惧死观念据以产生的心理基础。有谁愿意无端地终止五彩缤纷的世俗生活而进入一个难以名状的黑暗世界呢？古代史诗提到，连那些叱咤风云的希腊英雄都对死亡心存畏惧，他们"宁为地上贫苦人，不为地下众鬼王"，这正是对当时人们惧死心理的真实写照。

惧死心理恰恰是造就超越心理的最大动因。在漫长的历史进程中，人们因地制宜地发展出了各式各样超越死亡的方法和手段。例如，古代巴比伦人以享乐主义和纵欲主义去抵消死的忧愁，古代埃及人以虔诚敬神去换取冥间的快乐，古代中国人和古代犹太人则从子孙后代中看到自身生命的延续，中世纪的基督徒则用赎罪和禁欲的方式去获取来世的永生。古典时代的希腊罗马人在这方面的独特之处是，他们不采用任何极端化的人为措施，却偏爱一种健康的宿命论。在他们看来，神明早就先定了每一个人的生死祸福，任何用极端的手段刻意追求长寿并竭力避免死亡的企图，都是违背神意的，因而注定是徒劳无功的。荷马早就断言，命运是无处不在的自然规律，即便是众神之父的宙斯，也无法违抗它。希罗多德叙述的一个故事，有助于理解这一观念。希波战争前夕，吕底亚国王克洛伊索斯受特尔斐神谕的唆使，向波斯发动袭击，结果成了后者的阶下囚，在获得波斯国王居鲁士的宽恕之后，他便派人去责问特尔斐神谕所：为何接受他的献祭却又干这种忘恩负义的事情？神谕所的女祭司回答说：整个过程都是神明事先安排好的，"任何人都不能逃脱他的宿命，甚至一位神也不例外"。与希腊人相比，罗马人的宿命论带上更多的功利主义色彩，作为一个重生不重死的民族，他们总是采用包括迷信在内的各种捷径去提高自身的生存质量。他们认为，每个人的命运都是由主持他出生的星宿决定的，为了尽可能多地获取有关自己命运的信息，并充分利用命运所提供给自己的每一项机会，人们必须诉诸祭祀、占卜和巫术等手段去取悦于有关的星宿和神明。至于身后的事情，普林尼的这句话具有相当的代表性："追求这个世界以外的事物对人类没有任何益处，因为它们超出了人类能力的限度。"

三、理性地死去

宿命思想固然并非古典社会所专有，但就其社会影响来说，希腊罗马人称得上是无以匹敌的宿命主义者。显然,这种宿命主义死亡观与他们那独特的世俗化崇拜形式直接相关。一般的宗教往往把死亡神秘化,这在无形中增强了人们对于死的恐惧感。而希腊罗马人则揭除了死亡的神秘面纱,于是死亡对于他们来说就成了一个相对轻松的话题。希腊人与罗马人对于宗教的态度稍有不同:前者把它当作是美化生活的一种手段,后者则将它看作是政治上的一种权宜之计。不过,由于罗马人是希腊文化的直接继承者,这两个民族不久后就共融于同一个宗教体系之中。这一宗教体系的基本特征是:宗教组织完全受世俗政权的支配,宗教活动绝对服从于世俗事务的需要,祭司没有任何超出公民权利的宗教特权。这种世俗化的宗教摒弃了丧葬仪式的过度庄严肃穆和神圣,大大地淡化了人们对于死的恐惧感。既然古典宗教拒绝把侧重点放在来世,它对于死的渲染就不可能是浓墨重彩;既然死后遭遇被普遍认为与人在生时的所作所为关系不大,现实中的生死祸福便只能够被归咎于一个无法穷尽的命运。

如果说,古代东方的集权政治,是滋生神秘宗教的土壤和引发死亡恐惧的源泉,那么,希腊罗马的城邦共和政治,则是培育英雄主义和世俗精神的温床。古典世界的城邦,实际上是公民集体的扩大化,而公民集体则是个体公民以法律为纽带连结而成的。家庭和村社对于城邦社会来说,已经退居次要的地位,个体公民和以选区或政治派别为单位的公民集体,成为构成城邦的基本单元。由于个人逐渐摆脱了家长制家庭和等级制村社的束缚,他是具有独立法律地位的社会成员,这就意味着公民的组合,亦即公民集体的形成,必须以平等主义为原则。在平等主义的影响下,一种较为开放的统治形式,即合议制政治,便盛行于古典世界的每一个角落。与集权主义所特有的政治排他性相反,合议制政治极力煽起公民的参政热情。雅典人曾以一系列的立法,达到强迫公民履行政治义务的目的。罗马人则将希腊人的这种法律要求,变成一种自觉遵循的传统,在他们看来,参与公共生活是公民的第一要务,通过这种参与去展示自己的才能,获得其他公民的好感,使公众把尽可能多的公共权力委托给自己,从而赢得巨大的荣誉和声望,这就是标准的罗马美德。

开放式政治对于希腊罗马人的人生观和死亡观的影响是不可低估的。由于公民在某种程度上是他自己城邦的统治者,政治权力对于他们来说便失去了神秘性;当统治者不是用宗教的恐吓,而是借助大家一起缔结的法律来进行统治时,人们就有可能从死的恐惧中解脱出来。而且,开放式的政治把公民的注意力引导到了公共生活中去,他们就再也没有太多的闲暇去对生死的问题想入非非了。更为重要的是,开放式的政治,培育了一种积极向上的人生观,造就了一种西方式的冒险精神和英雄主义。作为城邦统治成员之一的个体公民,自然把城邦看作是自身的依托,城邦的盛衰和存亡决定着公民的命运。正是城邦与公民的这种依存关系,最终把古典时代的公民塑造成为“政治动物”;由于这一关系,源于公民个体的个人主义,与源于公民集体的集体主义,便能和谐地共存于同一个社会机体之内。于是,在公民的心目中,自由就变得比生命还重要,而城邦则是自由的保障;为城邦而死,实际上就是为自身的自由而死,那是很值得的事情。

此外,曾经使希腊罗马人心醉神迷的理性哲学,也是影响古典社会死亡观的一个重要因素。尽管希腊罗马人也像其他古代民族一样迷信,可是他们却能够将探求知识的活动,与崇拜神灵的活动分开,让科学和哲学获得世俗的资格。从这个意义上来说,独立于神学的理性哲学,是从希腊罗马人开始的。在千差万别的希腊哲学各流派之中,存在着一个引人注目的共同点,那就是用坦然的态度看待死亡问题。希腊哲学实际上是一种超越死亡的独特方式,它通过探讨自然与人的关系,去揭开死亡这一神秘面纱。毕达哥拉斯虽然主张灵魂不死,但用他所假定的“数的比例”亦即命运,来解释生与死是如何符合自然,并以此教导人们安于天命。苏格拉底认为,善人不怕死,因为他死得其所;恶人怕死,因为他死有余辜。苏格拉底本人在这方面就是一个受人尊敬的楷模,他在被判死罪以后更显得格外愉快和恬静,对此他的门徒色诺芬连声赞叹:“有什么样的死比这样最英勇地死去更加高尚呢?"那些对物质较感兴趣的学者,如赫拉克利特、德谟克里特和伊壁鸠鲁等人,甚至用一种近于冷漠的语气去谈论死亡,在他们看来,死不过是物质形态的改变而已,人们无须花过多精力去考虑它。伊壁鸠鲁宣称,只要人们认识到灵魂必定要随肉体而消失,就不会把死当作是一个了不起的负担。犬儒学派主张"返回自然",怀疑主义者否定事物的确定性,两者的侧重点不同,但落脚点却相似,即都认为善者应摒绝感情,克服死的恐惧。最有特色的死亡哲学是由斯多亚主义者建立的。该学派的成员之一阿纳克萨戈拉,在听到自己的儿子死去的消息时,竟淡定地说道:"我从来就不认为我生了一个不死的人。"该学派的后期著名代表人物塞涅卡认为,如果死者有感觉,他将会幸福,在世的人应当为他高兴;如果死者无感觉,在世的人则没有理由为已经不存在的事物悲伤。尽管哲学家属于公民当中的少数精英,不过由于城邦社会结构的相对简朴,他们便无法成为超尘脱俗的纯学者,他们的思想在一定的程度上,代表着社会的一般愿望和趋势,他们的理论,往往与普通公民的实践相呼应。希腊罗马人在对外战争中所表现出来的那种视死如归的勇气,以及种种以少胜多的奇迹,也与哲学家们在死亡问题上的谆谆教导不无关系。希罗多德曾借梭伦的口叙述了一个故事:在亚各斯的一次赫拉女神祭典上,一对兄弟为了让自己的母亲能及时参加大典,便用自己的身体代替拉牛把她拉到会场,为了表彰他们的孝心,神明赐他俩安然死去。梭伦认为这就是令人羡慕的幸福。与此相似的观念也流行于罗马时代。据罗马作家说,西班牙的凯尔特人用悲悼来纪念人的出生,用欢愉来庆祝人的死亡。可见,古典世界的理性哲学,对于世俗社会的死亡观具有何等深远的影响。

四、从恋生到恋死

城邦体制下的希腊罗马人,在死亡观上奉行一种中庸的自然主义,这不仅意味着他们能够勇敢地直面死亡,而且还表明他们能够积极地对待生活。因此,那种人为地提早结束自己生命的企图和做法,无论是在法律上还是在道义上,都受到猛烈的抨击。毕达哥拉斯应当是第一批反对自杀的学者之一,据说他曾禁止人们"在没有得到他们的主宰即神的命令的情况下擅自离开他们的生命。"柏拉图也认为,人是神的士兵,如果他放弃士兵这一岗位,就是对神的犯罪。塞涅卡号召那些被判死罪的人,要安静地等待执行,而不可先行自杀,因为"因死的恐惧而去死是愚蠢的"。恺撒和奥维德等人都极力主张,虽然人在极度痛苦中容易轻生,但真正的勇气,正体现在对于痛苦的忍耐上。对于广大的普通公民来说,反对自杀的理由,与其说是发自哲学的幽思,不如说是源于宗教信仰。在古代世界曾广泛流行着一个信念:由于自杀者的灵魂无法在冥间得到安宁,它势必极大地惊扰着活着的人们。因此,自杀者不能够享受与正常死亡者同样的葬仪。在雅典,人们砍下自杀者的右手,并将它与躯体分开埋葬,据说这样就能够使死者的灵魂安宁无害。早期的罗马人,则把自杀者的尸体暴露在旷野之中,他们认为阳光和雨水,会净化那因自杀而被玷污了的死者灵魂。后来的罗马人,甚至用火刑柱推碾自杀者的心脏,并把他埋葬于十字路口。此外,城邦的统治者基于经济和政治上的考虑,也对自杀持否定态度。希腊许多城邦的法律规定,除理由特别充分者以外,一般情况下不准自杀。在罗马,有三类人被绝对禁止自杀:重罪嫌疑犯、现役军人和奴隶。这些禁令带有很浓厚的功利色彩,因为自杀者对于政府的税收、军队的战斗力或主人的利益,无疑都是重大的损失。

可是这一切很快就时过境迁。到了罗马共和国末期,随着社会经济条件和阶级结构的改变,城邦体系濒临崩溃,传统的思想和观念受到了空前的改造而变得面目全非,罗马人的死亡观也在劫难逃。理智的思考开始蜕变为沉思默想,自然主义走向了反面,人们在经历过现实生活的痛苦折磨之后,便不由自主地把主要的兴趣转向人生的最后关头。过去一贯喜欢在生与死之间取得平衡的哲学家,如今却教导说：由于死是痛苦的结束，因此它比生更具吸引力。西塞罗在晚年时曾借达奇鲁斯的口，表达了一种向往死亡的强烈愿望："我以为灵魂脱离肉体之后，便更纯粹光明……死最像睡眠；身体睡眠的时候，灵魂才能最清晰地表现它的神质，因为灵魂在自由而无桎梏的时候，便能察知未来的事物。"小普林尼甚至认为，死亡是人类优越于神明的一个重大标志，因为人能够自行结束已感厌倦的生活，而神则不能。塞涅卡也开始以极其欣慰的激情去谈论人所特有的死的自由："如果我可以在折磨而死与简单轻松的死之间做出选择，为何不选择后者呢？……生命只有一个入口，却有许多出口。当我可以从一切烦恼中解放出来并摆脱掉每一种束缚的时候，我何苦硬要忍受疾病的痛苦和人类暴政的残酷呢？"这种死亡观引起了罗马社会的广泛共鸣，共和末年和帝国初年的罗马人，显然把自杀当成一种新时尚。对于一般的罗马人来说，自杀是结束疾病痛苦和老年昏聩的一条捷径。小普林尼曾以钦佩的口吻，谈到他的一位朋友的死：此人因长期患病致使身体多处溃烂，他的妻子说服他用自杀结束痛苦，并宣称陪伴丈夫进坟墓是她的特权，于是她与其丈夫绑在一起投湖自尽。据悉，罗马诗人伊塔里克斯，也是因不堪疾病折磨绝食而死的。罗马哲学家幼发拉狄斯，"因年迈和疾病"而请求自杀，终获皇帝哈德良的批准。被看作"疾病的最后一位医生"的自杀，在共和末年和帝国初年的罗马，必定相当流行。

五、自杀的盛行

罗马史料所揭示的自杀实例，有许多与政治有关。大量政治人物的自寻短见，也许是出自各种不同的动机：有的是因为爱国，有的是由于忠君，有的是为了袒护挚友或朋党，有的则旨在摆脱个人的耻辱。随着共和政治的解体和独裁趋势的出现，罗马政坛成了一个巨大的政治赌场，政客们在这场腥风血雨的政治赌博中，把自己的生命当成了最后的赌注。可是对于多数人来说,这是一场注定要失败的赌博,于是,自杀就成了政治债务的一种支付方式而得到迅速蔓延。公元 69 年,罗马将军维特里乌举兵反对皇帝奥托,后者为了避免一场内战而自杀身亡,他的士兵纷纷以自刎来表达对皇帝的忠诚。图拉真时期,罗马著名将领朗吉努斯在达西亚战争中被俘,敌人企图从罗马勒索一笔款项,以作为释放他的一个条件,可是他却以服毒自尽使罗马皇帝图拉真摆脱了窘境。帝国最初几十年的自杀记录表明,政治控告及诬陷足以将一名体面的罗马人逼上绝境,在受到指控之后,为了逃避惩罚的耻辱,人们宁愿先行亲手结束自己的生命。例如,皇帝提比略统治时期的皮索、科尔杜斯、桑奇娅、玛克里娜、普朗奇娜、阿格里帕及阿尔伦提乌等人,都是在控告被发出之后和裁决被作出之前,选择了自杀这一下策的。此外,统治集团当中的不少杰出人物,在权力斗争失利、政治理想破灭以后,为了结束失败的耻辱和痛苦,也常常选择自杀的方式。小加图在共和国的最后岁月里,仍无法看出传统政治体制的不合时宜,他以为拥有强大军事实力的庞培,可以帮助他实现理想,可是随着庞培的彻底失败和恺撒的最后胜利,这位共和主义者的希望全部化为乌有,于是他只好以死殉节了。据说他最初的自杀并未成功,因为他的朋友及时抢救了他;不过在恢复知觉之后,他便撕裂了创口并最终死去。到了尼禄的时代,这位臭名昭著的暴君常常命令失宠的大臣自杀。例如著名哲学家塞涅卡曾长期受宠于尼禄,后来遭到了唾弃而被赐自杀。执政官佩特洛尼乌因涉嫌一起宫廷阴谋而失宠,他相信自己必死无疑,便决定抢先结束自己的生命,他召集了一班朋友在一起,切开自己的动脉,然后一边品尝晚餐,一边听抒情曲和讽刺诗,最后才像生时那样漫不经心地死去。另一种类型的自杀,是由愤世嫉俗和悲观绝望的情绪所直接造成的。这类人大多具有高尚的人格和倔强的个性,在暴政的重压之下,他们以死来表明自身的超尘脱俗。犬儒学者彼雷格里努曾宣布,自己总有一天会因厌倦生活而去死。在一次营火集会上,他真的跳进了火堆里。有一名叫马尔斯里努的年轻人,"因受一种缠绵不断的阴沉思想的折磨"而萌发了死的念头,他的大多数朋友都劝他继续活下去,唯有一位朋友却极力说服他:人、奴隶和动物都拥有生命,而高尚的死却为人所专有,自杀便是最高尚的死。马尔斯里努高兴地接受了这位朋友的忠告,用绝食来享受死的快感。提比略时期的著名法学家涅尔瓦"在地位稳固和健康状况正常的情况下"突然想死,即使是皇帝的真诚相劝也无济于事。在他固执地死去之后,他的一位密友才透露出了其中缘由:"他在仔细地观察了罗马的灾难之后,深深感到愤慨和恐怖,因此他就决定在还没有受到伤害和攻击的情况下,光荣地自尽。"

这些个人对死亡的理解和实践,可谓数不胜数。那么作为一个整体的人类是否最终也要死,如果要死,那么将会以什么方式死? 对于诸如此类的问题,其实古代的哲学家们早有关注。只是没有一个哲学流派,在阐述人类集体的未来命运时,像基督教的"末世论"那样淋漓尽致。基督教末世论对古代哲学作出了高度概括和总结,它认为,不仅人类要灭绝,整个世界均要毁灭,因为没有任何被造物是不朽的。如果问题只是到此为止,我们就有理由对人类的前景感到悲观绝望。但是且慢,末世论更加精彩的部分还在后头。它继续告知我们,死人将肉体复活,接受审判,"新天新地"将被建立,以接纳那些复活的善良之辈。这等于是说,虽然旧的世界连同居住其上的人类将整个被毁,但一个新的和更高级别的生命以及新的世界将取而代之。这种阐述当中是不是包含着某种如今被称作"物质不灭定律"和"能量守恒定律"的东西呢? 在我看来,这是一种非同凡响的预言,它的价值,就体现在它与科学真理的高度吻合上。

第十二章　秩序与平等

秩序与平等常常互相对立。秩序过于苛严，平等就被弱化；平等过分伸张，秩序就会遭受冲击。例如，"均贫富"是古代中国农民的一种平等思想，如果要付诸实践，就得用暴力手段颠覆不平等的现实秩序。在很多情况下，平等就是一种较劲，或是一种心理平衡。清朝的汉族朝臣认为在皇帝面前自称为"奴才"的权利，竟然为满族大臣所专用，这是极大的不平等。殊不知在先秦时期，"臣"字就含有奴才的意思。因此，汉族朝臣争取奴才称号的平等权利，是没有什么实质意义的，因此对于既定秩序，便不可能造成任何的影响。

一、种姓制度与佛教

古代的社会秩序，给人印象最深的可能是印度的种姓制度。种姓制度是古印度婆罗门教中一种特殊的等级制度。该制度起源于公元前 1500 年左右。雅利安人在进入印度之前，属于原始的游牧氏族社会，氏族内部分为三种人：主持宗教祭祀的僧侣、出征打仗的武士、一般放牧的牧民。在进入印度后，他们转入农业定居生活。随着经济的发展，开始了新的阶级分化，原来由分工造成的三种人，逐步演化成差别明显的三大等级：主管神权的祭司，属第一等级，即婆罗门种姓；驰骋战场的君王和武士，属第二等级，即刹帝利种姓；从事农业、手工业和商业的一般平民，属第三种姓，即吠舍种姓。而被征服的土著居民则沦为奴隶，属第四种姓，即首陀罗种姓。前三个种姓除了父母赋予的生理生命即第一生命之外,还可以通过宗教修行获得精神生命即第二生命,故被称作"再生种姓";首陀罗因被禁止参与宗教修行和宗教活动,他们只有第一生命,没有第二生命,故被称作"一生种姓"。种姓制度是一种高度固化的等级制度,它具有血缘传承、职业世袭及内婚制等鲜明特征,而其最大的特征则是种姓间的极端不平等。婆罗门经典为这种不平等披上了神圣的外衣。这些经典宣称,婆罗门是从原人的口中生出的,刹帝利是从原人的臂中生出的,吠舍是从原人的腿中生出的,首陀罗则是从原人的脚中生出的。因此,种姓间的不平等是天经地义的。《摩奴法典》规定,婆罗门辱骂刹帝利,罚 50 个银币;辱骂吠舍,罚 25 个银币;辱骂首陀罗,只罚 12 个银币。相反,首陀罗辱骂三个"再生种姓",则要被隔断舌头。低级种姓的人如胆敢与高级种姓的人坐在一起,其臀部将被打上烙印,然后被驱逐。各种姓间原则上是不能通婚的,人们只能在自己的种姓内部寻找通婚对象。不过《摩奴法典》允许"顺婚",即较高种姓的男子娶较低种姓的女子。例如首陀罗的妇女嫁给婆罗门男人所生下的女儿,又与婆罗门男子结婚,所生的女儿又与婆罗门男子结婚,依此类推下去,直至第七代的后代,就可以跃升至婆罗门种姓。与此相反,较低种姓的男子娶较高种姓的女子,叫做"逆婚",是绝对不行的,他们连同他们的后代,与罪犯一起,被完全开除出种姓,沦为贱民。贱民也被称作不可接触者,是最低贱和肮脏的人群。

种姓制度还有一个特点,就是极度蔑视妇女。婆罗门教的家庭祭仪一共有十二项,其中的一项叫成男祭,就是在妇女受孕后,求生男丁的祭仪。不知古印度人有没有想过,没有妇女如何生出男丁呢?在《摩奴法典》中,一般妇女的身份等同于首陀罗,来月经或刚刚生完孩子的妇女等同于贱民。因此,一般家庭都怕生女孩。

为什么在现实生活中,存在着如此严格的种姓及男女差别呢?古代印度人将其归之于"业报轮回"。根据婆罗门教的思想,每一个人的灵魂,在死后均可以转生到另一个躯壳里,这就是灵魂转世。一个人重新转世的形态,主要取决于他本人在现世的行为——业,即依照人的行为（"造业"）决定此人将来会怎么样，行善的成善，行恶的成恶。如果崇信神明，殷勤献祭，并奉行婆罗门经典的规定，死后可以投入"天道"，亦即处于神的地位；一般虔诚的人则可投入"祖道"，亦即处于人的地位，依虔诚程度分别转生为婆罗门、刹帝利和吠舍等；而不信奉神明，违逆种姓义务的人，则沉沦于"兽道"，即被投入地狱，来世变为贱民和动植物等。反过来说，一个人今世的境遇，是其前世"造业"的结果，今世多福分，是因为前世多行善；今世多苦难，是因为前世多作恶。

婆罗门教还为断灭种姓轮回提供了一套解脱方法，该方法主要是从事艰苦卓绝的修行，包括献祭、禁欲苦行、施舍、正确的行为、不杀生、不说谎、具有同情心，等等。而最后的目的，就是为了达到神与个人灵魂的融合为一，其宗教术语叫做"梵（神）我（灵魂）同一"。

婆罗门祭司所设置的这一套以种姓制度为基础的社会和宗教秩序，到了公元前 6 世纪时，开始受到沙门思潮的挑战。沙门思潮是婆罗门种姓以外的其他各种姓反对婆罗门特权的运动。人们以出家修行对抗婆罗门教的祭祀仪式，这些出家人被统称为沙门，佛教便是这些沙门思潮中最有影响力的一个派别之一。为了反对婆罗门教的等级秩序，沙门运动打出了"众生平等"的旗号，并且力图淡化种姓间或男女间的对立和区隔。例如佛教的创始人释迦牟尼在传道时，就允许低级种姓甚至贱民、罪犯和妇女听道，据说他还接受过妓女的布施。对于佛教来说，平等有两种含义：首先是通过悟道最终所获得的智慧是无差别的，故而是平等的，即所谓"智平等"；其次是对于众生，也应等同视之，不应有高低和亲疏的区别，在值得怜悯和具有佛性上，大家平等，即所谓"众生平等"。

可是，种姓制度是与轮回转世思想关联一起的，轮回转世为种姓制度的合理性提供了思想支撑，在承认轮回转世的情况下所提出的"平等"，只能是一种虚拟的平等，它无法在现实中兑现。何况，释迦牟尼本人虽然不属于婆罗门，但属于刹帝利，也算是高级种姓，他的个人行为，最终也不得不服从于其所属的阶级利益。因此，佛教即便在最初兴起时,其平等思想也是苍白无力的。

公元 1 世纪前后,随着佛教向中国汉人地区的传播,这颗根植于印度种姓制度的苗,就被嫁接到了具有官僚集体主义和家长制特色的中国土壤上。根据荷兰汉学家徐理和的研究,佛教在中国的传播,具有一个从"宫廷佛教"和"士大夫佛教"到"民间佛教"的转化过程,亦即佛教是以自上而下的路径传播的。最初进入中国的是主张"渐悟"的小乘佛教,属于阳春白雪;接着进入中国的则是主张"顿悟"的大乘佛教,属于下里巴人。渐悟与顿悟或小乘与大乘之争,在一定程度上反映了秩序与平等之间的某种对立。随着佛教的彻底汉化,尤其是禅宗的兴起,"放下屠刀,立地成佛"成为时髦口号,如今罪大恶极的坏蛋,只要一夜间忽然明白事理,改过自新,就能与苦修一辈子而得道的人一样,同登极乐世界。佛教的平民化趋势日益显明,平等思想是有了,可是应有的规矩和秩序,却逐渐被淡化了。

二、希腊式的平等

古代世界中,最讲平等的民族是希腊人,这并不是说,希腊人不讲秩序。那么希腊世界的秩序,最根本的原则是什么? 是集体主义与个人主义的平衡下,对他人的帮助及对城邦集体福祉的关心。在希腊人看来,适度的个人主义是城邦创造精神和政治活力的来源,而适度的集体主义则是维持城邦体系相对稳定的支柱;任何过分的个人主义,都会导致党争的暴力化和公民社会的动荡,甚至促使城邦体系的灭亡,而任何过分的集体主义,都将磨灭城邦社会的活力,并导致经济与文化创造活动的停滞。

根据集体主义与个人主义相协调的原则,个人只有在履行了一系列法定的城邦义务之后,才能行使相应的公民权利。在体现城邦集体主义的所有义务中,帮助他人和关心集体利益,是城邦公民最基本的义务。亚里士多德在评论库麦宪政时,曾提到该宪政中的一条规定,即一家失窃,其邻居必须负责赔偿。这当然并不是因为邻居当中有一个可能是作案者,而是他们对于自己邻居的财产完整负有集体责任,他们必须一道防止失窃。这样的规定在极端个性化的现代人看来,显得不可思议,但它在古代希腊人那里却是一条通则。到了公元前5世纪,帮助他人和关心城邦集体的义务,变得更具强制性和普遍性。雅典法律规定,任何不对他人提供帮助的人,都将被驱逐出境。忒拜的法律也规定,任何不给予雅典流放者提供保护的人都须判罪。很多城邦的法律都规定,无论富人还是穷人,都要参与城邦事务。这些互相提供帮助和强制参政的法律,一方面源于希腊公民团体的脆弱性,和国家制度的不够健全,另一方面则源于希腊人家庭亲族关心的松懈。希腊人的公民团体呈分散状态各自独立存在,在整个社会缺乏一种主从庇护关系、整个国家没有专业军事力量和真正警察的条件下,公民团体只能依靠公民自身紧密结合,互相依赖,才能在种种社会的和自然的压力底下残存下来。此外,由于流动性和分散性是希腊世界的基本特征,家庭关系早就被地域关系所取代,这使得个人对于公民集体产生了更为严重的依赖。早在荷马时代,邻人间互相援助的作用就受到了重视,对此,希腊早期诗人赫西俄德有过形象的评述:"假如你碰到什么麻烦,邻居就会跑来相助,而亲属只会逃之夭夭。"此话有些类似于"远亲不如近邻"这一中国民谚。

　　希腊人的平等精神,正是在这种集体主义与个人主义相融合的土壤上孕育出来的。希腊公民并不像东方臣民那样,被一种按家长制模式塑造起来的等级纽带所连结。在古典时期的希腊,占主导地位的社会关系原则是平等。一些学者认为,公元前5世纪上半叶的希腊人,经济状况彼此接近,即使从该世纪中叶起,公民集体内部开始有所分化,但差距也不是特别严重。希腊人的家庭也与东方家庭截然不同。尽管亚里士多德曾经把父子关系不恰当地比拟为君臣关系,但他所说的君臣,不是东方式的君臣,而是希腊早期王政时代的君臣,那时的君臣之间差别不大。何况他同时也认为,希腊家庭的成员应当像共和国的公民那样,轮番担任家庭的统治者。实际上,东方式的家长权威在古代希腊一直没能建立起来。梭伦在他的著名立法中规定：一个雅典人只有教会儿子一门能独立谋生的手艺，才能在衰老之际享有儿子抚养的权利。由此可见，权利与义务在希腊人那里，是以一种等价交换的平等原则确定下来的，即使是在处理家庭关系的时候也绝不例外。根据希腊人的传统，立遗嘱者，必须把财产平均分配给他所有健在的儿子，对于任何儿子的有意偏袒，都被看作是违法行为。在政治领域，希腊人与罗马人一样追求自由，但希腊人更重视公民的集体自由，罗马人更珍惜个人自由。集体自由的维持需要以平等来保障，因此，假如在个人自由与平等之间发生了冲突，那么希腊人会牺牲部分个人自由，以换取平等和集体的安全。例如，古典时期的雅典人，常常向贵族征税，强迫富人捐资，实行有薪任职，给穷人发放各种政治性津贴，等等，其目的就是为了保证公民平等参政的权利和义务。

在古典时期的希腊公民当中的确存在着普遍的平等，但我们不能对其进行过度的美化。因为这种平等是建立在对奴隶的奴役和对妇女的歧视的基础上的。总体来说，公民集体内部越是平等，对奴隶的压榨就越是残酷，妇女的地位也越低下。这是一个十分奇特的现象。

三、基督徒对犹太秩序的突破

古代犹太人更关注的是秩序，而不是平等。犹太人认为自己是上帝的"选民"，其他一切外邦人均是上帝的"弃民"，因此犹太人比外邦人高出一等。当然，各种外邦人依据与犹太人的亲疏关系，也分为不同的等级。例如经常到犹太会堂听道的外邦人，属于"上帝的敬畏者"，与犹太人最亲近；罗马人是犹太人的宗主，一些犹太人以获取罗马公民权为荣；希腊人则以其语言感染了犹太人，许多的犹太人都会讲希腊语；与犹太人结怨最深的是巴比伦人和叙利亚人，那是因为这两个民族在历史上经常用武力侵扰犹太人。犹太人社会内部采取带有神权色彩的贵族寡头政治，所以"上帝的选民"之间，谈不上有什么真正意义上平等。犹太人的家庭关系，以浓厚的家长制和严格的夫权制控制为特征，父亲有权将自己的孩子变卖为奴，丈夫则将妻子视同牲畜和财产，家庭内部成员之间极不平等。

不过，随着外来因素的不断渗入，犹太社会中传统的宗教集体主义和家长制原则，开始面临严重的危机，联结各个个体的社会纽带逐渐松懈，个人主义悄然抬头。这种变化在某些圣经经文中得到了体现。如《申命记》的后期作者就明确指出："父母不应为子女所犯之罪而被处死，子女也不应为父母所犯之罪而被处死。"圣经借先知以西结之口宣布：古老的谚语"父母吃了酸葡萄，儿女尝到了酸滋味"已经过时，犯罪者本人必死；儿子作恶，必罚儿子，与父亲无关；父亲作恶，必罚父亲，与儿子无关。这种"个人自负其责"的新理念，是对传统家庭连带责任制的颠覆，它本身虽然谈不上平等，但却是对于平等的一种追求，亦即是达于平等的必经之路。

到了耶稣的时代，犹太人对于平等的追求，有了某些新的突破。在某种程度上，耶稣对于既定秩序的改革有些束手束脚。例如他宣称律法的一点一划也不能改，他是来成全律法的，而不是来废弃律法的。但是，福音书中的耶稣还是充满改革精神的。耶稣似乎较少男权色彩，他将福音平等地传授给男女听众。有一次他竟公开宣称，他的听众就是他的母亲和兄弟，这表明他是以平等身份对待自己的听众的。耶稣的秩序观具有反现实的特征。他的门徒问他：在天国里谁为大？耶稣回答说：在现世中低微和谦卑得像小孩一样的人，在天国里为大。他还说：在现世中在前的，在天国中要靠后；在现世中在后的，在天国中要靠前。他还警告他的门徒：你们当中谁想要为大，就必做仆人；谁想要为首，就必做佣役。我想耶稣这里所要强调的是，做人首先要谦卑，甚至要像奴仆服侍主人一样为信徒服务，后来的教会人员称自己是上帝的仆人，正源自于此。这种颠倒现行社会秩序的思想，自然与耶稣本人对祭司贵族的特权不满有关，从而也就招致了祭司当局的嫉恨。

耶稣在派遣十二门徒外出传道时,虽然嘱咐他们不要走外邦人的路,不要进撒玛利亚人的城,可是他自己却很乐意为犹太人的世仇叙利亚人施行神迹和治病。耶稣还断言,推罗和西顿这两个外邦人的城市,悔罪获救的机会一点也不比犹太人的城市少。据福音书的记载,复活后的耶稣,更是一反常态地号召自己的门徒"去使天下所有的人民都成为我的门徒,以父、子和圣灵的名义为他们施洗,并教导他们服从我所命令你们的一切"。也就是说,在接受耶稣真理的问题上,犹太人与外邦人之间的藩篱被拆毁了,"选民"与"弃民"之间的界线被淡化了。据《使徒行传》的记载,自从耶路撒冷教会七大领袖之一斯提芬遇害之后,耶稣的门徒们便分散各地传道,其中腓力北上撒玛利亚城,皈依了那里的许多居民。不久以后,彼得与约翰也来到了该城。自从公元前 722 年撒玛利亚城被亚述人攻占之后,那里的居民基本已经异教化,正统的犹太人历来把它看作是外邦人之城,因此,腓力等人在此城的经营,说得上是早期基督教布道政策的一个突破。腓力还在耶路撒冷至加沙的大道上,皈依了一名埃塞比亚王室的太监。不过,真正使外邦人成为福音主要宣讲对象的是保罗,他的三次传道旅行,使地中海东部各主要城市都产生了教会组织,因此保罗自诩为"外邦人的导师"。如果没有保罗的贡献,基督教的崛起是不可想象的。

那么保罗又如何看待秩序与平等的关系呢? 保罗比耶稣向前走了一大步,这主要表现在他对犹太律法的态度上。他坚决主张,以割礼为象征的律法必须废弃,否则就别想使人口众多的外邦人皈依。在保罗的坚持下,割礼的确被废掉了,人们只要愿意,就可以经由洗礼而成为基督徒,基督教因而便发展起来了。改变旧的秩序,是为了确立一个新秩序,那么保罗为早期基督教所确立的新秩序,其本质是什么呢? 我认为就是由信徒推举的长老们共同管理的教会体制,它具有一定的民主要素,因而也就带有某种平等的色彩,"上帝下的平等"在一定程度上得以实现。不过,在这个教会"共和国"里,妇女虽然被给予与男人一起祈祷、做圣事和听道的机会和权利，但她们的地位仍相对较低。保罗在妇女问题上比耶稣还要保守，他认为男人是妇女的头，妇女要服从男人的管辖，她们不能抛头露面或讲道，上教堂要包头蒙脸。这与当时世俗社会的妇女地位，是相适应的。

四、追求新的平等和秩序

随着主教制度的产生和确立，教会由信徒共同管理的平等思想，日益由教会等级制所取代，主教成为教会里的统治者，其手下由高到低分别是司祭、助祭、副助祭、襄礼员、驱魔员、诵经员、司门员。主教又分为宗主教、都主教、大主教和一般主教。主教制度的出现，是与封建等级体系的崛起相适应的。有什么样的社会政治秩序，就有什么样的宗教秩序。如今，教会官员们自称为管理羊群的"牧人"，表面看来很谦虚，其实是蓄意与普通信徒拉开距离。既然普通信徒是羊，那羊怎么可能与牧羊人地位同等呢？2—3世纪间的神学家奥利金尚且认为所有信徒最终都将得救，与上帝重归于好；而到了5世纪时，另一神学家奥古斯丁则提出了著名的"预定论"，宣布上帝早已预定了少数人得救升天，多数人将遭遗弃而下地狱，这又回到了犹太人"选民"与"弃民"的老路上了。

与此同时，反教会等级秩序的斗争，也以争取平等权利的形式频频出现。最早出现的反教会体制的斗争，是来自民间的修道运动。该运动的倡导者是埃及人安东尼，此人变卖家产捐助穷人，然后前往荒漠隐修。他的行为引起普遍的仿效，结果一发不可收拾，严重冲击了既有的政治和宗教秩序。教会当局为了把修道运动纳入教会体制，便为那些在荒野独自修行的人员修建房舍，将他们集中一起，并为他们制订了一些基本规则，其中最主要的规则有三条：恪守安贫乐道，不拥有私产；恪守贞洁，过独身生活；服从上级的命令，不得自行其是。于是，这些房舍就成了最早的修道院，这些出家人就成了最早的修士。在修道运动的影响下，教会体制内部也发生了悄然的变化：教职人员逐渐实现了独身制。教会独身制的实施，有效地防止了教会财产蜕变为家族世袭财产，同时对于抑制人口的过分膨胀也有一定的积极意义。修道运动最初是普通信徒反对教会特权和争取信仰自由和平等的运动，后来却被教会"收编"进入体制之内。这就难免令许多信徒感到失望，为了显示与其相对抗的决心，不少修士走出修道院，成为独来独往的巡游修士，这些人的大量出现危及了原有的修道体制，由于他们住处不定，极难管理，常让教会当局头疼不已。

反教会体制和争取平等的行为，还表现在宗教仪式上。例如依天主教的规定，在举行圣餐礼时，只有神职人员才能够喝祝祷过的酒，普通信徒只能吃祝祷过的饼，不能喝酒。这一规定引起了普遍的不满，于是，不少非正统教会自行其是，在做圣事时，坚持凡信徒都能既吃饼，又喝酒。对于广大的信徒来说，中世纪几乎是一个文盲的社会，能够阅读圣经的只是极少数的教职人员，于是，一个人若能舞文弄墨，就足以对既定体制产生影响。但这并不意味着普通信徒任何时候都是可以用来随意把弄的玩偶，实际上，常规性的教会活动在提高民众素养方面所发挥的积极作用，是不容低估的。目不识丁的信徒通过听道和观看圣画等环节，逐渐迈入了信仰的门槛，他们的个人觉悟也在不断提升，平等意识也在增强。例如，他们通过聆听圣经的故事，了解到最初的人类是没有互相压迫这回事的。从 5 世纪起，在皇室女眷与民间的双重推动下，圣母马利亚崇拜兴起，这一运动对于被压抑已久的妇女的宗教热情提供了一条释放的通道，它实际上是妇女争取某种平等权利的宗教表达。14 世纪中后期，在法国和英国先后爆发反对贵族特权的农民起义，当时在起义的农民当中普遍流行一句话："在亚当种田和夏娃织布的时候，谁是贵族？"饱受压迫的民众，显然迫切渴求回到没有贵族的纯朴社会中去。虽然这种用暴力手段争取平等权利的企图，注定是无法实现的，可是它有助于压迫的缓解和农奴制的最终废除。

到了中世纪晚期，由于城市商品经济的迅猛发展及贫富分化的加剧,天主教会日趋腐败,早期教会安贫乐道的原则被完全抛弃,罗马教皇和主教们拼命敛财,其中一个最普遍的敛财方式就是出售赎罪券。赎罪券本质上是进入天堂的门票,既然进天堂的权利都可以用金钱来购买,那就是实现了"金钱面前人人平等"了。16 世纪的新教改革,最初就是因不满天主教的腐败而触发的。尽管卡尔文恢复了奥古斯丁"预定论"的思想精髓,重新定义"选民"和"弃民"的概念,从而确立起一套属于新教的宗教秩序,但是由于活字印刷术的发明和文艺复兴的助力,圣经迅速普及,普通信徒一旦掌握了圣经,实际上就等于将自己的宗教命运抓在自己的手里,如今他们可以根据自己的理解去对圣经作出解释,这虽然造成新教中宗派林立的现象,但这对于平等思想的弘扬,是有益无害的。只有在这个基础上,才有了近代"普救论"的出台,即摒弃奥古斯丁和卡尔文的"预定论",重新回到奥利金一切信徒都能得救的思想。与此同时,借助民权运动和女权运动,异族和妇女获得了选举权,从而至少在表面上实现了"上帝下的平等"。

第十三章　和平与暴力

绝大多数的宗教，最初均具有和平的性质。不过随着社会环境的变化，它们不是自身遭受世俗暴力的持续胁迫，就是协助世俗的暴力去压迫不同的宗教或教派。宗教与政治的暧昧关系，是造就宗教暴力频频发生的主要根源。让我们以佛教和基督教为例，了解历史上的宗教是如何从和平走向暴力的。

一、北魏太武帝灭佛

佛教最初产生于公元前6—前5世纪的古印度北部，时当我国的春秋末期。它是当时印度社会广泛兴起的、以反对种姓等级制度为特征的沙门运动中的一个派别。"沙门"的字面意思为"息止"，从其社会的意义上去理解，就是为了表示对统治种姓婆罗门及其特权的反抗，主张出家修行。这实际上是一种非暴力抗议运动。由此可见，佛教一开始就具有了和平抗争的属性。佛教创始人释迦牟尼，据说曾是一位王子，他通过自己的艰苦修道，最后终于悟出了他所要的真理，佛教的"佛"，就是"觉悟"的意思。由释迦牟尼的创教，也可以看出佛教那种和平与温顺的特征。尽管后来阿育王皈依了佛教，但这并没有改变佛教的和平本性，因为是佛教改造了这位君王，使他放下屠刀，而不是反过来。

具有和平秉性的佛教在进入中国以后，便与"和为贵"的儒学传统一拍即合，两种文化尽管有时也会磕磕碰碰，但总体上相处甚欢。

例如在出家人见到君王时，是否要行跪拜礼，两者虽有长期的争论，但都是君子动口不动手，只是打打嘴仗而已。佛教让世俗君王们大为放心的是，它是一种遁世的宗教，在通常情况下不介入世俗政治，这就免去了因有政治野心而遭嫌的麻烦。

尽管佛教在中国的发展过程中，以不断地向中国的主流思想即儒学让步来换取生存空间，从而使自身逐渐汉化，可是它的一些重要的习俗观念还是与儒家思想直接相抵触。例如它的出家修行主张，就与儒家的孝文化格格不入。佛教僧尼一旦剃度出家，就背祖宗弃姓名，改用教内名号，不仅与家庭断绝关系，而且独身不育，这怎么能够得到素以忠孝为要义的传统人士的理解呢？按惯例和尚不用当兵，这常常成为一些青年人逃避兵役的借口；而且，太多的人出家独身，整个国家的生育率严重偏低，这势必影响到兵源供应，不利于军队和国防建设。此外，寺庙土地享有免税特权，过多寺庙的出现，也影响了国家的税入；大量的贵金属被用于铸造佛像，使铸币厂原料匮乏，金融秩序必因遭到冲击而出现混乱。基于这样一些复杂的矛盾，除了像梁武帝那样少数对佛教彻底服膺的统治者之外，多数帝王对于佛教势力的扩张，是怀有戒心的。虽然在通常情况下，佛教与世俗统治者会和平相处，可是在特定的时期里，因为矛盾的激化，帝王可能就会对佛教采取高压政策，于是历史上就有了"三武一宗"共四次灭佛事件。

首先发生的是北魏太武帝禁佛事件。太武帝是一位有作为的皇帝，在位期间，用武力统一了长江以北各地。他最初崇尚佛教，后来因受道士寇谦之等人的影响，弃佛崇道，并且亲自接受符箓，成为一名道教信仰者，并宣称佛教是西方野蛮民族的荒诞崇拜，会对世人构成祸害。446年，他下诏令禁止上至王公、下至平民百姓私自收养沙门，并处死僧侣首领玄高和慧崇等人。448年，太武帝西征到达长安，发现佛寺内藏有兵器，又查出了数量庞大的酿酒器具和当地豪富所寄藏的财物，还有一些专供淫乱的密室。掌管户籍和土地的丞相崔浩，上书请求诛杀天下沙门，拆毁各寺院的佛像，烧毁佛经。太武帝遂下诏诛杀长安的沙门，并命留守平城的太子晃具体执行毁佛令。毁佛令包括三方面内容：毁佛像、烧佛经、坑僧尼。没料到太子晃本人就是一个虔诚的佛教居士，他故意拖延诏书的颁布，暗地里将消息通告各处，使得僧尼们有机会提前逃匿，金银佛像和经书大多被秘密收藏，只有少量僧尼被杀，不过大多寺庙建筑被毁。451年，太武帝驾崩，太子晃继位为文成帝，遂下诏恢复佛教崇拜。

二、北周武帝、唐武宗及周世宗禁佛

其次发生的是北周武帝禁佛。与北魏太武帝一样，北周武帝即位之初也崇尚佛教，不过他更重视的是儒学。567年，出家人数量骤增，各门派之间纷争不已，一些僧侣惹是生非，国库收入也因僧人的增加而减少。原为僧人后来还俗的卫元嵩遂上奏朝廷，要求削减寺院，淘汰僧尼。此议正合武帝心意。武帝为了抑制佛道二教，先是大造舆论，在566—578年间，他七次召集百官、僧侣及道士等，对儒、释、道三教谁先谁后的问题进行辩论，在辩论会上，三教人士互相攻击。568年，武帝召集三教人士，亲自讲授《礼记》，表明了以儒术治天下的决心。574年，武帝召集僧侣和道士的大会，会上对佛道二教进行抨击，并下诏禁止佛道二教，尽毁塑像和经书，令僧尼和道士还俗，寺观中的财宝被没收后分赐给大臣，寺观塔庙也被赐给王公贵族。与此同时，儒学典礼书上没有记载的所有其他崇拜，都被斥为"淫祀"而遭到禁绝。577年，武帝灭北齐，在北齐境内继续推行禁佛令，著名僧侣慧远曾因此事与武帝有过一场没有结果的论争。佛教遭禁后，北方的寺院和佛像几近灭绝，僧尼大多逃奔江南。武帝驾崩后，宣帝和静帝先后继位，佛教重新兴起。

再次发生的是唐武宗禁佛。此次禁佛事件因发生在武宗会昌年间，故也称"会昌法难"。此次毁佛，主要是因为佛寺所属的庄园剧增，国家赋税相应锐减，僧尼腐败盛行，加上武宗一贯喜欢道教。840年秋季，他召集道士赵归真等81人进入宫内，设道场亲受符箓，成为道教信徒。842 年(会昌二年),在宰相李德裕等反佛官员的支持下,武宗下诏淘汰一部分修行不精的僧尼,令其还俗。次年,武宗下令清理核实京城长安的僧尼名录,不在名录中的僧尼被强行还俗。844年,武宗下诏禁止供养佛牙,焚毁长生殿内的佛经和佛像,改换为天尊老君的塑像。845 年,武帝再次下诏毁天下佛寺,勒令一般僧尼还俗,只准保留德行高超的僧人在一些著名的寺院中依规修行,并对其加强严格管理。诏令执行之后,全国共拆毁较大寺院 4 600 余所,还俗僧尼 26 万余人,拆毁较小佛寺 4 万余所,收回寺田数千万顷,寺院中奴婢被改为两税户的达 15 万人。武宗死后,宣宗虽复兴佛教,但佛教元气大伤,已日趋衰败。

最后发生的是后周世宗禁佛。世宗在位期间,北方处于五代兵乱之中,朝廷对僧尼的管理趋于松弛,导致僧寺泛滥,直接影响国家的赋税和兵役。955 年,世宗下诏整饬寺院,沙汰僧尼。他规定,没有获赐匾额的寺院一概废止,家中老人没人抚养的儿女不许出家;还规定了出家年龄的下限,即男不得小于 15 岁,女不得小于 13 岁;出家人一律要经过资格考试,通过后获得出家度牒才能正式剃度出家。考试的内容主要是佛经。这种用考试方式遴选出家人的做法,后来在宋明时期一直被沿用。世宗还下令禁止烧身、燃指等残害肢体和有害健康的行为。除了存留的寺院外,民间的青铜佛像全部被没收,用来铸造钱币。此次禁佛共废寺院 3 336 所,存留的有 2 694 所,僧尼还俗者 61 200人。从此以后,北方佛教日趋衰落,而南方的佛教却仍继续发展。

三、武僧的出现

在统治当局利用手中权力挤压佛教生存空间的暴力活动中,我们不难发现一个有趣的现象,即多数君王爱道不爱佛。在三武一宗共四次灭佛事件中,只有一次殃及道教。在北周武帝灭佛中,道教虽然受到了牵连,但也不算是被迫害的主角。为什么比起佛教来,统治者对道教会更加宽容呢？我认为基本的原因有四个：第一，道教是土生土长的宗教，与统治者所崇信的儒学，在文化上同源，血缘相近，存在着一种天生的亲近感；第二，道教不讲轮回转世，而讲长生不死和延年益寿，并利用炼丹和服食等手段，迎合统治者对长寿的追求；第三，道士可以结婚生子，因此不影响国家兵员供应，不会危及统治基础；第四，道教塑像的原料，多为木头、泥土或石料，极少使用贵金属，故不致于冲击社会的金融秩序。

佛教入华不久，中国就陷入了政治动荡。兵连祸结，加上统治当局不时的暴力镇压，使得秉性温顺的佛教境况相当尴尬。俗话说得好：兔子被逼急了也会咬人。一些僧人为了自保，不得不在念佛修道之余，也勤练功夫，尽力获取防身本领，于是在学问僧之外，也出现了不少武僧，著名的少林武功大概就是在这一背景下产生的。这些武僧所要应对的最大敌人是乱世中极其猖獗的土匪和盗贼，在这种情况下，他们在朝廷势力无法触及的地方，起到了安良除暴的功能，因而为普通民众所敬仰，他们的英雄事迹常常被写进武侠小说中。不过他们有时为了争夺地盘，也会自相火拼。总之，他们成为中国古代的江湖中，不可或缺的势力。在大多数情况下，无论是寺院里还是江湖中的武僧，都不构成对统治秩序的威胁。不过，从元朝开始，渊源于佛教净土宗的民间白莲教，则的确危及统治集团的利益。它自身虽然教派林立，名目繁多，各派之间互不统属，但它常常被一些教派头目利用来发动农民暴动，如著名的元末刘福通和徐寿辉等领导的红巾起义，明末徐鸿儒发动的起义，以及清朝嘉庆年间川、鄂、陕大起义等，都是在白莲教的名义下组织发动的。这可以看作是中国古代民间利用佛教作为手段进行暴力反抗的一个特例。

四、早期基督教的和平主义

最初的基督教运动，与古印度的沙门运动一样，也是一种和平的抗议运动。我们可以设想，假如基督教的崛起不是采取和平的方式，而是使用暴力手段来争取建立理想中的大同社会，它就有可能像犹太教中的奋锐党人的暴动，最终被强势的统治者消灭殆尽。基督教的成功，主要依靠两样法宝：一是公开声称自己是和平主义者，二是公开声明教会活动与世俗权力的争夺无关，于是，它便巧妙地躲开了政治密谋和反对世俗当局之嫌。

在基督教的宗教机体内，存在着一种固有的和平主义基因。在福音书中，耶稣教导他的追随者：不要与恶人作对；有人打你的右脸，连左脸也转过来给他打；有人拿走你的内衣，连外衣也给他拿走；有人强迫你走一里路，你就给他走二里路。他还教导说：太阳光不仅照好人，而且照坏人；雨水浇灌正直人，也浇灌不正直的人；人们不仅要爱自己的亲人、邻人和朋友，也要爱自己的敌人。这种思想，我们通常将其概括为"以德报怨"。这与好斗人士的"以怨报怨"，与忘恩负义和落井下石的小人的"以怨报德"，及与中国儒教的"以直报怨"等等，都有着根本性的差异。它表明基督教具有不计小人过的显著特征。如果人人都没有了仇恨和怨隙，又何来冲突与战争？由此可见基督教境界之高。

据福音书记载，有一帮犹太保守人士企图构陷耶稣，便派人去问耶稣：该不该向皇帝纳税？耶稣让此人拿一个硬币出来，问他硬币上的头像是谁，此人回答说是皇帝。于是耶稣便说：是皇帝的就应当归皇帝，是上帝的就应当归上帝。此话一语双关：一方面，耶稣肯定向皇帝纳税是臣民的本分和义务；另一方面，耶稣还试图借此表明，信徒不仅是皇帝的臣民，而且是上帝的选民，作为选民，信徒最终还得服从上帝。这是有关政教二元并立的最初宣示，它不仅公开主张宗教对政治权威的礼让和不干预，从而从另一个重大的侧面重申了基督教的和平主义，而且同时还暗示，宗教事务具有其自身的独立性，因此就为以后复杂的政教关系埋下了伏笔。

耶稣不仅无意用暴力对抗罗马帝国的统治，而且也不想用暴力挑衅犹太上层的权威。不错，他有时会违反犹太律法的规定，不过他显然并非有意要废止整个律法。他公开申明：别想我来废掉律法和先知，我来不是要废掉，而是要成全；我实在告诉你们，就是天地都废弃了，律法的一点一画也不能废弃。也就是说，他的目的是对律法进行继承和发扬光大，而不是要废弃它。在犹太大祭司派手下人前来捉拿耶稣之时，耶稣的一名门徒伸手拔出刀来，砍下了一名抓捕者的一个耳朵，耶稣马上上前阻止，并命这位门徒说：把刀插回刀鞘吧！凡舞刀弄剑的，必死于刀剑。由此再次证明耶稣不希望用暴力对待犹太上层。

耶稣的非暴力精神，在此后基督徒的宗教实践中得到了体现。在受罗马帝国当局迫害的日子里，基督徒从来不以武力进行反抗，而是束手就擒，以温顺和平静的姿态赴死，有些更有激情的信徒甚至主动投案自首，公开申明自己是一名忠贞的基督徒，对自己的信仰感到自豪。公元1世纪末，皇帝图密善企图通过剿灭耶稣兄弟的后裔的方式，来达到斩草除根的目的，但最后却发现这些被指控者是无辜的。根据教会史家优西比乌的记载，图密善命人将耶稣兄弟的后裔们召集到自己面前，亲自对他们进行审讯。他先是问他们靠什么为生，他们回答说靠耕田为生，并伸出手上的老茧，证明他们是劳动者；然后皇帝问他们是否想建立一个王国，他们说是，但这个王国不是在地上，而是在天上；不是现实的，而是来世的。皇帝听了以后就放心了，认为他们并不会危害到自己的统治，于是便下令将他们放走了。

2世纪中叶，著名基督教辩护士查士丁上书当朝皇帝马可·安东尼父子，极力为基督教辩护。他说，基督教绝不觊觎世俗的国度，基督教学说与哲学家的学说具有一样的性质，基督徒与哲学家一样并不谋求世俗的权力。同一世纪末期，著名拉丁神学家德尔图良在写给非洲的罗马总督的辩护文中，力陈基督教对罗马帝国有好处，他说，我们基督徒为帝国的繁荣和皇帝的健康祈祷，而帝国当局和皇帝则保证基督徒的安全，这难道不是一件两全其美的事情吗？即便皇帝们没能采纳这些辩护士的劝谏，一意孤行地迫害基督徒，基督徒仍然忍辱负重，默默牺牲，从未想过要组织暴力反抗。当时的不少神学家认为,基督徒之所以一再遭受迫害,主要是因为自己的罪过,是上帝借助罗马当局之手,对基督徒罪过的惩罚。例如优西比乌就是这样看的。在很多情况下,基督徒的和平主义不仅没有获得皇帝们的同情与好感,反倒成为他们加剧迫害基督教的理由,因为许多基督徒以"诫杀人"为借口,拒绝服兵役,一些信徒甚至在战斗的紧要关头突然罢战,这严重地削弱了罗马军队的战斗力。

五、基督教的军事化

如果说最初的基督教是一只温顺的绵羊,那么后来的基督教就成了一匹贪婪而又残暴的战狼。学者们普遍认为,3世纪初是一个关键的转折点:在此之前基督徒比较低调,在此之后基督徒逐渐变得越来越好战。235年,彭提亚努与希珀吕图两人竞选罗马教皇职位,双方的支持者在马路上打成一团,结果两名候选人均被皇帝放逐。而这只是基督教暴力的开始。366年,达马苏和乌尔西努竞选教皇职位,双方的拥戴者在街头进行了连续三天的械斗,最后留下了137具男女尸体。

当然,基督教由和平向暴力的转变过程,是与基督教从普通民众的宗教向官方宗教的转化过程基本相一致的。基督教军事化的原因和过程相当复杂,不过以下几个因素值得特别注意。

首先,圣经中的某些暴力倾向被引以为据。整部旧约无疑充斥着暴力。上帝用暴力剪除违背他意志的人,犹太人则用武力反抗腓力斯丁人的侵略,并用武力夺取所谓的"应许之地"巴勒斯坦,扫罗王甚至用暴力手段迫害有政治野心的大卫,等等。新约虽然以和平主义为总基调,但也夹杂着一些带有暴力性质的只言片语。例如,《马太福音》中的耶稣告诉他的门徒:你们不要以为我来是让地上太平的,我来并不是要让地上太平,而是要让地上动刀兵。在《路加福音》中,耶稣预言说:各族之间将要互相争战,各国之间将要互相攻伐;

到处都将出现可怕的地震、饥荒和瘟疫,可怕的怪事将要从天而降。耶稣再次申明:我来是让地上动刀枪的。在《启示录》中,作者约翰更是详细描述了世界末日到来之时,天军与魔鬼大会战的血腥场面。这些圣经话语,给后来的基督教好战分子,留下了可供利用的把柄。4、5世纪之交的著名拉丁神学家奥古斯丁开始提出,为了推进和保卫基督教的事业,有时候不得不使用到战争的手段;他开始把战争划分为正义战争与非正义战争,凡是有利于上帝事业的战争为正义战争,凡是反上帝的战争为非正义战争。在奥古斯丁看来,正义战争是出于对上帝的爱,是出于对灵魂拯救的需要;战争中消灭敌人就是出于"爱敌人"的基督教导,因为消灭敌人的肉体,目的是为了拯救敌人的灵魂。

第二,政治权力介入教会事务,开启了政治干预宗教的先例。313年,皇帝君士坦丁与副皇李锡尼联名发布《米兰敕令》,基督教信仰从此由非法开始变为合法。与此同时,世俗政治权力也开始介入教会,皇帝开始成为各种神学争端的仲裁者,而对于不满仲裁的人,世俗当局常常使用武力来执行仲裁令,于是,神学争端便带上了某种暴力的性质。4世纪早期,北非的多纳图教派分裂运动达到高潮,皇帝君士坦丁曾先后召开三次宗教会议企图协调争端,在失败之后他就采取了暴力行动去对付多纳图派,没收该派教产,放逐该派主教,派军队驱散该派信徒的集会。君士坦丁是第一个使用放逐手段对付不听话的教职人员的皇帝,以后放逐就成了皇帝们处理教会争端的通用做法。在著名的阿里乌争端中,他先是放逐了一些阿里乌派人士,后来又放逐了反阿里乌的正统派人士。亚历山大里亚的主教、著名的正统派领袖阿塔纳修曾先后被君士坦丁父子放逐过五次,一生历尽艰辛。要知道,在古代的物质条件下,放逐所受的折磨仅次于死刑,因此,对于被放逐者来说,放逐绝对是赤裸裸的暴力行为。

第三,体制化的基督教,开始负有了全面反对异端邪说的任务。在体制化之前,基督教各派虽然也存在着竞争,但这种竞争基本上仍属于和平竞争;可是一旦完成了体制化,教会当局应对异端的态度,就会变得日益强硬,乃至于不惜动用武力。教会使用武力剿灭异端的最典型的例子,莫过于异端裁判所的设立和运作。1229 年,罗马教皇英诺森三世在用武力讨伐了阿尔比派等异端之后,其继任者霍诺留三世正式决定成立异端裁判所。1233 年,教皇格列哥里九世发布通谕,宣布只有教会才有解释教会法规和审判异端的权力,并亲自任命裁判官;后来又规定,除教皇外,裁判官不受任何教会的控制。1252 年,教皇英诺森四世下令在审判中可以使用刑罚。虽然裁判官所判处的最重刑罚是终身监禁,但对于不肯悔改者或重犯,则会被移交世俗当局处以死刑。由于案件秘密审理,被告常受严刑拷问,被定罪者财产被没收,甚至被处死,因此异端裁判所成了恐怖机构。在异端裁判所成立后的 500 年间,光西班牙被判为异端者就有 38 万人之多。著名的天文学家伽利略就是被异端裁判所判处监禁的,捷克宗教改革家胡司和著名的意大利人文主义者布鲁诺也是被它判处火刑的。与异端裁判所一样臭名昭著的,是中世纪的猎巫运动。最初的猎巫行为与 12 世纪教会镇压沃尔多派异端和卡塔里派异端有关,据说这两个异端教派以施行巫术闻名。不过真正的猎巫运动是 14 世纪时随着异端的迅速蔓延而展开的。由于经济与政治条件的恶化,猎巫的对象越来越多地指向社会的弱势群体亦即妇女。1415—1525年,在法国东南部的萨瓦地区,有 300 人被指控从事巫术活动,在知道性别的 103 人当中,有 88 人是妇女。根据另一个统计资料,在1300—1500 年间,被指控为施行巫术的所有被告中,有三分之二是妇女。另一个材料则显示,在 1400—1700 年间,因从事巫术活动而被处死的 10 万人当中,有 80% 是妇女,其中大多数是年龄较大的未婚妇女和寡妇。

第四,蛮族的冲击,迫使教会使用武力以求自保。在蛮族的全面进攻下,虽然东部的教会可以在帝国政权的保护下度过生存危机,但西部教会则因帝国政权的灭亡而骤然失去了保护伞,它顿时成为各蛮族践踏的对象。罗马教会采取了类似于"以夷制夷"的做法,充分利用各蛮族间的矛盾和冲突,在夹缝中求生存。最后,罗马教会终于为自身找到了一项最坚固的保护伞——法兰克王国。751 年,法兰克王国墨洛温王朝的宫相矮子丕平,在罗马教皇的支持下,废黜了墨洛温王朝的末代国王,篡位自立,创建了加洛林王朝。为了答谢教皇,丕平于 754 年和 756 年两度出兵意大利,击败了伦巴德人,并于 756 年将从拉文纳至罗马的一大片土地赠送给教皇,史称"丕平献土"。从此在西欧就出现了一个教皇国,它不仅得以拥兵自保,而且还以西部教会首领和罗马传统继承者自居,向西欧其他的教会发号施令,甚至逐渐染指世俗权力。

第五,阿拉伯帝国的扩张,为教会的军事化提供了重要理由。从 7 世纪初开始,阿拉伯人借助伊斯兰教向基督教世界发起了严峻的挑战。7 世纪 30 年代初,阿拉伯人统一了阿拉伯半岛,马上开始对外大举扩张,经过一百多年的征战,到 8 世纪中叶,建立起了一个版图包括阿拉伯半岛、叙利亚、巴勒斯坦、伊拉克、伊朗、中亚、亚美尼亚、埃及、北非和西班牙,横跨亚、非、欧三大洲的大帝国。阿拉伯帝国扩张到哪里,伊斯兰教就传播到哪里。基督教在东方、北非及西班牙的阵地丧失殆尽。为了应对这样一种史无前例的挑战,教会尤其是西部教会,不得不最后完成其军事化的过程。在当时的环境下,阿拉伯人的军事压力同时也是助推教会锐意改革的一股积极动力,因为教会的军事化,无疑是它求生存的唯一选择。

教会的军事化,主要是通过对骑士队伍的改造和利用来达成的。骑士最初是封建无政府状态中,封建领主们为了自保和对外掠夺而建立的私人武装力量。这类武装人员最初的职责,就是替自己的领主打私仗,因此他们本身既是无政府状态的产物,又是这种状态的制造者。教会一方面借助"上帝的休战"和"上帝的和平"等措施去限制封建私仗,遏制无政府状态;另一方面则打着"圣战"的旗号,把骑士们引向对穆斯林的战事上,以此来消耗他们的精力。在教会的努力下,到了十字军时代,作为封建混乱的帮凶和制造者的封建骑士,便被改造成为真正的"基督的战士",亦即武装修士。这意味着这些旧时代的鲁莽匹夫,不再是为了个人私利而从事掠夺战争,而是为了高尚的宗教目的而参与上帝的"圣战"。除了分散于西欧各国的数量庞大的骑士队伍之外,西方教会还建立了一些直属于罗马教廷的骑士团,骑士团成员与出家修士一样,要发守贫、守贞和服从三愿,并享有修士的豁免权。十字军时期最著名的骑士团有:1099 年创建的医护骑士团、1119 年创建的圣殿骑士团,及 1190 年创建的条顿骑士团。

第十四章　圣　徒　崇　拜

　　圣徒虽然不是神,但被看作是分享神性的人,其角色类似于佛教的佛和菩萨、道教的仙,以及儒教的圣人。圣徒既然是得道升天之人,他就只能是在死后才得到追认和崇拜,因此没有一个仍然活着的人,会自认为或被认为是圣徒。圣徒的封授,采取基层信徒推荐和教会当局审查批准的方式。候选人必须具备两个基本条件:第一,必须在活着时为教会事业做出过重大贡献;第二,必须施行过至少两个被证明灵验的神迹。在一神教的历史环境中,将圣徒当作崇拜的对象,就等于突破了一神教的底线,因此有人认为这种崇拜在本质上是一种迷信,这是有一定道理的。

一、圣徒崇拜的两种方式

　　最初的一批圣徒,是在罗马帝国迫害时期为捍卫信仰而英勇献身的殉道者。4世纪以后,随着基督教官方化进程的完成,由政府当局所发起的迫害活动宣告结束,通过殉道而成为圣徒的机会骤然减少,于是,一些重要的隐修士、有名望的修道院院长和主教,以及有功于教会的世俗名人等,开始取代殉道者而成为圣徒群体中的主要成员。这些人为了基督的事业,虽然没能以流血的形式牺牲自己的身体,却以虔诚、苦修或极大的坚韧牺牲了自己的世俗欲望和舒适生活,他们的所作所为被称作"白色殉道",以区别于早期殉道者的"红色殉道"。当然,由于与蛮族异教徒及教会内部异端分子的斗争,贯穿了整个中世纪,故红色殉道的机会仍然存在,例如英国籍的传教士卜尼法斯,就是因死于异教徒萨克森人之手而被批准为圣徒的。不过就总体来说,4世纪以后的圣徒队伍中,白色殉道者的人数,肯定大大超过了红色殉道者。

随着东西方教会的分裂,基督教世界的圣徒崇拜,也逐渐分化成为两种不同的模式:西部的圣物崇拜与东部的圣像崇拜。圣物是圣徒的遗骸或遗物,如圣徒留下来的骨骼的某一部分、穿戴过的衣饰、使用过的器具,等等。它们被广泛认为具有治病祛灾的神奇功效,因此圣物总是与神迹联系在一起。整个中世纪时期,西欧人均沉浸在对圣物的追求上,人们为了获得珍贵的圣物,常常大打出手。法国有两座城市为了争夺圣徒阿维图的尸体,差一点打起仗来,最后以瓜分该尸体达成和解。对圣物的狂热追寻,使圣物贸易和盗窃成为一种有利可图的商业行为。9世纪上半叶,有一名罗马副主祭利用职位之便,与法兰克人首领签订买卖合同,由前者通过偷盗的方式,把圣彼得大教堂地下墓窖里的圣徒遗骸偷运至法兰克地区,再由法兰克教士艾因哈德卖给各法兰克人教堂,据说利润十分可观。对于圣物的狂热追求,也直接促成了圣物造假和复制。例如有两间教堂同时声称拥有圣路加的躯体,至少有十间教堂同时陈列了施洗者约翰的头颅。4世纪中叶,图尔主教马丁查明了图尔城附近一座圣祠中的圣徒遗骸,原来是一名被执行死刑的土匪的尸体。13世纪的修士斯提芬在奥弗涅的一个村子里,发现当地妇女所崇拜的圣物竟然是一条狗的遗骸。

与西部信徒对圣物的崇拜相对应,东部的信徒把崇拜的对象集中在圣徒(也包括耶稣、圣母及天使)的画像和塑像上。实际上,圣像崇拜与圣物崇拜的原理是相同的,二者都出于这样一种基本认识:物质对象可以是神圣威力的寓居地,这种威力可以通过与神圣对象的身体接触来获得。例如,基督教圣餐礼上经过祝祷后的面包,被认为具有了基督的神力,当信徒吃下它时,他们实质上就分吃了基督的真正肉体,因而也就分享了基督身上的神力。这种圣餐"变体说"在相当长的历史时期里,成为圣物崇拜和圣像崇拜的共同理论依据。8—9世纪的圣像崇拜者自我辩护说:圣像是"不识字者的书本",虽然它不能够被阅读,可是它能够教给朴实的乡民有关基督教的信息,因此它可以被崇拜,被亲吻,被用心来拥抱;愚昧无知的民众,常常无法阅读和理解圣经真理,但他们却能够为圣像所吸引,从而能够从圣像中学到教训。利用圣像来唤起未受过教育的民众的宗教感情,这的确是教会当局坚持圣像崇拜的初衷。7世纪初期的神学家列安提乌曾经打比喻说:一个爱自己妻子的人见到妻子的衣物时,会感到亲切,甚至会亲吻它;一个爱上帝的人见到基督的画像时,自然也会感到亲切,因而产生亲吻它的冲动。

为什么圣徒崇拜在罗马帝国的西部和东部,会分别发展出两种不同的形式呢?关键的原因是,罗马帝国从古代向中世纪转变的过程中,西部与东部各自走上了截然不同的发展路径。当时西部地区最大的一个变化是,随着社会的转型,原罗马帝国西部世界的古典城市纷纷衰落,人们的社会生活日益乡村化,许多城市贵族退避到乡间别墅和城堡。根据罗马人的习惯,以城区为核心的城市,与以城郊为起点的农村,分别代表着两个不同的世界:前者是灯红酒绿和生机勃勃的活人世界,而后者则是枯燥、沉闷和乏味的死人世界,因为当时的法律规定,死者必须被埋葬在城墙以外的郊区或农村,居住在乡下的居民便常常与死者的坟墓为伴。由于城市的凋敝和人口向城郊和乡村转移,原先以城区为中心的城市文化迅速消亡,墓区逐渐发展成为人们进行崇拜和其他文化活动的新的中心。以前的城市居民主要是通过对城市公民社会的积极参与来获得安全感,而如今,各自分散的农村居民便只能通过乞求死者英灵的庇护来获取安全感了。这就解释了从晚期帝国开始,作为死人中杰出代表的圣徒及其遗物,为何受到如此高的尊崇。与此相反,在东部地区,由于城市在3世纪危机和蛮族进攻的压力底下,仍然维持着昔日的繁荣,城市文化并没有被农村文化所取代,包括绘画和雕塑在内的古代艺术不是连同城市一起衰亡,而是以一种基督教圣像的独特形式继续得到发展。因此,中世纪时期拜占庭帝国的圣像崇拜，不过是古代希腊罗马绘画和雕塑艺术在中世纪社会的延伸。

二、作为庇护者的圣徒

从 3 世纪起，罗马帝国进入全面危机阶段。4 世纪末，罗马帝国分裂为东西两大部分。5 世纪后期，西罗马帝国灭亡。在此后长达六个多世纪的政治动荡中，上自贵族下至一般民众，均一直经受战乱的祸害，他们除了采用一种全新的封建聚居的方式以求自保之外，唯一能够做的，就是把自己的命运交托给上帝的代理人亦即圣徒。

圣徒崇拜继承了罗马共和时代庇护制下保护者与被保护者之间权利与义务对等的双边关系：圣徒要为信徒提供保护，信徒则向圣徒尽忠诚义务。由于圣徒崇拜本质上是一种信仰形式，信徒对圣徒的忠诚义务，便体现为各种各样的宗教虔诚，主要包括定期缴纳教会什一税、按时参加崇拜活动、经常向圣徒祷告和悔罪、积极朝圣，等等。如果忽视了这些义务，将有可能造成可怕的后果：信徒身上所发生的一切灾难和不顺遂，均在不同程度上被理解为对其玩忽职守的惩罚。而圣徒则被要求对信徒的生命和财产安全提供有效的保护。在从古代向中世纪转变的历史时期里，蛮族的骚扰一度成为广大信徒安定生活的最大祸害，因此，圣徒在世时或死后带领民众抵御蛮族的蹂躏，便成为当时被谈论最多的话题之一。例如高卢圣徒杰马努在世时曾两次进入不列颠，用祷告帮助那里的人民击退撒克逊人和皮克特人的进攻；富尔达修道院院长斯图姆，也曾组织当地民众有效地抵御萨克森人的劫掠。各式各样的圣徒传记描述圣徒们如何与妖魔鬼怪作斗争，从而保护了民众的生命安全。这些所谓的"妖魔鬼怪"，不过是蛮族的隐喻，此类例子举不胜举。

圣徒保护信徒的另一种重要形式，是借助神迹救治信徒的病痛。在兵荒马乱、物质极度匮乏的中世纪，医疗卫生条件十分简陋，民众的疾病常常无法得到正常医治。这时，圣徒的神迹便在救死扶伤方面，发挥着重要的替代作用。圣徒的医疗神迹，包括圣徒生前施行的神迹，和圣徒死后发生的与圣物有关的神迹两大类。几乎每一名圣徒在生前都会通过神迹对病人实施救治。圣杰马努第一次寓居不列颠时，有一名军官的女儿眼睛失明，杰马努先是为她作祷告，然后取下自己颈项上的圣物盒，放在盲女的双眼上，盲女立刻恢复了视力。圣安东尼也是一名治病高手，他的施治方式更是简单得难以想象。据说曾有一名埃及宫廷官员患了一种可怕的疾病，上门请求安东尼救治，安东尼让他回去，该官员一回到家里，病痛便不治而愈。另有一名女孩因患一种怪病而由父母陪同来找安东尼，安东尼也吩咐他们回去，女孩一回到家，病就好了。相比之下，圣徒去世后由其圣物所引发的治疗神迹更加普遍。例如，杰马努死后，其尸体被运抵皮亚琴察，一名严重瘫痪的妇女在接触了该尸体后，便神奇地站立了起来。又如，有一名瘫痪了7年的妇女被带到圣徒维里波洛德的圣物盒旁，她对着圣物盒向上帝哭诉自己的不幸，突然间她感到有一股力量贯穿全身，以致于能够自行下地走路。据说，日耳曼人的圣徒卜尼法斯从下葬那一天起，其墓地就充满着各色各样的医疗神迹，许多瞎子、聋子和患其他疾病的人纷纷前来求治，结果都痊愈而归。这类医疗神迹的细节，大多源于对新约中耶稣及其门徒同类活动的模仿。如果考虑到患者自身的自愈功能、神迹施行者的心理暗示及神迹描述者的蓄意夸示等因素，这些医疗神迹的"灵验"就不难理解了。

可以想象得到，信徒对圣徒的乞求不可能都会得到满足，这时他们便常常转而乞求别的圣徒，这也许是人们宁愿跑到千里之外去朝圣的理由之一；而当这一切均无法见效时，他们就只好反过来质疑自己的虔诚或反思自己的所作所为了。不过，这种情况只适用于作为个体的信徒与圣徒发生个人关系时的场景。当信徒们以社区集体的名义与本社区庇护圣徒打交道时，便会很自然地发展出某种问责制来。这种问责制的主要精神是：如果庇护圣徒无法有效地保护本辖区信徒的集体利益，该圣徒的圣物便要受到某种形式的"羞辱"，以作为违约的惩罚。羞辱可以采用较为温和的手段。例如，在 10 世纪初的康奎斯，当地领主纵容自己的马糟蹋圣佛伊修道院的庄稼，作为该教区庇护圣徒的圣佛伊没能有效阻止这名领主的骄纵行为，于是，修士们使用大声喧哗的方式来煽动圣佛伊的亡灵，最终逼使该圣徒显圣为他们主持公道，那匹擅自闯入的马突然死在修道院的土地上。这种结局被解释为，圣佛伊回应了修士们的祈求。

当然，羞辱也可以采用更加激进的方式。1036 年前后，国王亨利一世把原属于圣梅达德修道院的一块地产强行转让给洛林公爵戈泽隆，修道院修士们在绝望之余，决定羞辱他们的庇护圣徒。他们将圣徒的圣物从圣坛上搬到了地上，用木棍对其进行象征性的殴打。在整整一年时间内，圣物一直处于被羞辱的境地，一切圣事都停止了。一年过后，公爵在一家教堂参加圣事时睡着了，他在梦中见到圣梅达德修道院的庇护圣徒教皇大格列哥里、塞巴斯蒂安、梅达德和基尔达德等正在讨论对不正义地占取教会财产的人采取何种制裁措施，在格列哥里的命令下，塞巴斯蒂安取出了一根木棍开始击打公爵的头部。公爵醒来后发现自己的嘴巴和耳朵里流着鲜血，他惶恐万分，立刻改邪归正，把土地还给了修道院。这些故事未必都是史实，但它们至少表明，圣徒与其信众之间的权利和义务是对等的，其中一方如果无法履行约定的义务，他们所享有的权利也要相应地受到质疑乃至被搁置。与此同时，在信徒们看来，圣物就是其所代表的圣徒本身，它们在圣徒死后，继续生活在自己的人民当中，并发挥着与活人一样的作用。

三、作为英雄的圣徒

圣徒在某种程度上类似于古代的英雄，即他们既拥有从上帝那里得到的神异力量，又具有凡夫俗子所难免的种种弱点。一些圣徒甚至在来到这个世界之前，就已经充满着神奇的征兆。例如，维里波洛德的母亲曾做过一个梦,梦见一轮新月逐渐变成满月,最后经由她的口进入她的肚子里,她梦醒后就怀上了维里波洛德。在圣多明我出生之前,他的母亲也曾做过一个梦,梦见自己肚子里所怀的孩子嘴上含着一把燃烧着的火炬。在这两个例子中,月亮和火炬都是光明的信物;借助这些征兆,故事的叙述者无非是要告诉我们,即将诞生的,是一位能够在漫漫长夜中给人类带来光明的伟大英雄。英雄人物一旦来到这个世界,就不断地通过各种各样的神迹,来显示自己的与众不同。例如有一次,维里波洛德旅行到了一个严重缺乏淡水的地方,他跪下祷告,口中念诵《以赛亚书》有关"使水从岩石中流出"的经文,一股清泉立即从他伙伴掘开的壕沟中涌了出来。有趣的是,圣徒也关心平民百姓的日常琐事。例如,有一名村妇被狼叼走了一头猪,于是求助于圣徒布拉塞;这位圣徒只祷告了片刻,那头丢失的猪便分毫无损地重新回到了村妇的身边。又如,一名修女丢失了修道院的钥匙,女修道院院长莱奥巴用祷告、读经和唱诗等方式,硬是将钥匙给找了回来。

根据基督教的学说,由于耶稣以受难作为代价为人类赎了罪,死亡就不再是人类不可征服的敌人,虽然作为生理现象的死亡仍继续存在,但它在信仰的领域已被彻底超越。圣徒的死是其进入永生的起点,因此,他们的神异能力在其死后不仅不会受到削弱,相反,它们将会得到极大的增强。这是基督教圣徒与古代英雄之间的最大差异。希腊罗马的英雄与人类的密切关系,只存在于其在世期间,英雄一旦死去,他身上的神异能力就连同其尸体一起腐烂消散。而对于圣徒来说,他死后的神异能力,却正是联结死人世界与活人世界的不可缺少的纽带。发生在圣物或圣徒坟墓上的神迹,就是圣徒死后对这个世界继续发挥影响力的重要凭证。据说维里波洛德死后,由于他的躯体过于高大,为他准备的棺材无法容纳他,人们正在发愁之际,棺材却自动变长和变大,直到能够装上尸体为止。圣徒罗伊在死后下葬之前已经被剃光了胡子和头发,可是后来在迁葬时,人们挖出他的尸体,却惊讶地发现他的头上长出了头发,嘴边长出了胡子。女圣徒娅伽莎安息于西西里岛的某个地方,据说此地火山经常喷发,殃及附近民众,人们取出娅伽莎的圣骨,放置在火山口的火焰前,火焰立刻消失了。在早期基督徒看来,圣徒死后所出现的神迹更能够彰显圣徒的死后荣耀,因而更加弥足珍贵,死后神迹比死前神迹威力更大。据中世纪十分流行的《黄金传奇》的记载,有一名妇女犯了许多罪,她把这些罪记录在单子上,其中包括一条极大罪恶。她拿着单子去见主教巴西尔,要求其为她向上帝请求赦罪,巴西尔应她的要求,赦免了她的所有罪行,唯独留下那条大罪,他无法赦免。后来巴西尔死后成为圣徒,这名妇女伏在巴西尔的棺材上痛哭,不小心将罪单子掉落在棺材上,她捡起来打开一看,她的大罪已被删除了。这个故事表明当时人普遍存在着一种观念,即圣徒在世时只能赦免一些小罪,而一旦死去,便与上帝分享了神性,因此就能够赦免大罪。

虽然圣徒在生前死后均有非凡的神异表现,但这些权能的最终来源被认为是上帝。圣徒既然来自于凡人,他就与古代的英雄那样,也具有人所共有的弱点。例如圣徒有时候会受魔鬼的欺骗。据《黄金传奇》的记载,在爱德华统治时期,英国圣徒阿尔法齐在一名假天使的唆使下误入一个找不到出路的泥潭,只有在祈求上帝之后,才逃出了泥潭。圣徒身上的弱点,常常体现在其荒诞的前半生中,以便与其圣洁的后半生形成鲜明的对照。例如,圣方济各年轻时是一名唯利是图的商人,过着骄奢的生活,后来是上帝降临在他身上的一场大病解救了他,将他改造成为一名新人。2世纪,埃及赫利奥波里城的高级妓女优多克西娅,一直过着花天酒地的生活,直到有一夜她做了一个梦,梦见了天堂和地狱的情景,于是幡然悔悟,受洗入教,并随同30名修士一起进入沙漠修道;她先前的一名姘头追到沙漠来找她,力劝她返回城里,受到断然拒绝;她最后死于图拉真的迫害,成为一名女圣徒。活跃于5世纪中叶的埃及人玛丽也曾经是一名妓女,生性好逸恶劳,夸饰虚荣;有一天想进入教堂受阻,从此洗心革面,遁入沙漠修道达47年之久,死后部分遗骸被带到欧洲,存放在圣彼得大教堂内。9世纪时的舍博恩主教阿瑟尔记载了一个发生于英国的故事：女圣徒伊德伯加生前是麦尔西亚王国的公主,嫁给了西撒克逊国王而成为王后,她在宫廷中常常制造是非,罗织罪名迫害贵族和教士,并误杀了自己的丈夫;最后这个专横和邪恶的女人后悔不迭,在法兰克人的修道院里度过了悔罪的余生。这些故事告诉我们,圣徒在世时犯普通人常犯的错误是在所难免的,只要他们最终朝着成圣的道路上迈进,其先前的过错和罪恶就可以一笔勾销。这种传统与福音书中"浪子回头"的寓言是相适应的。

四、作为道德楷模的圣徒

希腊罗马人把积极参政当作公民的一大美德。与希腊罗马人相反,最初的基督徒把拒绝与异教政府的合作看作是美德。在罗马帝国时期,兵役和赋税一起成为人民身上最沉重的负担,基督教运动作为披着宗教外衣的人民抗议活动,最初常常是以拒绝服兵役开始的。例如,在戴克里先统治时期,有一名叫做马克西米连的青年拒绝服兵役,屡经劝告无效,最终被处死,死后被追认为圣徒。另一名叫马尔切鲁的军人,拒绝参加军队中举行的异教节日庆典,并公开宣布罢战,被判死刑。著名主教马丁也曾是一名军人,当皇帝尤利安命令军团前往高卢执行一次战斗任务时,他宣布退出军团,决心成为"基督的战士"。基督徒之所以拒绝服兵役,不仅仅是因为帝国军队中充斥着异教的崇拜和迷信,也不仅仅是因为战士们正在为一名异教皇帝和一个异教政府去战斗,而是因为最初的基督徒认为,军事生涯自身与基督有关"爱"的教导格格不入。既然耶稣把爱的对象由邻人扩展到敌人,用杀戮和暴力来对付自己的同类,就显然有违以德报怨的基督精神。

远离世俗世界,过上离群索居的苦修生活,也是圣徒们为世人树立的一个光辉榜样。这种宗教追求对于世俗社会的影响是如此之大,以致于后来的圣徒传记作者,总要把圣徒品德与苦修生活联系起来。苦修生活的最初模式是由隐修士安东尼塑造出来的。据说,他在沙漠修道时,常常通宵达旦地守夜,吃得极其简单,有时每天吃一餐,有时每隔两天吃一餐,甚或四天一餐,唯一的食物是面包和盐,唯一的饮料是淡水,他有时睡在一张灯芯草席上面,不过有一半时间睡在赤裸的地板上。圣马丁在成为主教之前也曾经是一名苦修者,他只身居住在一座孤岛上,以草根为食,差一点中毒而死。圣杰马努只吃自己碾磨的大麦面包,从来不吃小麦面包,也从来不沾酒、醋、油、豆、盐等物,终年只穿一件内衣和一件外袍,直到破烂不堪,他睡觉从来不用枕头。圣本尼狄克也曾用残酷的禁食来摧残自己的肉体,他只吃面包和水,只用便宜的被褥,睡得很少,有时只是匍匐在赤裸的地板上,经常花一整夜来祈祷,为了使自己保持清醒,常常打赤双脚,终年穿着一件破旧的短外套,由于长期未换洗,又从来不洗澡,虱子长满全身,由于过度斋戒,脸色憔悴不堪,身体极度消瘦。虽然这些极端的禁欲主义行为,在圣经的正典中找不到任何理论依据,可是人们仍然乐此不疲,这与当时的经济环境有关。欧洲中世纪社会是一个物质极度匮乏、生存条件十分恶劣的社会,饥饿、灾难乃至死亡总是与民众形影不离,在这样一种特殊的历史条件下,人们的确非常需要那些能够忍饥挨饿和经受住其他各色各样生活磨难的模范人物,以便在惊涛骇浪的社会现实中,能够找到某种生活的坐标,这些禁欲苦修的圣徒,正是这样的坐标。

圣徒的楷模作用,还体现在他们对穷人的慷慨施舍方面。希腊罗马人的慷慨是要求获取回报的,例如政客们给贫民发放救济粮,就是为了获得选票。基督徒的慷慨则是真正无私的慷慨。耶稣要他的门徒变卖家产,把钱分给穷人,然后才能跟他走。这意味着世财被看作是信仰的累赘,抛弃这一累赘,是灵魂获救的起码条件。在这里,世财的处置不是被用来作为获得名声的手段,而是被用来作为获得"天上财宝"亦即完善人格的工具,于是,这种慷慨便由于完全去除了世俗的功利性而变得更加彻底和无私。例如隐修者安东尼在进入沙漠修道之前,就把家产全部变卖,所得价钱除了少量赠予妹妹之外,其他的都分发给穷人,自己分文不剩。据说,圣徒杰拉尔德总是在自家的客厅为穷人安放好座椅,为他们准备好餐饮,并亲自监督对穷人的施舍,没有一名穷人会双手空空地离开他的家门。在灾害流行的年份里,圣徒们更是充当了救济者角色。例如有一年闹饥荒,大量饥民涌入修道院寻求庇护,圣徒本尼狄克倾其所有,对饥民进行慷慨的接济,他甚至动用了为修士们准备的库存物资,分毫不留地分发给饥民。值得注意的是,基督徒的慷慨未必要以施予者的富有为前提。在古代中国的士大夫当中流行着一种传统,叫作"穷则独善其身,达则兼利天下",指的是只有自己富有了,才能去救济穷人。基督徒则无需等到自己富起来才去救助别人,只要身有片丝,袋有分文,他们就会进行慈善捐助。例如,圣徒约翰由于尽其所能接济穷人,自己的床单却破烂不堪。有一富人暗地里为他换了一张新床单,可是夜里他睡在新床单上却辗转难眠,第二天天一亮,他便卖掉了新床单,把钱施舍给了穷人。富人得知后,又为他铺了新的床单,但约翰又一次把它卖了,把钱用来接济穷人。如此连续三次,最后感动了富人,他也开始直接将自己的钱财散发给穷人。由此可见榜样的力量有多大。圣马丁还是一名穷士兵时就表现得十分慷慨,有一年冬天,他在行军路上遇到一名冻得直哆嗦的乞丐,他毫不犹豫地拔出自己的剑,把自己唯一的一件外衣劈成两半,将其中的一半分给了乞丐,自己则披着另一半。

此外,谦卑也是基督徒争先仿效的圣徒美德之一。在希腊罗马人的美德中,谦卑是没有任何地位的,因为它被普遍看作是奴隶对其主人所应有的德行。例如为人洗脚,最初就是奴隶服侍主人的行为,自由民是不屑于为他人提供这项服务的。最初把本属于奴隶德行的谦卑纳入个人美德范畴的,是基督徒,而基督徒这样做是有经可据的。据《约翰福音》记载,耶稣在被捕前,曾亲自为自己的门徒洗脚。耶稣还教导说:想做大的,必先做小的;想做主人,必先做奴隶;要学会如何侍候人,而不是让别人侍候你。这些都被看作是为日后基督徒的谦卑美德树立了一个最高榜样,圣徒们正是通过对耶稣的这些行为和教导的模仿及遵循,把谦卑确定为基督徒美德中不可缺少的组成部分。据说,13 世纪的法国国王路易九世,曾经在修道院里亲自为瞎了眼睛和失去鼻子的麻风病人喂食,他的这一谦卑行为把修道院院长感动得直哭。其他圣徒都有诸多谦卑的表现。如圣阿诺德、圣劳伦斯及圣杰马努等,都曾经亲自为穷人洗过脚。在中国,小字辈为长辈洗脚,叫行孝,被看作理所当然;在西方则倒过来,高贵者为低贱者洗脚,叫谦卑,被看作非同凡响。传统完全不同,但都难逃作秀之嫌。

第十五章　从禁欲到纵欲

宗教与欲望的关系十分微妙。一方面，宗教本质上就是人类某种欲望的表达，比如对神助的种种欲求，这种欲求常常造成宗教上的狂热；另一方面，宗教有时又是借助戒除一些低级欲望去实现更高一级的欲求的，于是就有了各式各样的禁欲手法。因此，从宗教的角度看，禁欲主义和纵欲主义是密切相关的。

一、有关欲望的中庸之道

禁欲主义是一种认为生理欲望尤其是性欲望为罪恶之源而应予以节制乃至戒除的思想。这种思想及其实践存在于早期的许多宗教当中。践行者常常戒除一切肉体享受，在物质生活上仅以维持最低限度的生存需要为限，在肉体和心灵上都刻苦修炼，有时完全禁止婚嫁。古代埃及的祭司，在举行大祭仪式之前，要花一段时间停止一切婚媾活动，还要沐浴洁净，据说只有这样，才能获得通神的能力。据传，佛教的开山鼻祖释迦牟尼在创建佛教前，曾拜苦行者为师，企图通过禁欲主义的方式获得真理，但并没有成功。佛教崛起后，要求普通信众戒除淫欲，进而要求出家人过独身禁欲生活。根据一些学者的考证，古代希腊的男人之所以将献祭那些桀骜不驯的神灵的义务交由妇女去履行，是因为他们相信，妇女生理方面的污秽，如月经等，是制服鬼怪的法宝，而男人们为了最终战胜各种恶灵和多舛的命运，就必须在特定的时期内避开性方面的污染。希腊哲学家柏拉图曾断言,肉体是一切邪恶的祸根,它妨碍了人们获取智慧,只有在摆脱了肉体的束缚之后,人们才能因见到真理的光明而得到解放。罗马时代的斯多亚哲学家也认为,肉体的存在使得人成为其自身的囚犯,如要获得真正的自由,就需憎恨肉体并鄙夷一切快乐。古代罗马看护维斯塔圣火的童贞女,在任期间不得有任何性活动;据历史学家李维的记载,一些维斯塔贞女因违规淫乱被告发后遭受活埋。公元前2世纪时开始出现于死海西北岸一带的犹太教艾赛尼派,虽然容许婚姻以繁衍后代,但严格规定信徒要过禁欲和节制的生活。3世纪首先出现于中亚地区的摩尼教,不仅要求一般信徒戒制淫欲,而且要求僧侣独身不婚,完全戒食肉类。可见,世俗的和宗教的禁欲主义,由来已久。

　　基督教最初并没有禁欲的要求。耶稣本人虽然终身未娶,可是他的门徒不少是有家眷的;保罗自己坚守独身,不过他却教导说,人们若能像他那样洁身不娶固然是好,而结婚生子,为基督教繁殖后代,也不是什么坏事。经历过罗马社会一段较长时期的道德紊乱之后,新崛起的基督教给了人们一种耳目一新的感觉。尤其是在两性关系方面,基督教为人们确立了四个基本标准。第一,性行为只能存在于夫妻之间。基督教带着全新的生活方式走进了这个堕落和淫荡的社会环境,他们的性道德的基本前提,就是坚持认为,夫妻以外的性行为违背了上帝的戒律,因而是犯罪。如此一来,长期流行于罗马社会的卖淫嫖娼、通奸、私通、纳妾和同性恋等婚外性活动,均被认定为非法而受到教会法律的谴责和制裁。第二,婚姻具有神圣性。与罗马人对于婚姻的随意和漫不经心的态度截然不同,基督徒用一种十分严肃的态度来对待婚姻。早期的教父们,大多把人类婚姻说成是上帝在伊甸园里亲自为人类始祖亚当与夏娃缔结的一种制度,于是婚姻便带上了神圣性和严肃性。故教会明确规定,合法的一夫一妻制婚姻不可解除,夫妇双方不可互相背弃。在那个特定的历史背景下,有关婚姻不可解除的规定,对于作为弱势群体的妇女,起到了一定的保护作用。第三,夫妻间的权利与义务是对等的。对于基督徒来说,夫妻之间的性行为和其他私生活,是相爱和互相尊重的一种表达,而不是自私欲望的满足。这意味着在性生活方面,夫妻的权利与义务平等,没有主次和先后之分;夫妻过正常的性生活,也有利于杜绝婚外的不轨。没有性生活的平等,就没有两性在社会和政治上的平等。449 年,教会当局甚至宣布,丈夫和妻子无论哪一方犯了奸淫罪,无辜的一方都有提出离婚的权利。这在古代世界是从未有过的。第四,夫妻私生活被视作是受保护的个人隐私。与罗马人大肆张扬性行为的做派相反,基督徒十分重视圣经教导,即夫妻之间的性亲密关系是上帝赐予的神圣礼物,它只能在夫妻之间隐秘地进行,不能暴露于夫妻的婚床之外。根据教会的规定,上帝所赐的性亲密关系,不能被描绘在公之于众的器皿或艺术品上,也不能像动物那样暴露于公共场合。显而易见,教会对性隐私权的保护,一方面是出自对个人人格尊严的基本维护,另一方面则是出自对后代进行道德教育和对培养社会纯风良俗的深思熟虑。由此看来,在对待人类欲望尤其是性欲望以及对其相应的满足问题上,最初的基督教并没有走极端,它所走的,是一条不偏不倚的中庸之道。也就是说,基督教在开始时并不怎么讲禁欲,当然也不会去提倡纵欲。

二、宗教禁欲主义的崛起

可是,在进入 3 世纪以后,罗马社会爆发了全面的危机,包括以蛮族入侵和内乱为特征的军事危机,以皇权频频易手为特征的政治危机,以及以物质生活水平陡然下降为特征的经济危机等,其中经济危机对老百姓的影响最为直接和深刻。日常生活的异常艰难,迫使人们即便不用统治当局的提倡,也会自发地去遏制自身的生活欲望,当然其中也包括性欲望。许多人不要说结婚生子和养家活口,他们连养活自己都难以做到。这就解释了为什么基督教最初的禁欲主义运动,不是自上而下地来自于教会当局的倡导,而是自下而上地来自平民百姓的推动。

　　基督教内部的禁欲主义，最初与基督教的异端学说密切相关。早期的基督教异端教派，包括诺斯替派、伊便尼派及马西昂派等，被统称为禁戒派，它们的共同特征是：坚持极端的禁欲主义，禁止教职人员结婚，提倡独身，主张两性关系只限于精神领域，主张不吃肉和不喝酒，认为这些东西都是魔鬼所造，应予杜绝。既然它们是异端，自然受到正统派的压制。可是，在经济状况持续恶化的罗马社会，教会当局对于禁欲主义异端的压制被证明是徒劳的。何况对于禁欲的提倡者和践行者来说，即使从圣经中，也是可以找到不少凭据的。例如，耶稣和保罗都是独身主义者，彼得虽然结过婚，但后来为了追随耶稣而抛弃了家庭。保罗在一封写给科林斯教会的信函中是这样说的："因现今的艰难，据我看来，人不如守素安常为好。你有妻子缠着呢，就不要求脱离；你没有妻子缠着呢，就不要求妻子。你若娶妻，并不是犯罪；处女若出嫁，也不是犯罪。然而这等人肉身必受苦难。我却愿意你们免这苦难。……没有娶妻的，是为主的事挂虑，想怎样叫主喜悦；娶了妻的，是为世上的事挂虑，想怎样叫妻子喜悦。……没有出嫁的，是为主的事挂虑，要身体和灵魂都洁净；已经出嫁的，是为世上的事挂虑，想怎样叫丈夫喜悦。"保罗这段话意思十分清楚，无非是婚嫁与否虽然可以自由选择，但相比于婚姻生活，独身生活更好，因为独身者可以全心全意地为上帝服务，而没有任何世俗事务的牵挂。保罗这段话被一些有独身主义倾向的神学家视作权威，反复引用。神学家们对圣经的阐释，与民众当中的反家庭情绪遥相呼应，共同掀起一股禁欲主义的巨大浪潮。一些教父特别看重圣经中的象征主义比喻，他们认为教唆夏娃的蟒蛇，实指生殖器官，如此一来，"性为万恶之源"的思想，就被上溯到了旧约的时代。尤其是，古代世界普遍流行着一个根深蒂固的传统观念，即认为女人的性欲望比男人强烈，在性活动中，女方是主动的引诱者，男方则是被动的受诱惑者，所以妇女常常被看作是性的化身。希腊罗马世界的"恐女症"，一旦与《创世记》有关人类堕落的思想相结合，就很容易促使禁欲主义朝极端化方向发展。3世纪初,著名神学家奥利金在钻研圣经之后,竟然走火入魔,为了表示与污秽的性欲永远断绝关系,进行自我阉割,为此受到了教会的指控。3世纪末,基督教修道制度的创始人安东尼于20岁时离家出走,到尼罗河附近的德巴伊旷野独自隐修,据说他住在一座坟墓里,多次受到魔鬼的骚扰而没有退缩。5世纪上半叶,著名的隐修士西门,在叙利亚安条克城的东郊一条柱子的顶端独居苦修三十余年,靠用绳子吊上去的面包和水为生,被称作"柱头修士"。

活跃于4、5世纪之交的著名拉丁教父杰罗姆,曾长篇累牍地引用古代哲学家的作品,去证明婚姻的不幸与独身的好处。他指出,从纯世俗的角度看,婚姻不过是自欺欺人的把戏,它对人类生活毫无益处。而从宗教的角度看,婚姻则应分为两类:一类是与性欲相关的婚姻,它从夏娃的堕落开始,并把不朽的人变成了限定寿命的人;另一类是与拯救相关的婚姻,它从马利亚与约瑟的结合开始,是上帝拯救计划的一部分,其目的是要把生死循环的人重新变成不朽。结论是:由于死随夏娃而至,生随马利亚而来,故婚姻只是在可能造就独身守贞的圣徒时,才变得光荣和可爱。

与杰罗姆同一时代的著名神学家奥古斯丁,虽然不像杰罗姆那样极力美化禁欲主义,但他为婚姻引入了禁欲和神秘的要素。他提出了基督徒婚姻"三善"的原则:第一,基督徒是为了生殖基督徒后代才结婚的,因此婚内交媾就应以生殖为目的;不以生殖为目的,单纯为了发泄性欲而交媾,那是有罪的,虽然只是小罪;交媾过程中蓄意避免妊娠,则构成大罪。第二,基督徒的婚内交媾是为了保证夫妇双方的性忠诚,也就是为了防范任何一方的出轨行为,使双方的性欲望得以在正确的范围内获得发泄和满足。第三,基督徒的婚姻是上帝亲自缔结的圣礼,因此受到教会的保护,任何企图以通奸的方式破坏合法婚姻的做法,都是对上帝的严重亵渎。奥古斯丁将婚姻变成一种基督教圣礼,这正合教会当局之意。因为世俗婚姻一旦被上升为履行宗教义务的圣礼,教会对于整个社会的婚姻及家庭关系的控制就变得顺理成章。在教会把自身的婚姻伦理强加给世俗社会的同时，教会法庭也在逐渐取代世俗法庭，获得了对于婚姻诉讼的司法管辖权。既然婚姻是一种基督教圣礼，教会人员就成了男女结合的最权威的见证人。从此以后，基督徒的婚姻从订婚到完婚，就再也少不了教会的参与。更重要的是，既然婚姻是圣礼，宗教禁欲主义渗入世俗社会，就有了凭据。神学家们据此断言，基督徒的婚姻，应以精神结合为上，肉体结合为下。婚姻作为一种圣礼，就是模仿马利亚与约瑟的榜样，履行上帝为人们指定的神圣义务。根据这一理论，教会开始对世俗婚姻实行全面管制。在神学家们看来，婚姻只要达到为上帝增殖基督教人口的目的就足够了，任何超过这一目的的行为或意念都是罪过。许多忏悔手册，把人们对于配偶的"过于热烈"的性爱表示看成是通奸，诸如接吻之类的"过分"行为，一概被划入了不洁之列。教会规章对教徒作出明确规定：在一年中的某时某刻禁止过性生活。作忏悔的人，不仅仅要坦白自己婚外性行为和性意念，而且要坦白与自己配偶的不当性生活。总而言之，教会从宗教禁欲主义出发，把性欲当作是人类的一大弱点，认为婚姻只是上帝用来治疗人类这一疾病的"医院"，其结果正如费尔巴哈所说的：婚姻之所以被许可，并不是为了使肉体神圣化，亦即并不是为了满足肉体，而是为了限制、压制和杀死肉体，即为了借助魔鬼来驱赶魔鬼。

三、独身与修道运动的发展

宗教禁欲主义的极端形式就是独身主义。如上所说，基督教的独身主义，最初是一场自下而上的群众运动，教会当局对这场运动的态度并非始终都是积极的。从 3 世纪起，在埃及和叙利亚的基督徒中，首先刮起了一股以离家修道为特色的禁欲主义狂潮，大量信徒抛弃家庭生活走进修道院。这一运动很快就蔓延到了整个西欧，教会当局和大多数正统教士开始时只采取一种消极观望的态度。自愿独身修道的信徒,绝大部分是没有担任任何教职的俗人,他们的宗教虔诚和极端禁欲主义狂热,与教士们的世俗作风及冷漠态度形成鲜明对照。在经过了一段时间的争论之后,精明的教会当局出于把控局面的考虑,遂化被动为主动,不仅向独身主义者的热情让步,而且以教令的形式使出家人和教士的独身合法化和制度化。306 年的埃尔维拉宗教会议,首次以书面形式禁止修士、修女、主教、司祭及其他需要登上祭坛执行圣餐礼的神职人员拥有合法妻子。419 年的迦太基宗教会议,把独身的范围扩大到副司祭。1123 年的第一次拉特兰宗教会议,进一步把独身的义务扩大到所有高级教士。与此同时,许多大主教区通过一系列的地方性法规,把独身的范围延伸至所有教士。根据这些法令和法规,未结婚的教士在接受圣职之前,必须发誓独身,已经结婚的教士必须与妻子分居,这些教士的妻子要么进修道院成为修女,要么在教区登记并宣布寡居,而独身教士则被禁止与女性单独相处。修士修女出家时必须发誓信守三愿:守贞,即坚持禁欲主义的独身生活;守贫,即安贫乐道,禁绝一切奢侈;守意,即绝对服从上级的命令。而其中第一愿守贞被看得最重。567 年的图尔会议规定,主教和主教以下的高级教士,必须由其母亲、姐妹或女儿管理其家务;主教必须居住在由教士们环卫的主教寓所里,教士们务必确保主教没有与先前的配偶继续来往,因此他们应当经常驱赶那些徘徊于主教寓所周边的可疑的陌生人,尤其是女性。653 年和 655 年,西班牙托莱多市两次通过法律规定,教士如果与人姘居或秘密结婚,其姘妇或妻子连同孩子将一起被罚为奴隶,而他本人不仅要被革除教职,而且要被开除教籍。

　　教会内部独身主义的制度化,在世俗社会当中激起了更加狂热的宗教热情,政治动荡、经济压力和传统习惯,一起推动着修道运动的蓬勃发展。从 11 世纪开始,随着城市商品经济的兴起和社会矛盾的加剧,世俗生活因更具竞争性而变得日益艰难,逃入修道院成为人们舒缓社会压力的重要手段,大量的妇女也纷纷加入独身的行列,这一现象在意大利北部、法国南部和莱茵河流域一带经济发达地区尤为突出。11—13世纪是女修道院发展的一个高峰,当时进修道院的女性多数是年轻的寡妇。据一些传记作家的披露,虽然寡妇们的独身选择常常遭到其亲属的激烈反对,但她们的态度却是坚定不移的。例如德国图林根地区有一名叫伊丽莎白的女人,其在丈夫死后,自愿到一家方济各会修道院当修女,她那当主教的舅父试图说服她重过婚姻生活,她则以自毁容貌相要挟,最终迫使其亲属同意自己的选择。独身守节之风实际上已经成为一种令人羡慕的生活方式,它甚至影响到普通人的家庭。有研究表明,不少家庭妇女虽然无法摆脱家庭的束缚而离家修道,但她们往往与自己的丈夫相互发誓保持贞洁。不过出家修道的女性数量剧增,仍是最为引人注目的。到13世纪时,在西欧各地的独身圣徒当中,女性已占了四分之一,她们中绝大多数是修女。

四、禁欲主义的历史价值

西欧的宗教独身主义虽然发端于3世纪末,却繁盛于整个中世纪时代,这是由当时特有的历史环境造就的。从本质上来说,西欧封建制度本身,就是培植宗教禁欲主义的温床。西欧早期封建经济的显著特征,是自给自足的自然经济占绝对支配地位,以及商品交换和城市的基本灭绝。在这一条件下,封建财产的转移,主要通过继承和暴力掠夺亦即战争这两种形式来完成。根据西欧中世纪所盛行的继承原则,以家庭为单位的财产,必须由单一系列的后代完整无损的继承,其目的自然是为了防止大家族的封建特权,不致于因财产的分割继承而受到削弱。在这种继承体系下,中世纪的婚姻便不可避免地与封建继承权连结在一起,即婚姻成为扩大封建特权的一种重要手段,因为一名合法继承人既可以通过继承获得家族中的大部分财产,又可以通过体面的婚姻获得另一家族的部分财产和继承这些财产的新一代继承人。而其他兄弟们因无权从家中获得足够的产业,他们不得不另谋生路,在这种情况下,婚姻对于他们来说,往往意味着是一种沉重的经济负担,独身生活就成为他们中的一些人的最好选择。此外,频繁的战争及其后遗症,常常使死亡率居高不下,人口中的两性比例严重失调,占数量优势的性别中的一部分人势必被迫独身。据历史学家班克的调查,北意大利的圣赛波尔可洛城,在 14 世纪时只有不到 5 000 个居民,然而就在这样的小城里,平均每 7 户就有一户将他们的女儿或其他女亲属送进附近的修道院;在 15—16 世纪的里提和佛罗伦萨,也存在着为数众多的女修道院。这种现象肯定与频繁战争造成男性人口严重短缺密切相关。在 11—13 世纪,西欧的独身主义运动几乎与对东方的十字军战争同步发展,这当然不是历史的巧合。实际上,由于与教会的生育政策发生了不可避免的冲突,世俗社会的独身运动也经常受到教会当局的限制和谴责。例如,12 世纪的格拉西安婚姻法就明确规定,已婚者如未获得其配偶的同意和所在地主教的批准,不得擅自离家修道。

宗教禁欲主义的极端化固然没有什么积极意义可言,但禁欲主义本身在西方历史上也并非毫无建树。在封建战争频繁、生产过程和生产方式极其简单、物质极端匮乏和精神文化生活十分单调的中世纪,教会对禁欲主义的鼓励和提倡,应当说是符合时宜的。禁欲主义作为教士们传经布道的主题之一,在遏制封建贵族的贪婪欲望、缓和社会矛盾和减少封建战争方面,至少从理论上来说,是能够产生一定积极效果的。更加重要的是,在中世纪的宗教禁欲主义与近代商品经济甚至资本主义之间,存在着某种内在关联。经济史家汤普逊就曾认为,中世纪的商品经济发端于修道院。16 世纪的新教虽然是天主教的强劲对立面,但无论是路德的还是卡尔文的宗教改革,都打出了复古的旗帜,亦即想要恢复圣经的权威和早期基督教的传统,这些传统显然也包括了宗教禁欲主义的思想;新教改革家并不是一般地反对禁欲主义,而是反对禁欲主义的极端化和非理性化,企图用一种内在的和较有理性的禁欲主义,去取代他们认为被天主教会扭曲了的非理性的禁欲主义。根据社会学家马克斯·韦伯的理论,新教的尤其是卡尔文教的禁欲主义,与天主教的禁欲主义在本质上有共通之处,因为两者都是通过积极的自我控制,把一切行为纳入一种固定的秩序,使之按经常性动机行事,从而消灭一切自发的感情和冲动性的享乐。不过两者的区别也十分明显:首先,天主教只是在它所限定的少数人,即神职人员和出家人当中实施禁欲主义,而卡尔文则把禁欲主义推广到一切信徒;其次,天主教把宗教献身规定为禁欲的最高典范,因而便将禁欲者与尘世隔绝起来,而新教却把对于上帝的爱,物化为对事业的全身心的投入,于是禁欲主义的原则便开始渗透到世俗社会的各个领域。在韦伯看来,经典的西方资本主义与任何不择手段的盈利方式及挥霍享受的生活方式都是格格不入的,只有新教的尤其是卡尔文教的禁欲主义,才可以与资本主义的理性原则相容。换句话说,经过新教改革家改造过的宗教禁欲主义,实际上为西方资本主义提供了基本的伦理框架,因为它在资本主义的节俭、勤奋和敬业精神的产生过程中,发挥了十分重要的先导作用。

五、两性关系上的纵欲主义

所谓物极必反,中世纪禁欲主义的非理性化和极端化,必然会导致自身趋向对立面,即从禁欲逐渐地走向纵欲。这是因为,人的自然欲望历来只可疏不可堵,疏则通,堵则溃。表面看来,在整个中世纪里,天主教独身主义体制仍坚不可摧,可是独身主义既可以以禁欲主义为前提,也可以以纵欲主义为基础。中世纪末期的天主教独身主义,实际上就是以肆意纵欲为特征的。既然教会独身制度剥夺了神职人员和出家人的正当性生活的权利,他们便只好以非正当的手段去获得性方面的满足,这就解释了为什么发生于教会内部的桃色丑闻总比世俗社会多。例如在英国诺福克郡,1499 年审理的 73 件淫乱案中,有 15 件牵涉到教士;在里本郡的 126 个同类案子中,则有 24个与教士有关,教士犯规数量是所有犯规总数的 23％左右,而教士人数却不足总人口的 2%。有些忏悔教士竟然向女忏悔者求爱，更多的教士则以蓄养情妇为时髦。在 16 世纪的德国，蓄养情妇已经是乡村教士中司空见惯的现象。据一位当代学者的调查，在 16 世纪德国中西部的斯佩耶尔教区，几乎每名乡村教士都拥有一名情妇，而没有情妇的教士则被当作怪人而不予理睬。一些高级教士，甚至与他们的情妇成双入对地进出大型公共场合，世俗宴会的荣誉坐席常常专门留给教士及其女伴。德国什列斯威地区有一名主教，曾经对这种有伤风化的恶习提出非议，结果被逐出了教区。教士们在这方面之所以敢于如此肆意妄为，是由于受到罗马教廷的默许，甚至有时教皇本人就是这一时尚的助长者。如在宗教改革前统治教会达 25 年之久的教皇英诺森八世，就曾经给罗马城增添了 8 个私生子，其中有几个是他在当选教皇之前生的。至于修士和修女，更是人欲横流，丑闻不断。人文主义作家薄加丘在《十日谈》中以短篇小说的方式，已向我们作了一些生动的披露。

　　教士独身制度另一个更大的弊端，是促成了卖淫风气的蔓延。那些未曾找到情妇的神职人员，可以通过嫖妓来获得满足。开办妓院最初尚属偷鸡摸狗式的地下活动，后来公开的卖淫终于获得了教会当局的批准，教俗人员开始大摇大摆地混迹于妓院。富有理论素养的神学家们辩解说，尽管嫖妓也是一种罪过，但却能防止更大的犯罪；妓院好比是一条维护社会整洁的下水道，妓女保证了体面妇女的纯洁。在教会的默许下，15 世纪末至 16 世纪初，西欧各类妓院迅速崛起。在 15 世纪的德国，几乎所有的大城市和大多数中小城市，都有由地方政府经营的妓院，妓院老板往往是领薪金的市政官员，妓女成为市政当局的财产，政府还用法令为妓院确定妓女的等级和价格。所谓上行下效，既然神职人员和出家人都成为妓院的常客，普通民众只要囊中不瘪，就喜欢到妓院去消费。妓院实际上已经发展成为首屈一指的娱乐中心，成群结队的小伙子来到城里，第一个要光顾的场所就是妓院，因为在那里除了可以进行性交易之外，还可以作其他游戏和赌钱。这就难怪路德和卡尔文的改革运动，要从净化社会风气开始。

第十六章　罗马的信仰危机

罗马人素以保守著称,他们把祖先传下来的共和国看得比自己的生命还重要,在他们看来,个人和家庭的利益必须与国家的荣誉取得一致,真正的美德只存在于为共和国服务所表现出的一系列高尚行为当中,个人的行为只有导致公共的成就,才算不会给自己的家族和祖先蒙羞。可是随着共和国丧钟的敲响,既定的政治道德和信仰体系便逐渐土崩瓦解。这时的罗马人如同死囚从天堂梦中醒来一样懊丧,他们在巨大的社会变动面前茫然失措:祖祖辈辈追求的理想,如今被证明是永远不能实现了;先前被公认为高尚的事物,现在却遭到了嘲笑和遗弃;投机钻营的奸诈小人在仕途上青云直上,耿直不阿的谦谦君子则受尽多方排挤。罗马社会正陷入严重的道德及信仰危机。

一、钱权交易

罗马人既然确立了政治优先的原则,那么对于他们来说,信仰与道德危机首先就意味着政治道德的全面败坏。例如,根据罗马的习惯和法律,代表共和国权力与尊严的元老贵族,不得从事包括航运和金融在内的商业活动。这一规定到了共和末年便成了一纸空文。首先,作为罗马商业活动主要组织者的骑士阶层,大多数与元老贵族有着密切的联系,他们当中有不少人是贵族的亲属,元老们常常通过他们染指商业活动;其次,某些贵族被派往行省任职,他们常常勾结当地的包税商,向行省人民征收各种摊派款项,从中牟取暴利。更重要的是,共和末年随着大量经商致富的"新人"进入元老院,亦官亦商的贵族日益增多,因为要新人们真正与商业活动脱钩是办不到的,于是,政治权力便从各种不同的渠道被引入到流通领域中去,法制的败坏就从这里开始。最糟糕的是,破坏法纪和惯例的始作俑者往往是政府的高级官员。政治强人肆意践踏既定法则,公开进行权钱交易,这正是罗马社会陷入政治腐败的第一个迹象。

其实,官场上以权钱交易为内容的营私舞弊现象,在较早时期就偶有出现。如在公元前 2 世纪末,努米底亚的国王朱古达,就曾狂妄地断言:如果有人愿意的话,整个罗马城也可以买下来。不过,真正危及罗马现存政治体制并震撼古典世界的腐败,却是从公元前 88 年苏拉进军罗马开始的。苏拉公开抛弃了共和国的法律与制度,用暴力取代了合法斗争,并打破了独裁官的任期限制,为以后的种种恶习开辟了先例。从此以后,廉耻心、法律和国家制度,对于暴行都失去了约束力。

如果说在过去收受贿赂是可耻的犯罪活动,那么现在,它就成了一种合法和公开的政治竞争了。政治强人们早就透彻地理解了金钱与政治权力的相互转换关系:金钱可以换来政治上的显赫,而政治权势则是获得金钱的最有效的手段。借个人的名义向人民施以小恩小惠,以博取他们的拥戴,最后攫取国家最高权力,这是共和末年权钱交易的主要形式。苏拉的权力主要依靠元老院的扶持,但是他的短暂成功,与他善于贿买军团士兵不无关系。恺撒更是讨好士兵的行家里手,他的每一个胜利,几乎都是用金钱和土地从士兵手中买来的。克拉苏则把交易对象从士兵扩大到广大平民,在执政官任职期内,他曾拿出私产的十分之一,摆了 100 桌酒席宴请罗马公民,并给予他们每人 3 个月的粮食补贴。在这方面出手最大方的要数屋大维,为了与安东尼争夺权势,他拍卖了大部分私产,用以举办赛会、宴请和施舍。当然,这些特殊公民决不会做亏本的买卖,他们一般是在罗马或军队里进行必要的政治投资,而在行省及意大利收取加倍的报偿。苏拉在第二次密特里达提战争胜利结束后，强令小亚细亚各邦向罗马缴纳五年的赋税及战费，这些款项大部分落入了他的私囊，而劫后余生的小亚细亚人民，则把一切有用之物典当殆尽，城乡各地充满凄凉和悲惨。恺撒与屋大维也常常通过包税商，把政治债务巧妙地转嫁给行省和意大利。克拉苏则习惯于趁火打劫，普鲁塔克称他"把公众的灾难当作个人致富的最大财源"。

二、政治立场的丧失

共和时期的领袖人物，大多来自贵族家庭，因此他们的堕落，本质上就是贵族阶级的堕落。元老贵族丢弃既定的政治原则和理想，在政治斗争的风浪当中左右逢源，这是罗马政治腐败的第二个征兆。

元老院历来是共和政治的中坚和独裁主义的死敌。可是到了共和末期，它开始丧失了先前那种活力，日益屈从于政治强人的个人淫威。经过从苏拉到屋大维的一系列血腥镇压和清洗，贵族阶级的政治原则近于荡然无存，像西塞罗那样为重温共和梦而大声疾呼，或像小加图那样因理想的破灭而杀身成仁的事迹，已被看作是罕见的例外。随着一批商界出身的新人进入元老院，商业上唯利是图的原则逐渐被引进到高层政治领域，结果便彻底破坏了元老院的内部统一性。既然人们都根据利益原则及个人的政治前途来选择政治态度，那么政治态度就不得不随着政治风浪的起伏而左右摇摆。在腐蚀贵族的心灵方面，金钱甚至具有比暴力更大的效力。尽管元老院历来与恺撒的关系十分紧张，但是当恺撒于公元前56年带着辉煌的战功和巨大的财富从不列颠返回山南高卢时，仍有200多名元老亲临他的驻地，其中一些是前来讨取金钱和利益的，另一些人则是前来对已获权益表示谢意的。有人把恺撒遇刺看作是元老院仍在发挥重大政治作用的一个例证，可是据阿庇安说，虽然多数元老对于该事件持幸灾乐祸的态度，但他们事先既不知道这一阴谋，也没有参与阴谋。因此恺撒之死谈不上是元老院政治抗争的产物。一贯被誉为共和国与元老院的最后台柱的西塞罗,其政治立场也不见得始终如一。在恺撒死后的政治斗争中,屋大维曾以执政官职位作为见面礼,向西塞罗伸出和解的橄榄枝,西塞罗则投桃报李,一反常态地在元老院里为屋大维讲起了好话。由于妥协未能达成,屋大维便诉诸暴力,在他兵临罗马城下的关键时刻,元老们忙于互相责备,而显赫的西塞罗则消失得无影无踪。当元老贵族们成群结队地跑去向屋大维致敬的时候,西塞罗见大势已去,不得不请求会见屋大维,并在这位宿敌面前卑劣地为自己辩护。

帝制确立以后,元老院便丧失了原有的权势,元老们的尊严也随之消失殆尽,如今他们开始争先恐后地在皇帝面前呼喊诸如"由于您我们才拥有荣耀、财富和一切"等口号。他们对于皇帝的吹捧达到这样的程度,以致于连皇帝本人都感到过分肉麻而不予接受。屋大维死后,新皇帝提比略继位,元老院迫不及待地把各种荣誉加在新皇帝的头上,在遭到拒绝以后,元老院便将皇帝的母亲里维娅当作大肆谄媚的对象,有人建议给她加上"太后"的尊号,有人主张给她"国母"的光荣。

经过长期内战的浩劫,罗马人民丧失了先前那种政治热情,为了一己之利,不惜出卖公民权利和破坏公民集体,这是罗马政治腐败的又一重大迹象。

共和末年强权政治的出现,使政治与阴谋之间的界限变得模糊不清,政治与阴谋的结合,造成了政治的专业化及政治生活的封闭性。为一个人效劳的行政官员,开始取代了为整个国家服务的公务员,普通公民则相应地远离国家政治。在政治最黑暗的年头,担任公职甚至成为一种令一般人生畏的负担。历史学家阿庇安报道说,在前三头统治下,一般善良的人根本就不愿意担任执政官,这使得共和国空缺执政官职位达 8 个月之久。帝制确立以后,拒绝担任公职的情形更加严重,已担任公职的公民则纷纷向皇帝提出辞职,因为"到处都是刀光剑影,到处都是威胁的声音",无情的暴力,迫使广大公民自动离开政治漩涡。唯一能够吸引公民与政治保持一定联系的，是赤裸裸的利益。如今，普通公民手上掌握着两项可以待价而沽的特殊商品：选举权与对于军事首领的忠诚。政客们可以用金钱从选民手中买到可以迅速获利而又不必冒太大政治风险的官职，军事将领们也可以用金钱从士兵手中买到皇帝的宝座。当然，公民们在出售自己的政治权利的同时，也就把个人的自由及政治良心一起出卖了，等待他们的，将是无穷无尽的奴役和盘剥。阿庇安曾惊叹前三头时代人心不古："贿赂和腐化最无耻地流行着。"人们是为了金钱才去投票的，野心家花上一笔钱就有望买到一个执政官的职位。帝制建立以后，选民接受贿赂的现象，更是司空见惯了。

马略的军事改革，在罗马历史上造就了第一个归将领个人所有的专业军团，这意味着军队被将领们承包了，从此在公民与士兵之间便出现了一道鸿沟。士兵开始以金钱和土地为索价，向野心勃勃的将领拍卖勇敢和忠诚。当交换原则被引进军队的时候，军事活动的高尚目的就变得无足轻重，只要有利可图，士兵们就会毫不犹豫地替将领们去卖命，而不在乎是劫掠国库还是屠杀同胞。对于罗马这样的军事大国来说，军队中的卑劣行径，往往最集中地体现了整个社会的堕落。屋大维以后，罗马军团中的法纪已荡然无存，各种旨在敲诈勒索的陋规纷纷出台。例如士兵请假外出时向百人队长馈赠小费，逐渐变成固定捐税。为了缴纳这笔税金并拥有可供挥霍的款项，士兵们一离开军营，就常常干起小偷小摸和拦路抢劫的勾当；而当他们返回军营并发现自己仍一贫如洗时，便开始密谋要挟将领或参与兵变。士兵的骄横经常迫使皇帝作出巨大妥协，如奥托和维提里乌就曾先后下令，由国库替士兵向百人队长支付"请假费"。过去是执政官听命于元老院和人民，现在的情形恰好倒过来：元老院服从皇帝，皇帝则听命于士兵。到了帝国后期，罗马士兵实际上是一群无业游民和无赖，国家命运由这样一些人来决定，表明了文明的衰败已达到了无可挽回的地步。

三、醉 生 梦 死

法纪的败坏，集体主义的崩溃及个人主义的猖獗，必然激起整个社会的物欲横流，而拜金主义及享乐主义的盛行，则是罗马政治腐败的最突出的特征。

过去的罗马人虽然不排斥金钱与财富，但仍把安贫与节俭看作善良公民不可或缺的品质，即所谓"君子爱财，取之有道"。随着政局的变迁和法则的瓦解，人们开始把发财致富与尽情享受当作唯一的人生目的，为了达到这一目的，不惜诉诸最卑劣的手段。共和末期开始流行的卢克莱修庸俗唯物主义，到了屋大维时期更加深入人心，御用诗人荷拉斯，就曾明确地表达了一般罗马人对于物欲与快乐的追求：贞洁、真理或任何其他我们过去认为是善行的东西，如果不能有效地消除痛苦和带来愉快，那么它们就不是善行而是恶行。当时罗马世界最流行的一句格言是"且尽生前乐，明朝未可期"。罗马作家佩特罗纽斯曾借其作品中的角色，发出这样的呼吁："世上最好的东西，就是一个装得满满的钱袋，和钱所能买到的酒肉歌舞。""我们全都是芸芸众生而已，谁也免不了要见阎王的，所以，趁现在还活着，让我们痛痛快快地活吧。"在这种价值观的支配下，罗马社会奢侈成风，贵族阶级在消费上花样迭出，一掷千金。公元前22年，屋大维曾试图通过立法对饮食上的浪费行为进行限制，但效果不佳。到屋大维死时，奢侈之风更盛，人们仅在吃喝方面的高消费，就足以引起黑市物价的直线上升，因而造成了市场及金融秩序的崩溃。有人建议继位的皇帝提比略进行立法限制，却被断然拒绝，因为皇帝本人就是一名臭名昭著的纵欲主义者。到了尼禄时代，由于皇帝身体力行的带动，人们简直是绞尽脑汁挥霍金钱和寻求刺激，一般的饮宴已显得过时，频频举行的各类赛会增添了许多新的花样，皇帝与贵族已不再甘心充当观众，他们抛掉惯例亲自登台扮演角色。在罗马城内，养娼纳妾达到公开化的程度,某贵族妇女甚至跑到营造官那里去申请卖淫执照。为了安抚极少数正派贵族的自尊心,元老院于公元 19 年对上层妇女的淫乱行为进行干预,但并没有收到预期效果,淫乱现象有增无减。有人估计,在"贤明君主"图拉真时期,仅罗马城就有娼妓32 000 名。

四、秘传崇拜的盛行

罗马社会的政治腐败及道德崩溃,也在罗马人的信仰生活中得到了反映。罗马的宗教传统源自于希腊,例如罗马人所崇拜的神灵体系,主要就是从希腊世界借用过来的。不过相比之下,罗马宗教的政治功利主义更为明显。典型的罗马宗教,具有如下三大特征:第一是公共性。对于罗马人来说,宗教崇拜只是公共政治生活的一个组成部分,一切崇拜活动只有直接为公民政治服务,才有其存在的价值。这种宗教只关注公民集体福祉,不关心个人内心苦乐,因此它重实践轻理论,把仪式和献祭看作是揣测神的态度和博取神的好感的主要手段。尽管各种具有个人主义倾向的秘传宗教也长期存在,但总是受到压制。第二是反个人崇拜。早期罗马虽然有过"圣王"的思想,但圣王本身不是神,而只是神的祭司。罗马共和国建立以后,人民与公民精英的联合统治,逐渐促成了一种共识和传统,即杜绝把人当做神来崇拜。个人崇拜被认为与东方的君主制有关,因此,当一个人被斥责有当国王的野心时,他便处在最危险的境地。想当国王,尚且犯了政治大忌,而想要被人民当作神来崇拜,就更是千夫所指了。第三是相对宽容。罗马人在每一次成功的对外扩张中,并没有随之毁掉被征服者的宗教,而是让各地的信仰继续存在下去,甚至允许被征服者的神灵进入罗马的万神殿。当然,这种宽容是有条件的,即这些地方性宗教只能为罗马自身的信仰增光,而不能从根本上危害该信仰。

　　罗马宗教的上述三个特征,在 3 世纪的社会动荡中逐渐变质,由此罗马人的信仰进入了全面危机阶段。然而,3 世纪的危机,不过是社会矛盾的最终爆发而已,实际上,潜伏于罗马公民社会内部的各种敌对因素,早在共和国末期时,就已经像无数蝼蚁那样,侵蚀着罗马传统宗教这座大堤了。

　　首先,各种秘传宗教不断涌入罗马社会。秘传宗教是一种封闭的崇拜,它有特定的入教仪式、秘密的活动程序及对新入教者的秘密启示,这是寻求个人拯救的宗教,它重视灵魂的净化,并向信徒许诺美好的来世生活。从本质上说,秘传宗教是与罗马国教的公共性及现实性原则背道而驰的,因此历来受到当局的排挤。例如共和国后期,当狄奥尼索斯(巴库斯)秘仪流入罗马时,元老院便对其进行严厉控制;公元前 1 世纪初,埃及的伊希斯崇拜被引入罗马,元老院对其作出的最初反应,就是将其祭坛毁掉。

　　可是,对秘传宗教的强硬态度,又是与罗马国教的宽容性原则不相容的;而且,随着罗马版图的扩大和各民族间文化交往的不断增强,外省宗教习俗的渗入已是大势所趋,任何对其进行阻挠的企图,都注定是徒劳的。公元前 43 年,伊希斯崇拜被正式批准进入罗马;2 世纪中叶,它在罗马城拥有了一座庙宇。罗马上流阶级对狄奥尼索斯(巴库斯)秘仪的态度,也有了根本转变。例如 2—3 世纪时,有些元老竟然把狄奥尼索斯的神话场景,描绘在自己的大理石棺材中,这说明他们对来世生活也开始有了热切的期盼。1 世纪初,一种新的秘传宗教即密特拉秘仪开始流入罗马,它很快就在军人、手工匠人及家庭仆役当中广为流传。一个多世纪以后,皇帝奥列良将该秘仪的主神"不可征服的太阳",确定为罗马最高神,由此可见该秘仪对罗马社会的影响力之大。突出个人拯救和灵魂净化的秘传宗教一旦合法化,就会对罗马的传统国教造成巨大冲击,从而使得信仰的公共性原则荡然无存;如今,人们关心的不再是国家的安全和公民集体的福祉,而是个人的灵魂是否得救,这对于罗马传统信仰来说,自然是一个危险的信号。

五、帝王崇拜的崛起

罗马社会信仰危机的另一个重要表现是帝王崇拜逐渐崛起。罗马人的帝王崇拜最早可追溯到恺撒。恺撒在世时，就受到人们的神化：许多与神有关的称号，被加在他身上；他的塑像被安放在公共场所里供人们崇拜。他对这种神化个人行为的公然接受，自然招致保守人士的嫉恨，故而他的被弑也便在情理之中。恺撒死后，人们更是纷纷为他建庙。从此以后，恺撒所开创的新例，便为后世所沿用。继起的屋大维虽然为了避免重蹈覆辙，拒绝在世时被神化，可是他死后即立刻被元老院接纳为国家神。屋大维的养子皇帝提比略也是如此，当有西班牙人要为他建庙时，被他谦虚地拒绝了，不过当亚洲诸城市要为他建庙时，却得到了他的允许。随着时间的推移，神化皇帝的进程也在加快。哈德良在东方被直接称为神，据说，亚洲人为他建造的祭坛有 174 座、雕像 107 尊。到了安东尼·比乌斯统治时期，不仅这位皇帝本人受到了神一样的崇拜，他的妻子佛斯提娜也连同被神化，人们为她建庙，并在硬币上刻画她骑着凤凰鸟升上天堂的图景。

进入 3 世纪以后，随着社会矛盾的加剧和危机的加深，皇帝与臣民的关系日益疏远。此前的皇帝常常行走于平民百姓当中，据说哈德良就曾经在贫民区中与一名老妇搭过话。而如今，人民再也不敢直呼皇帝的大名，而必须使用"陛下"一词；请愿者在请愿前必须匍匐在地上，并亲吻皇帝的衣袍；请愿书不能直接交给皇帝，而应当由皇帝的近臣来代转。皇帝在穿着打扮上日益显得与众不同，他通常穿着紫袍，其原料是一种用与黄金等价的稀有染料染成的贵重布料。皇帝与人民的疏远，意味着他与神灵更加接近，如戴克里先就被称作"主与神"。当然，并不是所有皇帝都能够享有与神同等的威望，在政治动荡经年不息的岁月里，皇帝的威望常常与军事胜利成正比发展。

在253—268年的短短15年间，罗马各地被拥立为皇帝的先后有30人之多，这些皇帝绝大多数与军事哗变、谋杀、皇位拍卖及背信弃义等丑恶行径有密切关系，他们即便想尽千方百计来神化自己，也无法得到民众的广泛认同。260年皇帝瓦列良被萨桑波斯人俘获，据说萨桑王沙普尔曾用他的背作脚凳，踩着他上马。在这种情况下，皇帝的威望在人民的心目中自然一落千丈。于是我们便可以看到，进入3世纪以后，一方面，一些皇帝更加远离世俗和趋近神灵世界；另一方面，另一些皇帝堕落成了军阀并常常死于非命。皇帝形象的这种两极化现象，预示着罗马信仰危机的加深。

六、对基督徒的迫害

罗马社会信仰危机的最后一个重要表现，是统治当局对基督徒的迫害愈演愈烈。基督教的出现，从根本上威胁到罗马国教赖以生存的既定社会秩序和体系，因此它从一开始就受到帝国当局的排挤、压制，乃至暴力迫害。根据塔西佗的记载，尼禄是第一个迫害基督徒的皇帝，他为了掩盖自己的纵火罪行，把基督徒当作替罪羊，对罗马城内的基督徒进行抓捕和杀戮。在图拉真时期，小亚细亚北部的本都—比提尼亚省新任总督小普林尼接到一些对基督徒的指控信件，迫害随即发生。尽管皇帝和总督均坚持对受匿名指控的基督徒不主动追查的原则，可是与此同时，他们却又确立了另一个原则，即一个人只要公开承认为基督徒，就足以构成犯罪，而无须看他的所作所为。这一原则为以后的许多皇帝所沿用。在安东尼·比乌斯和马可·奥勒略统治时期，基督徒又经受了一场迫害的考验，这场迫害持续时间达25年之久，波及的地区由罗马、小亚细亚扩大到高卢、埃及和迦太基等地。从3世纪30年代中期起，随着社会危机的到来，帝国当局对基督徒的迫害更为变本加厉。如果说以前的迫害都是局部性的事件，那么如今就形成全国规模了。250年，皇帝戴修斯在敕令中规定,所有的帝国臣民均必须向诸神献祭;履行过献祭义务的人被发给一张良民证,没有良民证的人要受法律的制裁。当时有不少基督徒死于斗兽场上或火刑架上,更多的人则被发配到矿山服劳役。到了戴克里先统治时期,罗马帝国发生了最后一场也是规模最大的一场对基督徒的迫害,史称“大迫害”。教会历史学家优西比乌告诉我们,此次迫害的手段之残酷是空前的,为了迫使基督徒就范,各种难以想象的刑具和折磨方式都被发明出来了。

罗马当局用来迫害基督徒的很多理由中,有一条理由很值得玩味,即基督徒是无神论者。基督徒摈弃各式各样的物化神灵,只承认造物主耶和华为唯一真神,这对于传统的罗马多神教信仰的确具有巨大的颠覆性。传承自犹太人的耶和华上帝这一概念,并不为罗马国教所承认,因此罗马人称基督徒为无神论者是有一定道理的。可是,同样独信耶和华的犹太人在不诉诸暴力的情况下,为何能够受到帝国当局的优待? 关键的原因可能是,犹太教缺乏基督教所独有的扩张性。犹太教始终局限于民族宗教阶段,因此能够被长期容忍,而基督教一开始就表明具有发展成为普世宗教的趋势,故短期内难以为统治当局所接受。根据斯塔克等人的估计,2 世纪初时帝国境内的基督徒总数只有 1 万人,至 3 世纪初时则增长为 20 万人。3 世纪显然是教会迅速崛起的时期,根据优西比乌的记载,该世纪中叶,仅罗马教会就拥有 46 名长老、7 名助祭、7 名副助祭、42 名侍祭、52 名驱魔员和读经员、门房;它的基金资助着 1 500 名寡妇及其他需要资助的穷人。基督教一神论者阵营的不断扩大,对于罗马传统多神教信仰的冲击,引起了当局和异教徒的恐惧,因此他们对基督徒的镇压,在很大程度上是出于护教的本能,这也从一个侧面说明当时的信仰危机有多么严重。

罗马的信仰危机,与罗马的军事扩张有着直接的关联。罗马在海外的胜利扩张,给罗马社会带来了外国的尤其是东方的宗教和思想。东方宗教大多具有秘传的性质,这些秘传宗教在进入罗马之后,必然会打破公共崇拜独大的局面,它们与原有的罗马秘仪互相融合,形成一个足以与传统公共崇拜分庭抗礼的宗教势力,这势必从根本上削弱以元老院为权力中心的罗马政府对思想舆论的控制能力,并逐渐瓦解罗马传统信仰体系,给后起的基督教的传播和渗透提供了可乘之机。此外,版图的扩张引致公民权不断扩散,由于行省"新贵"的大量加入,罗马元老院的内部构成发生了根本变化,具有东方神秘主义思想和观念的"登录元老",很快就占据元老院的多数,就对于外来新事物的态度来说,这些新元老的思想比较开放,这就是 2—3 世纪间基督教势力得以渗透到元老阶层的缘由。

第十七章　城邦体制下的政教关系

这里的城邦，特指希腊城邦时代及罗马共和时代的城市国家。希腊罗马的城邦主要在三个方面不同于东方的早期国家：第一，希腊罗马的城邦起源于海上的殖民活动，而不是起源于内陆的军事扩张；第二，希腊罗马城邦在经济上虽然也是以农业为基础，但主要是商品化农业，即其大部分农业产品不是用于生产者自己消费，而是用来作为商品进行交换，从而也就发展起古典型的奴隶制；第三，希腊罗马各城邦虽然政治体制各异，但都遵循主权在民的原则，即在不同程度上具有公民民主的传统。在这样一种城邦体系内，希腊罗马人发展起了独具特色的政教关系。

一、公共权力崇拜的崛起

与宗教色彩浓郁的古中东文明和古南亚文明相比，城邦时期的希腊罗马，具有更为明显的现实主义特征。例如，当东方的天文学还孕育在占星术的母腹里的时候，希腊罗马的哲学和自然科学却迅速地获得了独立。然而，我们不能据此便断言，希腊罗马城邦社会是真正的世俗社会。必须看到，古代希腊罗马的人文精神，并没能使整个城邦社会摆脱开宗教的影响。从本质上来说，希腊罗马的城邦政治仍然是神权政治。这首先是因为，在国家和政府权力的起源问题上，希腊罗马的公民与古代东方的臣民有着大致相同的看法，他们均认为国家并非凡夫俗子所能缔造，政府权力只能来自神灵的恩赐。

在希腊罗马城邦时期,由于行使政府职能的权力主体不是体现为专制君主的个人,而是作为某种合议制机构的形式出现的公民集体,因此,有关神圣君王的概念在这里便失去了长期繁殖的土壤。但这并不表明,希腊罗马的政府权力在产生过程当中不需要任何超自然力量的干预。事实上,希腊罗马人在从野蛮状态转向文明的途中,也出现过个人集权的倾向,君权神授的观念曾一度为人们所普遍接受。荷马时代的文学作品中所表现出来的对于半神半人英雄的崇拜,其实就是早期希腊人神化城邦统治者的一个尚未完成的过程。斯巴达人的领袖吕库古在为自己的同胞推行政制改革时,曾多次通过阿波罗神庙为自己的专断权力寻找神圣渊源,他甚至捏造了一个关于他自身"不是凡人,而是神"的神谕。他死后便真正享受了神的待遇,斯巴达人为他建造了神庙。伯罗奔尼撒战争后期,斯巴达海军司令莱山德成了希腊的无冕之王,人们为他修建了祭坛,并把他的塑像与奥林匹亚诸神像排列在一起。罗马传说中的建国者罗慕洛,一直被认为是和平与国家之神奎里努斯的化身。传说中的罗马立法家塞维乌斯·图里乌斯,也被认为是火山之神沃卡努斯的后代。虽然到了后来,随着王政的废除和合议制政体的建立,对于统治者个人的崇拜逐渐消失,但对于公民集体和由公民集体所控制的公共权力的神化和崇拜却随之兴起。有人认为,城邦制度是"神授王权"在一种特殊环境下演变出来的东西,这一说法不无道理。由于希腊罗马社会的血缘关系较早瓦解,单个个人和个体家庭必须依靠由地域或财产关系所结成的公民集体,才能进行正常的社会生活,这便是产生公共权力崇拜的历史前提。城邦时期的希腊罗马人,无疑对公民集体产生了一种严重的依赖感,并进而将其理性化和神圣化。希波战争和意大利战争期间希腊人与罗马人的民族主义激情,与这种宗教上的公共权力崇拜有着密切的关联。由于各邦都把所属的公共权力看成是本邦庇护神的恩赐,于是,公共权力便穿上了神圣的外衣,破坏公共权力所受的处罚与因渎神罪所受的处罚完全一致。例如,当苏格拉底的言行危及雅典某些当权人物的利益时,他所受到的指控却是"不信城邦庇护神"。而当雅典城内大部分赫尔默斯神像被损毁的时候,政府当局便认定这是一起颠覆民主政治的阴谋。

政府权力的神化,在完善古代文明和推动社会进步方面,起到过一定的积极作用。对于早期人类来说,借助信仰的力量去将民众组织起来,从而形成有序的社会,这是天经地义的。政府权力的神化过程,同时也是政府机构的管理效能逐步增强的过程。更为重要的是,古代的"爱国主义",正是从神圣权力的机体内部孵化出来的。在专制的国家里,政府权力的神化,不仅意味着君主个人权力的提高,而且意味着民族凝聚力的增强,神圣君主日益成为民族利益的化身,爱国往往体现为忠君,忠君则渊源于宗教虔诚。在希腊罗马的城邦社会里,神化的政府权力则把公民塑造为"政治动物",公民以积极参政来表明城邦利益是实现公民个人利益的前提。尽管由于政府权力的分散而丧失了个人崇拜的社会条件,但权力崇拜的条件却没有消失,相反,正由于在这类国家当中普遍缺乏象征国家和民族精神的神圣君主,就更加迫切需要一种维系民族团结和城邦稳定的信仰体系。因此,城邦的世俗统治者也不得不像东方的君主那样,经常地利用信仰的力量去调节公民的行为。据历史学家李维的报道,在共和国初期,罗马城被高卢人焚毁,人们正纷纷准备迁都维爱,独裁官卡米卢即刻利用宗教的感召力,成功说服人民留下来重建罗马。可见,即使在城邦社会里,行政命令也往往要靠宗教感情的推动才能奏效。

二、宗教对城邦政治的干预

尽管城市生活被看作是希腊罗马古典文明的标志,可是神殿作为城邦公共权力的象征,在希腊罗马人的心目中,似乎占据着更为重要的地位。在战争中毁掉一座城市,不一定意味着一个城邦的最终灭亡,只有当城邦的主神殿被夷平时,居民们才会感受到亡国的切肤之痛。据希罗多德的报道,埃皮道洛斯人历来对雅典负有纳贡义务,但有一次埃皮道洛斯人的神像被埃吉纳人偷走了,于是,他们便停止了对雅典的纳贡,其理由是,既然他们的神像落入了别人手里,就应当由别人来履行义务,因为他们的国家已随着神像的丢失而灭亡。类似的事情在罗马人那里也发生过。据普鲁塔克和李维的记载,在共和国初期,罗马在高卢人的强攻之下即将沦陷,这时元老院作出了一个决定:集中人力守住朱庇特神殿,只要还有一人生存,就不能中断神圣的祭祀和维斯塔圣火的燃烧。宗教狂热激励了爱国精神,于是,留守公民中出现了争先赴死的动人情景,以血洗神殿实现了保家卫国的神圣愿望。这些故事表明,希腊罗马人已经把神殿和神像看作是与公民个人命运连结一起的城邦之魂。

在多数情况下,神殿是公民集会的场所,许多重要的决策都在神像面前公开作出。神殿无疑被看作是城邦公共权力的发源地,任何企图控制城邦政权的党派和个人,都会毫不犹豫地抢先占据这一神圣的地方,从基隆暴动、庇西特拉图政变,到格拉古兄弟改革,无不以神殿作为攻占的第一个目标。希腊罗马的移民在踏上一块新居地时所要做的第一件事情,就是为他们所崇奉的神灵建造神殿,然后才着手修建住宅、安排生活和组织政府,这类事例在希罗多德、修昔底德及阿庇安等人的著述中屡屡出现。这一做法本身证明了希腊罗马人在有关政府权力的神圣起源的认识方面,与古代东方人没有什么本质区别。

既然国家与政府权力来自神灵的恩赐,那么这种权力本身就必然打上了神圣的烙印,这主要表现为各种宗教势力对于世俗政权的不同程度的渗透和影响。在早期的希腊各城邦,声名显赫的贵族家庭往往通过世袭垄断祭司职务的方式,支配城邦的政治,他们不仅为执政官提供人选、充当法律教师,而且是神务方面的专家,来自神的征兆和人间的正义都依靠他们的解释和维护。据说斯巴达的监察官,最初便是由宗教官员兼任的,在一段时期内,这一官职的权力明显高于徒具虚名的国王,他们借用城邦庇护神的名义,牵制王权,领导长老会议,压制平民,并掌管教化大权,在思想上钳制舆论,剿灭异端,组织和指导整个城邦的宗教生活。随着民主政治的普遍建立,贵族对于城邦政治的影响力减弱了,但由平民管理的城邦政府,在处理重大政务的过程中,仍然严重地依赖于神意。遍布希腊世界的神谕所,实际上成为民意的最终代表,它们直接参与了城邦事务的决策,并常常成为争执各方的仲裁者。一些城邦的纪年甚至以这些神谕所祭司的任职年序来计算。希腊世界最有名的神谕所,是位于阿提卡半岛北部的特尔斐神谕所,它的影响力扩及整个地中海地区,其所发挥的作用类似于现代美国的兰德咨询公司。神谕所在城邦政治当中所占据的举足轻重的地位,自然是以其强大的经济基础为后盾的。例如,特尔斐神谕所不仅收取希腊人收入十分之一的供品,而且接受外邦人的大量奉献,甚至主动向求神谕者索取祭物。至伯罗奔尼撒战争前夕,已有二十多个城邦在该神谕所设立金库,特尔斐城一时成为整个希腊世界的首富。此外,希腊各邦的神殿,也是城邦的财库所在,如雅典的帕特嫩神殿,就储藏了整个雅典城贵重物品的主要部分。尽管根据合议制政治的原则,神殿祭司并不是神殿财富的所有者和唯一的管理者,但他们至少可以利用其经济上的便利条件,去对城邦政治施加一定的个人影响。根据相关史书的记载,特尔斐神谕所的女祭司曾经拒绝雅典僭主庇西特拉图的合作建议,否决库麦人有关收留吕底亚人帕克杜耶斯的要求,迫使希巨昂的僭主克莱司铁涅斯放弃了流放阿德斯拉斯的计划,等等。这些大胆的决策,与神谕所雄厚的财力不无关系。

宗教干预城邦政治的现象,在罗马人那里表现得更加突出。在王政时代,经罗马人民选出并经元老院批准的新王,必须交由占卜师占卜并获得吉兆之后才能正式登基,这一仪式无疑是“王权神授”的最后残余。王政结束以后,由显贵组成的元老院及其派生出来的行政官员控制了罗马共和国政权,但这个以保守著称的政府,既不愿意也不可能完全撇开宗教的影响。元老们仍严格地遵守着古老的传统,他们在朱庇特神殿举行例会,把共和国的重要文件交由维斯塔神的女祭司去保管,并按政府部门的分工形式,把神职人员划分为若干个祭司团,协助有关部门处理政务。其中,"西比尔圣书解释团"在共和国的决策活动中,占据着特殊地位,它实际上是政府的高级顾问机构,该团成员以研读和解释收藏于朱庇特神殿地下石盒里的"西比尔圣书"为己任,当元老们对某项议案存有争议而举棋不定时,他们总要请教这个解释团。据阿庇安的记载,西比尔圣书的预言,是促使罗马人征服马其顿的主要因素;罗马将领加宾尼阿斯因违反了该圣书的禁言,擅自对埃及开战而受到了放逐的惩罚。在罗马,某些较重要的占卜官,还拥有公民大会召集日期的决定权。例如公元前 84 年罗马的一名执政官突然死去,按惯例必须立刻召集公民大会进行补选,但这时由于出现了不祥的天兆,于是占卜官便将公民大会延迟到夏至以后。此外,高级祭司们往往利用自身的宗教威望收买人心,抬高身价,以获取更多的政治权力。据阿庇安说,朱庇特的祭司美鲁拉因其宗教上的虔诚而获得元老院的欢心,终于在公元前 87 年爬上了执政官的高位。

三、城邦政府对于宗教事务的把控

虽然城邦政治与专制政治一样需要宗教,但是在多数情况下,城邦政权并没有真正为宗教势力所支配,相反,世俗政权将宗教置于自己的绝对控制之下,使之服服帖帖地听命于自己的摆弄。与政治的非专业化相对应,古典社会的宗教也是一种业余活动。尽管每一个神灵都有一名祭司,但大部分祭司职位并不是世袭相传的,而是有任期的额外兼职。如同担任国家公职那样,每一名拥有完整公民权的城邦居民,都有担任高级祭司的资格和机会,因为从事这一工作,通常并不需要接受特别的训练。在这种情况下,宗教事务的独立性和祭司特权便失去了滋生的土壤。

希腊的王政结束以后,原先的"王"就成了执政官团体中负责处理宗教事务的祭仪执政官。不过该职位的象征意义大于实际意义。

有一个发现于米利都的铭文,记载了公元前 6 世纪的一次祭典,该铭文说,在这次祭典上,祭仪执政官所分得的祭品,并不比歌队中的其他人员多。这种平等分享祭品的情形,在希腊世界是一种普遍现象,它表明祭司特权在希腊各邦是一个陌生的概念。古希腊政治制度的不成熟,决定了它的宗教机构的不完善。希腊的神职人员明显缺乏系统的组织性。城邦时期,主持希腊神务的人员大致有三类。第一类是贵族家族中较有名望的人物,他们充当某些重要神殿的祭司。在贵族制城邦里,祭司职位多数由这些名门望族终身担任,并世代相传。第二类是从公民当中选出的代表,大部分民主制城邦的神殿祭司都由他们担任。这类祭司职位一般按城邦政治“轮番为治”的原则,实行较严格的任期制。第三类则是由世俗行政官员兼任的公祭主持人,这类人员只是在遇上城邦大型献祭仪式时,才负起祭司的职责。由此看来,希腊的祭司并没能构成一个特殊的社会集团。虽然存在着贵族祭司终身制和世袭制的现象,可是由于祭司并不是神殿的所有者和真正的统治者,神殿的所有权和统治权掌握在世俗的城邦政府或社区民众会议手里,给予某些名门望族以终身祭司的头衔,在很大程度上只是对其已经丧失的传统特权的一种精神补偿。

罗马在进入共和时代以后,也保留了王政时代的“王”的宗教职能,他们被称作“圣王”。但圣王并不能像希腊的王那样,跻身于执政官的行列,他们被排除在城邦政府之外,只是在国家举行重大典礼时,才作为古老传统的一种象征,出现在民众面前。比起希腊城邦来,罗马共和国的政治法律制度要成熟得多,因此,共和国的神务机构也较为庞大和完备。在共和国的若干个分工明确的祭司团当中,除了西比尔圣书解释团,其余对于共和国政治较有影响力的是最高祭司团和外事祭司团,前者的主要职责是执掌历法和节期,同时监督一切与宗教有关的事宜,并管理城市治安;后者负责外交事务,充当外交使节,主持有关缔约及宣战等仪式。这些祭司团体握有世俗权力,并不意味着罗马的世俗政权向宗教势力屈服,相反,它倒是表明了世俗政权对于宗教的有效控制。因为首先,根据罗马的习惯,高级的祭司职务必须由世俗人士担任,这类职务从本质上来说,属于行政管理的范畴,祭司团的成员所从事的大部分工作,是共和国的具体行政事务,单纯的神务则由较低级的祭司来负责,如看守维斯塔圣火的女祭司。在这里,"祭司"一词只是加在共和国官员身上的一种神圣称号而已。其次,大部分高级祭司是由公民大会选举产生的,选举制避免了贵族家族对于祭司职务的垄断,许多平民通过选举也可以当上各种祭司团的成员。至于专司某个神灵的一般神殿祭司,其人选和权限与希腊的情形大同小异,他们对于共和国的政治,并不产生重大影响。

四、宗教服务于世俗生活

神务的非专业化和祭司特权实际上的不存在,决定了宗教生活的非神秘化和世俗化。于是,我们在希腊罗马人的城邦社会内部,看到了一种与古代中国十分相似的现象:一方面,宗教无孔不入地渗透到社会生活的各个层面;另一方面,世俗当局牢牢地把控宗教事务。总而言之,与在古代中国的情形一样,在城邦时期的希腊罗马,宗教势力无法形成一股足以与世俗政权分庭抗礼的独立的社会势力。希腊罗马的古典宗教,实际上是军事情报与商业信息的源泉、公众娱乐的手段、交际的工具以及维系民族、城邦、个人和家庭的纽带,它服务于世俗生活,并以世俗的需要为转移。这一切正如哲学家罗素所说:古典社会的宗教,只适合于那些对现世感到兴趣并且对地上的幸福怀抱着希望的人们。妇女在古典宗教中所扮演的角色也很能说明问题。众所周知,古典社会的公民集体一贯将妇女排除在外,它们对于女性的蔑视比起某些东方国家来也毫不逊色。有趣的是,宗教对于不拥有公民权利的妇女来说,却是一个罕见的例外。在许多与献祭有关的公共典礼上,妇女常常扮演主角,家庭中的祭祀活动自然由妇女来主持,城邦的圣火也由她们来看护,许多著名神殿的祭司职务也由女性来担任,例如特尔斐神谕所和亚戈斯城赫拉神殿的女祭司,便一直在整个希腊世界中享有最高的声誉。不过,妇女在神务上所发挥的积极作用,并不能使她们的政治地位有丝毫的提高,相反,她们参与神务,正是以免除世俗政务为前提的。既然一切宗教政策都是由垄断世俗权力的男性统治者制定的,那么妇女充其量不过是政策的忠实执行者。妇女被破例允许参与宗教事务这一事实,倒是表明了古典时代的人们把宗教置于何等卑下的地位。有人把这一现象归咎于古人对于神人关系的一种独特理解:具有生育功能的妇女,与主管死亡事务的神灵,均带有一种动物式的野性;这种野性需要男人以及由男人所构成的政治社会来驾驭,由于负责生的妇女与负责死的神灵是相通的,那么由前者去与后者打交道,便是天经地义的了。这种解释有一定的道理,它表明,在古人那里,妇女被允许参与宗教事务,并没有显示出妇女社会权利的提升,而是意味着她们实际地位的低下。女性从属于男性,是一切古代社会的普遍现象,不过只有在教权绝对服属于俗权的古典社会,神灵才可能被想象为与女性拥有某些共同属性。男人们将宗教义务强加给妇女,不是为了解放她们,而是为了更好地约束她们。从另一个方面看,在政治社会里没有立锥之地的妇女,不得不遁入宗教领域里去寻找自己的位置。结果她们发现,这一位置仍然牢牢地依附于由男人们所占据的政治社会。

五、受制于政治权力的神谕

在城邦的社会生活中,希腊罗马人的确离不开崇拜和神殿,但这并不表明神殿和神谕所是古典社会的政治权力中心。尽管特尔斐神谕所因其预言的灵验,而备受希腊人乃至外邦人的垂青,但它始终无法超越其宗教中心的界限。它虽然富有,却因缺乏像埃及神庙那样的产业基础,而使自身一直处于受施者的地位,亦即它只接受财富,不生产财富;它虽然拥有神圣权威,但由于没有任何军事支撑,而不得不只充当某些军事霸国的喉舌和工具。希腊罗马其他神殿的情形,与特尔斐神谕所大致相同。世俗统治者常常用金钱收买或行政干预的手段,迫使神殿和神谕所祭司作出对他们有利的神谶,在这方面,希罗多德和修昔底德已为我们留下了宝贵的记载。神谕所或神殿的富有和虚弱,是它们经常招惹兵祸和盗贼的主要原因。特尔斐神谕所不仅是异族的波斯人、伊利里亚人、凯尔特人及罗马人的猎物,而且也是同族的希腊人的劫掠对象。伯罗奔尼撒战争期间,作为交战双方的雅典和斯巴达,不约而同地把特尔斐当成了自己的军需品供应基地,这个著名的圣地遭到了一次次空前的蹂躏。虔诚的罗马人对于神殿财富的爱戴,远远超过了对于神灵的爱戴,他们在神殿里进行党派之间的生死搏斗时,常常顺手牵羊将神殿里的黄金塑像装进自己的衣袋。在公元前100年由保民官阿彪利亚煽起的平民骚动中,有人甚至建议,把被劫一空的朱庇特神殿付之一炬,其人性的堕落已达到数典忘祖的程度。

　　神务服属于俗务,必然也会在城邦公民集体的内部关系中得到反映。在城邦体制下,平民与贵族的斗争,既是社会阶级斗争的重要内容,也是统治阶级内部倾轧的主要形式。与东方多数国家的社会斗争一样,城邦社会各公民党派也常常借助信仰的力量去实现自身的政治愿景。例如希腊罗马的平民,就曾利用狄奥尼索斯崇拜和狄安娜崇拜等形式,去发泄对于贵族的不满。不过,与东方国家不同的是,既然城邦社会中的教权被置于世俗政权的绝对支配之下,祭司充其量只是附属于各世俗阶级的普通成员,而祭司各自所属的阶级利益又是迥然相异的,他们绝不可能联结为一个足以同世俗政权相抗衡的特殊的社会集团,因此希腊罗马城邦的社会斗争和冲突,很少受到宗教势力的利用。

　　当然,在神权政治的条件下,某种形式的政教矛盾和冲突是不可避免的。希腊罗马的世俗统治者与预言家或占卜师之间的关系,就不是经常协调一致的。相对于其他祭司来说,预言家和占卜师是专业性较强的神职人员,他们作为神意的解释者,在古典世界各城邦的商业、航海及征战等一系列国家和民事活动当中,发挥着非常重要的作用。他们的预言,常常与政治领袖或军事首领的看法发生冲突。不过在多数情况下,预言家和占卜师的意见,对世俗统治者并没有多少约束力,预言往往服从于政治需要。当预言家的预言与世俗的政治目的相悖逆时,便总是以军政首领的解释或民众的意愿为准。当公元前 480 年特尔斐神谕忠告雅典人在抵御波斯人的过程中要依靠"木墙"时,年老的预言家把"木墙"解释为雅典卫城,而当时崭露头角的政治领袖铁米司托克列斯则认为神谕所说的"木墙"实指军舰,结果铁米司托克列斯的解释占了上风,因为最终的决定不是由预言家来作的,而是由公民大会来作的。由此可见,尽管预言家具有职业上的优势,却没有决定城邦事务的实际权力。政治领袖与公民大会看待预言家的预言,如同中国的皇帝看待朝臣的谏言,既可以采纳,也可以拒绝,一切以现实需要为转移。希腊的许多著名悲剧,也常常以这类政教矛盾作为生动题材。悲剧所描述的大致情节,无非是世俗的领袖人物不听从预言家的忠告,而预言家又无力改变领袖们的决定,事态的发展必然是被预言家不幸言中,结果便都以悲剧告终。造成悲剧的原因显然主要并不在于领袖人物的一意孤行,而在于预言家没有独立决断的权力,因为预言家只是懂得如何做,而统治者则决定如何做。

六、航海活动与教权的萎缩

希腊罗马人驾驭宗教的能力,根植于古典世界那种独特的政治和经济条件。从表面上看,合议制的城邦政治不容许独立的祭司特权的存在,宗教权力必须像政治权力那样,被分割成支离破碎的日常事务,并受轮番为治的政府官员所支配。在城邦时期的希腊和罗马,诸如财政、立法、行政和监督等体现政府职能的权力,都分别掌握在各个特定的和世俗的公民集团及其定期选出的代表手里,城邦政治的威力就建立在各个分散的权力机构的互相配合及互相制约的基础上,作为行使公共权力的个人,在法理上并不是这些权力的人格化或所有者,而是它们的受托者。古典宗教作为城邦体制的意识形态,当然不可能超越这一特定的社会政治条件。如同城邦政府的其他部门那样,宗教机构不是服从某位神灵的意志,而是服从以神灵的名义进行集体统治的那部分公民的意志。祭司的权力与其说是来自他所担任的神职,不如说是出自他的公民身份,在这种情况下,政教关系的具体运作及其结局就可想而知了。

从更为深层的方面看,城邦体制下缺乏独立教权的现象,显然与古典社会血缘关系的较早萎缩有关。在希腊罗马人的生活内容中,航海活动占据了相当大的比重。海洋对于早期欧洲人,就如同河流及沃土对于早期东方人那样重要。地中海为希腊罗马人的海上活动提供了天然舞台,发达的海路交通、众多的岛屿、沿岸地区的富庶及古老而又神奇的海上传说等等,无疑是刺激欧洲人去进行冒险的主要因素。正由于拥有这样一个有利的外部环境,希腊罗马文明的诞生过程,便比东方文明增添了一个全新的内容——海上殖民。移民既是希腊罗马国家产生的原因,又是它的结果。不管始于公元前8世纪的移民运动的诱发因素是内部矛盾还是外部压力,在希腊罗马人所进行的海上迁移的全部动机中,肯定包含有"自立门户"的强烈愿望。该愿望本身意味着,迁移者是在走上背叛母邦和挣脱本族传统纽带的道路,因为他们一旦成为一个新城邦的主人,他们不但不会想到去报效自己的母邦,而且会千方百计地使自身成为母邦的竞争者,这种事例在古典作家的著述中屡见不鲜。而且,海上迁移的特点,也决定了迁移者必须及早抛弃亲族关系,并尽最大的可能去淡化乡土观念。正如历史学家汤因比所指出的,陆上迁移可以把一个庞大的家族及其血缘联系一起迁走,但古代的海上迁移却不同,因为木舟时代的船只装载量极其有限,而且在多数情况下,一条船上的船客可能都是相互间无亲缘关系的青壮年。因此,海上迁移必然加速城邦社会血缘关系的萎缩。有研究表明，古典世界的海上殖民遵循着"分裂繁殖"的道路发展，这意味着只要城邦体系存在一天，大小规模的海上移民和兴邦建国的过程就不会停息，于是，冒险精神和自立门户的观念就会成为一种时代风尚而为欧洲人所普遍接受。随着母邦与殖民城邦的频繁接触，海外移民的价值观迅速地返流到希腊和罗马本土，整个古典社会的血缘关系日益被排除于政治领域之外，地域关系和财产关系先后占据了支配地位。由儿女们共同瓜分遗产的继承法，抑制了超级大家族的形成，以夫妻为主体的小家庭受到普遍崇尚。例如亚里士多德就极力主张，一个理想的家庭，应只包括主与奴、夫与妇及父与子这三种关系，至于其他的亲缘关系则被排除在家庭关系之外。海上活动及商品经济的发展，进一步消除了氏族公有的残余，财产私有的观念早就为古典世界的居民所接受。宗族观念的淡化和私有观念的加强，从根本上摧毁了祭司特权所赖以形成的社会基础。由于血缘关系的萎缩，祖先崇拜便失去了其滋长的土壤，人们对于先人的纪念日益成为一种纯世俗的活动。既然祭司不再被认为具有神的血统，他们就只能带着世人的嘱托，去向神灵作日常的祷告，而无法利用神灵向世人发号施令了。尽管航海冒险的确需要借助超自然力量的庇护，但海上活动更加需要实际的自然知识，而且该活动本身就为航海者提供了获取科学知识的有利条件。因此如我们所看到的，古代的希腊罗马人虽然也是笃信宗教的民族，但他们却把探求知识的活动与崇拜神灵的活动分开，让哲学、法学、政治伦理学及自然科学等学科获得了世俗的资格。而任何不包容科学和哲学的宗教，都无法对世俗政权实行有效的控制。既然古典社会的宗教缺乏哲理基础，它就不可能提升到万流归宗的地位，只能沦为世俗政权的驯服工具。

第十八章　集权体制下的政教关系

政教关系历来是古代社会关系的一个重要组成部分。在古代东方各君主国内部，宗教势力以教权的形式渗入到政治领域，世俗当局则借助王权，对全国的宗教信仰进行行政干预，于是便产生了教权与王权之间的互相勾连、互相利用和此消彼长的矛盾斗争，这种复杂关系也连带影响到社会其他领域，如经济、军事和文化思想等。

一、君权神授和祭司的坐大

在古代东方各君主国中，王权与教权是一对奇特的孪生子，两者关系十分微妙。一方面，它们互为倚靠，形影不离；另一方面，它们却同床异梦，若即若离，甚至互相排挤，每一方都力图置对方于死地而后快。产生这一现象的关键因素是专制政治。专制君主制的本质是个人独裁，而任何形式的独裁政治，如果离开宗教的力量就会土崩瓦解，世俗的帝王只有披上神圣的外衣，才能把他个人凌驾于整个社会之上。因此，古代东方各国君主都不遗余力地从神那里为自己的独裁统治寻找根据，他们往往把自己说成是某位大神的化身、后代或代理人。埃及最初的国王曾径直自称为神。在全埃及统一以后，国王开始被认定是太阳神瑞的儿子，这一称谓意味着国王具有神与人的双重位格，他上能通神，下能达人，是人与神之间唯一的联结纽带。在祭司特权尚未真正产生的古王国时期，埃及国王实际上担任着世俗君主与最高祭司长双重职务，因为当时的许多重大宗教仪式都由国王亲自主持,祭司只是扮演了类似助祭的角色。两河流域列国的君王也是最有势力的祭司贵族,他们不仅控制着本国的最高世俗权力,而且领导整个国家的宗教事务。与此同时,对于这些世俗统治者的神化过程也开始发生了。有人认为,两河流域最受崇拜的三大主神之一"雄武威严之神"恩利尔,其苏美尔语便含有"国之君"的意义,这表明两河流域早期的君主与这位大神之间存在着某种非同寻常的关系。在专制制度产生之后,巴比伦世俗君主与神之间的关系就变得越来越明确了。例如,国王汉谟拉比就自称是天上众神在人间的代表、"四方的庇护者"、"众王之神"和"巴比伦的太阳"。相比之下,波斯诸王较为世俗化,但他们也将其统治归因于神意。相关铭文表明,古波斯人的主神阿胡拉·马兹达,曾被波斯诸王长期奉为主神,国王们出征打仗时,总要打出马兹达的旗号。古印度的国王们虽然只是被看作神的创造物之一,但他们也具有神的血统,因为据说他们的身体是由世界八大主神身上流出来的微粒组成的,因此是最优秀的创造物,甚至是"一个寓于人形的伟大的神明"。古代中国的君主早在先秦时代就把自己视作天命的受托者,最迟在西周,君主就被称作"天子"。到了西汉时期,由于儒学大师的精心策划,出现了一整套有关君权神授的系统理论,君权的神化开始拥有了扎实的法理基础。

　　然而,王权的神化常常伴随着教权的产生,因为假如没有吹喇叭和抬轿子的,就成不了仪仗。为君王吹喇叭抬轿子的人,就是各式各样的祭司,故神化王权的工作主要由祭司来做。奸猾的祭司在把王权吹捧上天的同时,也没有忘记将自身说成是联结神灵与君主的唯一媒介。在一些地区,君主的神化总是造成了君权实际上的被架空,在国王们像神那样高高在上之时,统治人间的实权便自然而然地落入到能说会道的祭司手里。专业祭司的产生和祭司特权的出现,是古代南亚和古代中东的一种普遍现象。在这些国土长期分割和政治形势经常动荡不安的地区,随着世俗君主号召力的减弱及威望的下降,祭司阶层常常轻而易举地窃取了超越君主的特权。印度的婆罗门正是这样一类祭司集团,他们高贵的出身和渊博的学识令世俗君主望尘莫及。按照古老的法典，印度国王可以用刑罚来对付任何人，唯独必须"以满腔和善对待婆罗门"。婆罗门拥有许多赦免权，他们因辱骂武士所处的罚金，只是武士辱骂他们所处罚金的一半。婆罗门这种居高临下的权势"甚至让罗刹神敬让三分"。一般人要取得婆罗门的地位，比取得王位还要困难。

二、犹太祭司和埃及祭司的权势

在古代犹太地区，犹太祭司集团的势力比起印度的婆罗门来，有过之而无不及。根据希伯来圣经，摩西临终前设立了专职祭司，并规定祭司的职责是为国王向上帝求问法律之事。表面看来，专职祭司的设立好像是为了服务于国王，但实际上，通过这一途径，教权便被从王权当中分割出来，并转移到了专业祭司的手上，祭司贵族牢牢把握了犹太法律的修订权和解释权，从而成为世俗君主与上帝的中介人，此后，国王们就再也不能够与上帝进行直接联系了。犹太祭司职业世袭，并享有百姓献祭的所有供品；他们甚至可以自任法官，私设公堂，审判异端，据说耶稣就是经由他们审判而被定罪的。除了祭司之外，在犹太社会中游走四方、传布预言的先知也拥有一部分宗教特权，他们中的一些上层人物，常常利用各种社会矛盾爬上权力顶峰，例如著名先知撒母耳就曾一度凌驾于扫罗王和大卫王之上。在教权过分强大的情况下，王权必然萎靡不振。早在"巴比伦之囚"以前，世俗的犹太国王就已日益蜕变为祭司贵族的傀儡。按传统法律的规定，国王不可加添马匹，不可多立妃嫔，不可多积金银，不得"心高气傲，偏左偏右"，这些法律显然是祭司贵族专门杜撰出来限制世俗王权的。

古埃及的政治具有同样浓厚的神权色彩。尽管这里的政治气候相对比较温和，祭司势力迟至中王国时期仍未能真正从世俗君主的附庸地位中摆脱出来，可是早在古王国时期，孟菲斯那些桀骜不驯的祭司家族，就迫不及待地表露出了控制世俗事务的勃勃野心。第五王朝时期的祭司，编制了一则有关国王由祭司之妻与太阳神瑞秘密婚媾所生的神话。该神话表面看来好像是要表明王权的神圣来源，实际上它的真正目的是要证明祭司的地位高于国王，因为根据这一神话，祭司在法理上便与太阳神瑞一道成为国王的父亲和保护者。爱好虚荣的君主在扶持宗教势力方面总是表现出非凡的气度，他们没料到这样做正是在走上自我损毁的道路。一些纸草文献的记载表明，埃及国王给予神庙源源不断的馈赠，使祭司成为全埃及的首富。当国王们意识到必须对发展过快的神庙经济进行限制时，祭司集团却早已摆脱了君主的驾驭而成为独立的社会势力。第十八王朝的国王把首都迁往北部的孟菲斯，从此旧都底比斯就成了全埃及的"宗教首都"而与国王的宫廷分庭抗礼。在埃赫纳顿宗教改革失败以后，底比斯的阿蒙神庙攫取了更多的特权，它掌握了埃及全部耕地的十分之一，最高祭司长的职务与王位一样世袭相传，神庙有了自己的军队和行政机构，先前服属于法老的最高祭司长，现在开始认为其权力直接来自阿蒙神。到了第廿一王朝，阿蒙神庙的祭司长终于狂妄到公开称王的地步。

三、不修来世的巴比伦宗教

　　巴比伦祭司几乎享有与埃及祭司一样多的特权。历代君王为了获取各种神圣头衔，曾争先恐后地兴建神庙，向神庙捐赠财物和人口，并把所建神庙的级别、数量及捐赠物的多寡看作是衡量王权强弱的重要标志。世俗统治者的慷慨好施，使巴比伦的祭司阶层逐渐发展成为两河流域一带最大的所有者。他们分为几十个等级，并以庞大的神庙经济体系为依托，进行着各式各样的生产与商业等经营活动。巴比伦祭司在文化知识方面的垄断地位，对于世俗君主的专制意图，也具有一定的制约作用。目不识丁的统治者固然不能随心所欲地发号施令,受过良好教育的国王在学识渊博的神职人员面前,也不得不礼让三分。以人间之神自居的汉谟拉比王之所以不敢与天上众神相提并论,显然是考虑到了祭司界的压力;在那条刻有他的著名法典的石柱上,汉谟拉比只是作为一名谦恭的神仆,侍立在太阳神沙马什的面前。

不过,两河流域的社会环境毕竟不同于其他地区。埃及是由于长期的和平和稳定弱化了军事集团的作用,给祭司势力提供了施展拳脚的机会;巴勒斯坦和印度则是因长期的动荡及国土的经常性分裂,降低了世俗君主的威望,从而为教权的崛起提供了有利条件。在两河流域,连续不断的政治混乱并没有导致长期的国土分裂,相反,这种动荡本身常常是民族融合及国土统一的一种契机。频繁的征服战争为巴比伦造就了一个个强大王朝,尚武的世俗君主依靠军事贵族取得天下,他们也依靠军事集团统治天下并约束祭司贵族。因此,除了个别不成气候的祭司叛乱事件以外,在两河流域历史上先后出现的古代王朝内部,军事官僚贵族的势力总是高居于祭司贵族之上。尽管祭司集团在宗教、文化和经济领域中享有广泛的特权,但他们并没有被赋予过多的世俗权力。而且,随着王朝统治的巩固,世俗君主试图打破祭司集团对于教务的垄断,并屡屡获得成功,许多国王开始拥有亲自主持巫术仪式和施行诅咒的神秘权力。

巴比伦宗教的功利性,也是巴比伦祭司无法驾驭世俗王权的重要因素。犹太人的宗教是救世的宗教,印度宗教重在回避现实及强调轮回转世,埃及宗教的目的则立足于将现实生活的幸福加以延续和升华。但这三种宗教有一个共同的特征,即在不同程度上关注来世生活,并摒弃了原始崇拜那种急功近利的成分,把对神灵的崇拜抽象为一种较为高级的信仰体系,这种体系包括相对完整的教义、完善的宗教组织和确定无疑的崇拜对象。印度宗教和犹太教实际上已处于万流归宗的地位:宗教惯例和习俗成为国家立法的唯一依据,宗教信条被看作是最权威的行为准则,教律与法律完全融为一体。印度的吠陀经、各种解经典籍及法典,和犹太人的圣经文献主要出自祭司贵族之手，它们对世俗君主的行为和权力作出种种限制。与此相反，对于巴比伦人来说，宗教只不过是由一系列杂乱无章的崇拜仪式所构成的投机取巧的手段而已。巴比伦人并不把诸神当作是道义的化身或公正的裁判者，而是将它们看成是可以随时从其身上获取近利的对象。因此，巴比伦人厌恶来世，他们不准备为来世的幸福做出半点牺牲。正如古代史学者亨利·博隆所说，古代美索不达米亚人只是把宗教看成是一种试图控制生活和命运状况的方法，他们把现世看得比来世重要得多；他们之所以不修来世，是因为他们常常认为死者的灵魂是恶毒的。不修来说的宗教，往往要借助占卜和巫术等迷信手段去与鬼神打交道，从而达到现实目的，这就说明了各式各样的迷信为何在两河流域如此盛行，有人甚至断言，两河流域是古代地中海地区巫术和占卜术的摇篮。巴比伦宗教不成理论体系，它无法为社会提供伦理标准，也无法为国家提供立法依据，专制君王们不得不经常使用行政手段制订世俗法律。法律既然主要出自世俗当局之手，它就不仅对一般臣民发生效力，而且对拥有特权的祭司贵族也产生约束作用。所以我们不难发现，乌尔第三王朝的《乌尔纳木法典》和古巴比伦王国的《汉谟拉比法典》，都具有极其浓厚的世俗化色彩，它们与完全笼罩在神权之下的《摩尼法典》或犹太圣经，形成了极其鲜明的对照。

四、教务隶属于官僚体制

作为政教关系的另一极，古代中国可说是教权服属于俗权的典型代表。中国文明一诞生，就呈现出俗权压倒教权的倾向。如果说汉谟拉比法典偏重于处理民事纠纷案件，那么中国最初的一些法律，则以处理刑事案件为主，例如夏朝有《禹刑》，殷商有《汤刑》，从这一点可以看出中国的专制传统源远流长。周朝开始出现为宗法制政权服务的礼制，礼制后来经由孔孟等儒学大师的阐发，变成了与刑法并驾齐驱的统治手段。早在西周时期,宗教事务便只是作为王室行政的一个分支,由外廷三左官即太史、太卜及太祝分管。秦汉之后,随着中央集权专制政治的最终建立和儒学的官方化及正统化,门阀士族与世俗士大夫先后控制王朝政治,礼制政治进一步世俗化,教权最终消融于专制皇权的行政管理体系之中,成为中央政府六大衙门之一的礼部所管辖的事项。

中国传统教权的不独立,在很大程度上是由中国传统宗教本身造成的。古代中国人的信仰,无疑与古代巴比伦宗教具有同样明显的功利主义特征。春秋时期鲁国人展禽曾向鲁穆公说过一段耐人寻味的话,其大意是:祭祀实际上是人对神的一种报答和酬劳,神有功于人就应当祭祀,无功就不必祭祀。郑国的子产甚至怀疑神会对人产生真正的影响,他认为天道太悠远,难以捉摸,与近在咫尺的人道毫不相干。这几乎达到了无神论的边缘。基督教使徒保罗主张"因信得救",即人们无需遵守太多的清规戒律,也不必搞太多邀功求赏的形式主义,只凭内心真诚信仰上帝,就可以得救升天。而中国传统则与此相反,认为人若得不到获救升天的许诺,就没有信仰的必要。我把这一认识概括为"因利而信"或"无利不信"。这种思想代代相传,时至今日,不仅余韵未消,而且在实践上被发扬光大。我曾亲眼目睹某个家族屡遭困厄,于是多次求告祖先庇护,期盼能化凶为吉,赐福降祥,可是盼来的却是更多的灾难,结果该家族成员一怒之下,把五架祖坟通通砸个稀巴烂,发誓从此不再祭祖。这种"因利而信"的宗教观念,对于中国传统文化的发展产生了重大影响。功利主义的宗教观,也部分地解释了儒教对于异端学说和外来文化兼收并蓄的宽松态度。更为重要的是,在"因利而信"观念弥漫于整个社会,宗教成为实现现世报偿的手段和工具的情况下,祭司要通过宗教途径控制这个社会的企图就无法得逞。这便是古代中国的祭司不能成为独立的特权阶层的社会思想根源。

但是,这种"因利而信"的倾向并不表明中国宗教的社会作用不值一提。实际上,关注社会,积极干预人事,正是中国正统宗教区别于其他宗教的主要特征。中国宗教以祖先崇拜为主干。到了周朝，这种崇拜因宗法制的确立和周礼的制订而正式成为国教。春秋战国时期的礼崩乐坏，虽然使宗法制中的一部分形式被抛弃了，如余子分封制和官爵世袭制等随着时代的变迁而逐渐成为历史，但它的基本原则，即以延续祖先血统、保持祖宗基业完整性为核心的亲疏等级原则和家族与国家一体化原则，则被系统地保留了下来。由于早期儒学强调恢复周礼，宗法制原则便随着儒学地位的上升而得到巩固；秦汉中央集权君主专制制度的建立，则使宗法制开始具备了专制的特征。祖先崇拜被具体化为子孙辈对于父祖辈的"孝"，以及臣民对于君主的"忠"，并被巧妙地揉入"修身、齐家、治国、平天下"的儒学体系之中，儒学成为政治、伦理及宗教三位一体的产物。这种局面使得古代中国的政治具有了两面性：表面看来极其世俗化，实际上到处都渗透着宗教的影响。中国君主的家长制统治，把全国变成了一个由无数互有亲缘等级关系的家庭所构成的超级大家族，而维系这个大家族的主要纽带，就是以祖先崇拜为基本内容和以忠孝为理论框架的多神教。有人曾认为这种宗教缺乏系统的教会组织，可是从另一个角度看，它的组织系统却无处不在，因为大至国家，小到家庭，都是组织这种宗教活动的重要单位。中国历史上曾多次出现所谓的昏君或暴君，而最为昏庸和暴虐的君主，仍是那些"疏于祭事"的亡国之君。这足以说明神务在中国古代宫廷政务中所占据的重要地位。就家庭来说，称职的家长必须履行的两大义务是：祭祀祖先，并使这种祭祀活动代代相传，不得中断。这就是孟子所谓"不孝有三，无后为大"的奥秘所在。所以有人认为家庭就是中国"现实的宗教"，因为宗教的一个重要目的，是教导人们如何超越死亡，而中国人则通过延续家庭血脉的方式，达到了这个在西方通常是以艰苦修行才能达到的目的。

显然，在宗教被宗法制社会完全吸收，信仰成为社会伦理的日常体现的情况下，神职人员便不可能成为一个独立于世俗社会的特权阶层。虽然随着非正统宗教的产生和外来宗教的引进，社会上也开始出现了一个以宗教为职业的阶层,如佛教和道教的出家人等。不过,在儒教占绝对优势的古代中国,这些"异教"的代表人物,即便有时也得以染指宫廷政治,但却永远成不了气候。在古代中国,拥有权势的上层人物极少以宗教为职业,以宗教为职业者多数来自于社会底层;高级神职只能由皇帝指定的行政官员兼任,而由于官爵世袭制的过早消亡,担任神职的行政官员便无法对他所主持的神务进行家族性的垄断。皇帝通过对于神职的经常性任命和调换,牢牢地掌控了整个国家的神务和教权。由此看来,在政教关系方面,古代中国与古代犹太人刚好相反,中国的宗教被融入到国家政治之中,神务完全从属于政务,神权与族权相一致,成为君主实施专制传统的驯服工具。

五、政教冲突三类型

不管古代东方各国教权与王权之间的力量对比情况如何,各种公开的或潜在的宗教特权,对于世俗君主的专制意图,总会构成或多或少的威胁,这就难免引起政教双方的矛盾以至武力冲突。东方各国的政教冲突,大体上有三种类型和两种结果:第一种类型的冲突以统治集团内部互相倾轧的形式出现,第二种类型以民族斗争的形式出现,第三种类型则以下层民众反抗统治当局的阶级斗争的形式出现。其中,第一种类型的冲突多数以教权的膨胀和王权的失利告终,第二及第三种类型的冲突则常常以统治当局的胜利作结。

统治集团内部的政教冲突,是古代东方各国政教斗争最基本和最常见的类型。在大多数情况下,代表俗权的君主总是乐于扶持一个新的宗教势力或教派,借此削弱或打击权势太重的祭司集团,夺回自己业已失去的权势。旨在反对婆罗门特权的佛教运动能够获得印度某些君主的支持,表明这一运动的确与政教矛盾的激化有着直接关系。长期受到压抑的王权,希望利用刹帝利种姓以及其他低级种姓的宗教热情,扩大自身的影响力,并摆脱婆罗门繁琐教规的束缚。但是由于佛教本身的出世主义和遁世精神,使得由它所带动起来的沙门运动,在帮助提高王权方面的作用非常微弱。相比之下,早期的犹太国王则要幸运一些,他们依靠极其激进的先知们去抵制固守传统的祭司集团,取得了明显的成效。尽管斗争几经反复,但国王约书亚大刀阔斧的改革,却为一神教的最终胜利奠定了一块基石。可惜的是,约书亚以太多的让步去换取祭司集团对于一神教的承认,其改革的代价是如此高昂,以致于世俗王权事实上成了多神教的陪葬品。

埃及国王的威望看来比犹太国王高得多,但这种威望在强大的祭司集团面前还是显得无足轻重。新王国时期埃赫纳顿宗教改革的失败,既反映出专制王权开始面临的危机,又表明了传统信仰在埃及社会根深蒂固的影响。埃赫纳顿试图依靠自身的威望,亲手建立起一套阿顿神崇拜,以取代已被祭司集团牢牢控制的阿蒙神崇拜,这一想法显然是不切实际的。首先,阿蒙神崇拜实际上从中王国时期开始就被确定为国教,至埃赫纳顿时期已在埃及流传了七八百年,其影响之深远,不是君主依靠某种行政手段所能消除得了的。其次,由于历代国王的慷慨恩赐和捐赠,祭司集团的经济实力和政治权势已经十分强大,在专制王权开始走向衰微的新王国时期,祭司的势力相应地获得了更大的发展。尤其重要的是,当时埃及最高祭司集团内部,并没有分化成若干个互相对立的派系,全国上下还未曾形成较有影响的异端运动。既然宗教势力本身没能提供给国王某些可以加以充分利用的内在矛盾,埃赫纳顿便把注意力转向了效力有限的行政威望和势单力薄的世俗阶层,这便注定了改革的不幸命运。与此截然不同的一个特殊例子,是苏美尔地区的乌鲁卡吉纳改革。在这次改革前夕,乌尔—南什王朝的末代统治者曾经利用平民的不满情绪,对祭司的特权进行过一次剥夺,可是这一过激行为同时也使平民的利益受损,因而引起了普遍的暴动。在动乱中被拥戴为僭主的乌鲁卡吉纳汲取了前王的教训,他的精明之处,就在于他以讨好祭司贵族的手段,达到了约束祭司势力的目的。他一方面大量建造神庙,并将神庙财产归还给祭司集团，以此换取祭司的好感；另一方面，他又削减了祭司向平民征收的宗教税，限制债务奴隶制，扩大平民的权利，因而也就扩大了王权的社会基础。乌鲁卡吉纳这种表面上的左右逢源曾经使他的改革获得了短暂的成功。这一实例的重大意义，并不在于它揭示了改革家的明智和果敢，而在于它充分表明了，只有当世俗政权作为政教矛盾双方的仲裁者，而不仅仅作为矛盾的一个方面时，君主才有可能最终取得对于祭司势力的支配权。

古代中国的政教关系比较复杂，因而政教冲突的形式也呈现出多样化的特色。由于正统的宗教信仰即儒教已消融于宗法制社会之中，教权与族权一体化，统治集团内部的政教矛盾便具体表现为君主企图摆脱宗法制束缚与皇室宗亲及守旧官僚维护宗法制之间的斗争。这种斗争的结局对于君主来说是令人沮丧的：从王莽改制、武周新政到王安石青苗法改革，维持的时间都不如埃赫纳顿的新教长久。不过，古代中国这类改革的结局，不能表明教权的完全胜利和皇权的彻底失败，因为中国古代宗教还不能等同于宗法制，它只是庞大宗法制体系的一个组成部分。

此外，中国历史上的政教冲突，还常常以其他两种形式出现。其一是维护正统汉文化与推行域外文化的冲突。唐初皇帝所发起的大规模的"崇道抑佛"运动，就是这类冲突的总爆发。在佛道两教的这场历史性竞争当中，世俗君主凌驾于两者之上，俨然成为对立双方的仲裁者，但出于维护专制皇权的长远目的，在多数情况下，聪明的君主会把天平摆向滋长于中国本土的道教。道教的胜利，同时也是以天子为象征的传统汉文化对于外来文化的胜利。其二是以世俗政权为代表的正统宗教与下层人民的异端宗教之间的冲突。统治者将流行于民间的、不符合礼制规定的祭祀称作淫祀而加以取缔。这类异端或淫祀，较早的有东汉末年的五斗米道和太平道，较晚的有流行于元、明、清三朝的白莲教，它们都与农民暴动有关。这些异端运动虽然在不同程度上削弱了王朝政治，但对于传统宗法制并不构成真正的威胁。随着农民暴动的被镇压，宗法制社会又恢复了稳定。

第十九章　罗马与拜占庭渐行渐远

4—11 世纪间拜占庭与罗马的关系，堪称历史上最复杂的政教关系，它不仅涉及俗权与教权之间的勾连和矛盾冲突，而且牵涉到东西方的地缘政治，还与各宗主教区的利益博弈密切相关，对于那个时代地中海区域的国际关系产生了重大而又深远的影响，最终导致了西部与东部的分道扬镳。

一、罗马与拜占庭裂痕的出现

公元前 168 年，马其顿战争最后结束，马其顿与希腊各邦被正式并入罗马的版图。与此同时，希腊文化大举渗入西部世界，其结果正如恩格斯所说：野蛮的征服者被被征服者的先进文化所征服。罗马人带着农民暴发户的心态，来看待比他们高出一筹的希腊文明；他们敬佩希腊人的博学，却蔑视其武力上的软弱。希腊人虽看重罗马人的刚毅和勇气，却看不起其粗鲁和赤裸裸的实用主义。不过，希腊世界与拉丁世界好歹是融合在一起了。罗马帝国建立后，经过两个世纪的繁荣，帝国社会的内在危机日益暴露出来。这些危机充分表明，多神教已经不再适应一个统一帝国的政治需要，帝国当局对基督教的迫害反倒促成了这一新宗教的报复性扩展。聪明过人的皇帝君士坦丁，认准有可能给其帝国带来复兴和繁荣的，并不是传统的多神教，而是只崇拜一个上帝的基督教，于是，他选择支持基督教。事实证明他的选择是正确的和有远见的。从此以后，一种全新的政教关系,亦即皇帝与基督教会的关系,就正式开启了。

　　君士坦丁所做出的另一个重大抉择,就是在剿灭了自己的政治对手李锡尼而成为帝国的唯一统治者之后,于 330 年将帝国的首都由西部的罗马迁至东部的希腊城市拜占庭,并将其改名为君士坦丁堡。这一历史性举措的意义就在于:以拜占庭为新首都的希腊世界,重新获得了政治上的重要性;而作为代表拉丁文化传统的旧都罗马,则随着时间的推移,正在一步步地演变为以教皇为中心的"宗教首都"。如此一来,拜占庭与罗马的关系,就逐渐成为罗马帝国政教关系的主轴。当然,问题远比表面看来的要复杂得多。

　　为了更加清晰地理解这一时段政教关系的本质,我们有必要先来看看,早期基督教会是如何亦步亦趋地仿效罗马帝国的行政建制的。据历史学家吉本的考证,在君士坦丁与李锡尼双皇共治期间,罗马帝国一共设 12 个辖区,辖区设辖区长官;每个辖区分为若干行省,行省设总督,整个帝国共有 104 个行省;每个行省有若干城市,城市设市长。与此相对应,教会在各城市设主教,在行省设大主教,在辖区设都主教。此外,可能是模仿戴克里先"四君共治"体制,教会还分别设立了罗马、亚历山大里亚、安条克和耶路撒冷四大宗主教区,每个宗主教区设宗主教,管辖附近若干都主教区。后来,随着拜占庭的崛起,增设了君士坦丁堡宗主教区,其地位因皇帝的影响而迅速攀升。值得注意的是,在这些宗主教区中,除了罗马管辖西部的拉丁教会以外,其他四个宗主教区均属于讲希腊语的东部地区。于是,拜占庭与罗马的关系就不单纯是政教关系,它还包含了希腊传统与拉丁传统的关系,以及复杂的学术渊源和流派之间的关系,例如在释经学方面,就长期存在着亚历山大里亚派与安条克派之争。这些宗主教区的主教们,常常因应具体情势的需要,采取合纵连横的方式,试图攫取尽可能多的政教利益。

　　在君士坦丁的时代,主教们的主要精力大多集中在教义之争上面,政教之争尚不明显。395 年,皇帝提奥多西一世去世,基督教最终完成了官方化过程,帝国也开始一分为二:东部由提奥多西的长子阿卡狄乌继承,是为东罗马帝国,也称拜占庭帝国;西部由提奥多西的次子霍诺留继承,是为西罗马帝国。这种政治分裂局面对于帝国的政教关系影响深远,尽管宗教上表面看来还是统一的,可是讲希腊语的希腊人,与讲拉丁语的西欧人,开始被一种政治鸿沟所割裂,这对于宗教的统一,不能不产生极其消极的作用。

二、明争暗斗

罗马教皇历来自称是双重继承人:一为使徒之首彼得的继承人,另一为老罗马传统尤其是罗马元老院的继承人,因此,他们在东西方的权力斗争中很少示弱。401—517 年在位的教皇英诺森一世,就曾经涉足君士坦丁堡宗主教克里索斯托姆与东罗马皇帝阿卡狄乌之妻亦即皇后尤多克希娅之间的纷争,并对亚历山大里亚主教的行为说三道四,从而得罪了东部教会的领袖们。该教皇强调教皇特权,认为罗马教皇在整个教会中拥有首席地位。英诺森一世的继任者佐西姆,也曾不顾当地神职人员的反对,强行任命阿尔的帕特克鲁斯主教为纳尔榜和维也纳的都主教,并在非洲教会中引发了冲突。就早期的教义争论来说,由于这些争论基本上都是来自东罗马帝国,罗马教皇其实是被迫卷入的,但他们大多能够以维护正统学说为己任。当然在这当中,涉及权力与利益的明争暗斗也在所难免。428 年,安条克修道院修士聂斯托利,因杰出的宣教才能,被东罗马皇帝提奥多西二世任命为君士坦丁堡宗主教。聂斯托利上任不久,便提出了基督具有两个位格(persons)的理论,并且断然否定了在信徒当中很有影响力的有关马利亚是"上帝之母"的说法。这一出格的做法,立即遭到两个方面的攻击:一个是亚历山大里亚学派的神学家,他们认为聂斯托利理论所依据的安条克传统,是不虔诚的;另一个是皇帝提奥多西二世的姐姐普尔希利娅,她认为,聂斯托利不承认马利亚为"上帝之母",实际上是影射她的专权,目的在于挑战她的权威。在这个问题上,时任罗马教皇的塞莱斯廷一世,选择站在亚历山大里亚学派和普尔希利娅一边,在以弗所大公会议上,谴责聂斯托利的学说,招致该学说最终沦为异端。440—461年在位的教皇利奥一世,在维护教会的正统性和镇压异教及异端方面,发挥了重要作用。445年,他促使西部罗马皇帝瓦伦提尼安三世颁布敕令,承认罗马主教的首席地位。449年,为了反驳君士坦丁堡修道院院长优迪克有关基督道成肉身后只剩下神性的"一性论"主张,利奥一世发表了《利奥大卷》,认为基督具有神性与人性,两性不可分割,并存于一个位格。451年的查尔西顿大公会议,承认利奥一世的观点为正统;可是这次会议却同时规定君士坦丁堡教会与罗马教会地位平等,遭到了利奥一世的反对,这预示着东西方教会分裂的开始。

476年,西罗马帝国灭亡,此后意大利和罗马城遭受各不同蛮族部落的袭击和劫掠,西部世界处于无政府状态。就在这一紧急关头,罗马教皇力图稳定局面,被迫填补西罗马败亡后所留下的政治真空,这是罗马教权随后逐步崛起的重要政治基础。482年,东罗马皇帝芝诺,发布了由君士坦丁堡宗主教阿卡修起草的《团结敕令》,取消了《利奥大卷》有关基督神人二性的思想;罗马教皇菲利克斯三世对此进行坚决抵制,他在484年的罗马会议上,宣布将阿卡修开除出教会,受到阿卡修的拒绝,罗马与拜占庭之间出现了第一次大分裂。492—496年在位的教皇杰拉修一世趁机提出了著名的"双剑论",即认为上帝将象征最高宗教权力的剑,交给教皇执掌,将象征最高世俗权力的剑,交给皇帝执掌。该理论被后来的教皇们所认可,却引起皇帝们的不安。496—498年间在位的教皇阿纳斯塔修二世曾经试图缓和与东罗马帝国的关系,克服与东方教会的分裂。他的这一企图,后来受到许多西欧人的诟病,但丁甚至在《神曲》中,将他放置在地狱中。514—523年在位的教皇霍米斯达,迫使拜占庭重新承认《利奥大卷》的思想,结束了长达37年的东西方教会分裂,大约从此开始,原先东方的宗主教们也可以使用的"教皇"(pope)一词,如今只能专门用在罗马主教身上。霍米斯达的继承者约翰一世受东哥特人国王的派遣,成为首位出访拜占庭的罗马教皇,他得到了拜占庭的礼遇,并在 525 年的复活节期间为东罗马皇帝加冕。

三、剑 拔 弩 张

527 年,查士丁尼一世继位为拜占庭皇帝,这位皇帝在宗教政策上支持"一性论"异端,在军事上坚持东部防御、西部扩张的战略,在与波斯人签署了和平条约之后,便举兵西扩,先后收复了北非、意大利半岛及西班牙东南部等地,这给罗马与拜占庭的关系增添了新的变数。在查士丁尼的压力下,时任罗马教皇的维吉利乌,不得不在信仰问题上左右摇摆,他公开宣布自己支持正统学说,暗地里却向东罗马的皇后狄奥多娜表示认可"一性论"异端。547 年,该教皇遭皇帝查士丁尼扣押,被迫公开承认一性论,从而失去了西方拉丁教会的支持。551 年逃回查尔西顿,553 年被君士坦丁堡第二次大公会议开除教籍。此人信仰立场的动摇,屡受后世教会的批评。维吉利乌的继任者佩拉纠一世,是依照皇帝查士丁尼的意愿当选为教皇的,因此他在教义问题上也不得不左右逢源;而且从此以后,就形成了当选教皇在正式就任前,必须经由皇帝批准的惯例。

582 年莫里斯成为拜占庭皇帝,他虽然是一名比较有作为的君主,但他把与波斯人的较量视作其政策重点,因此无瑕西顾。602 年,贵族福卡斯发动叛乱,叛军将皇帝莫里斯及其全家悉数屠杀,整个帝国因而陷入分裂和内战。这又给罗马教权的扩展提供了一个难得的机会。当时的教皇是格列哥里一世,因其重大的影响力而在历史上被称作"大格列哥里"。他组织抗击伦巴德人的入侵,保卫罗马不致沦陷;他对君士坦丁堡宗主教自称为"普世主教"表示强烈抗议,而自己则谦虚地称为"上帝的众仆之仆",位居众主教之首;他整顿教会组织,严格教规,规范教会仪式,改革教堂音乐;他派遣传教士到西班牙、高卢、不列颠及北非等地传教,广建修道院,推进教会事业的发展;他还继承和发展了奥古斯丁的神学思想,成为一名著名的拉丁教父。

625—638 年在位的教皇霍诺留一世继续支持在不列颠的传教和克服罗马内部的分裂,在整个意大利半岛的政治稳定中也发挥了积极作用。可是,在与拜占庭的关系问题上,霍诺留一世承受了新的压力。时任君士坦丁堡宗主教的塞尔吉乌,在拜占庭皇帝厄拉克略授意下,写信给霍诺留一世,提出愿与西部教会共同信仰基督神人二性论这一正统学说,但要求西部教会也与东部一起,信仰基督只有一个神的意志而没有人的意志的学说(基督一志论);霍诺留一世表示赞同,却遭到西部大多数主教的强烈反对。霍诺留的后继者教皇约翰四世于 641 年召开的罗马会议上,明确反对基督一志论,并致信拜占庭皇帝君士坦斯二世,皇帝则坚持一志论,双方分歧明显。继约翰四世担任教皇的提奥多尔一世,也曾召开会议反对一志论,谴责坚持该理论的君士坦丁堡宗主教皮鲁斯一世及其继任者保罗二世。649年,提奥多尔一世去世,马丁一世被选为教皇,由于这位新教皇坚决反对一志论,其教皇的任职迟迟得不到皇帝君士坦斯二世的批准。马丁遂在拉特兰宫召开了一次宗教会议,还邀请了部分东方的修士和主教与会,会议严厉地谴责了一志论,皇帝君士坦斯二世得知后勃然大怒,两次策划抓捕马丁;马丁被捕后获判死刑,于 655 年被折磨致死。马丁死后,在皇帝的威逼下,罗马人尤金一世继任教皇;此时的君士坦丁堡宗主教彼得希望乘胜追击,强迫将罗马教会合并于君士坦丁堡,遭到了尤金一世的断然拒绝。

668 年,君士坦丁四世成为拜占庭皇帝,他支持正统派的二性二位说,反对一志论。此时的罗马教皇阿加托趁机在拉特兰宫主持召开宗教会议,坚持正统学说。这次会议的精神,得到了皇帝的支持,在 681 年的君士坦丁堡大公会议上,一志论被正式宣布为异端,已故的前教皇霍诺留一世,因赞同过一志论而被开除教籍。罗马与拜占庭的关系,重新出现了缓和的迹象。

四、罗马教廷与法兰克人的勾连

不过好景不长,君士坦丁四世驾崩以后,继位的皇帝查士丁尼二世,以及他的后继者们,大都坚持一志论异端,这给刚有起色的东西方关系,重新蒙上了一层阴影。687—701年在位的教皇塞尔吉乌一世,在当选为教皇时,受到了东罗马帝国驻拉文纳总督的勒索,只是在交出了一大笔费用之后,才获得了承认;塞尔吉乌还曾因公开谴责皇帝查士丁尼二世的昏庸,而差点遭到流放。继塞尔吉乌之后的罗马教皇约翰六世,曾与东罗马派驻拉文纳的总督发生冲突,只是因为得到罗马军队的保护,才没有被免职。约翰六世的继承人约翰七世,由于与拜占庭关系过于紧张,不得不与蛮族伦巴德人修好,试图得到他们的保护。708—715年在位的教皇君士坦丁一世,最初为了修复与拜占庭的关系,曾亲自出访东罗马地区,可是后来由于反对君士坦丁堡宗主教的篡位者巴尔达涅,而宣布与君士坦丁堡决裂。

726年,拜占庭皇帝利奥三世以反偶像崇拜为由,下令拆毁一切圣像,顿时引起教内的大争论,分成拥护圣像与反对圣像两大派。政府用暴力镇压拥护圣像派,逮捕其代表人物,没收其财产,处死敢于反抗者。继任皇帝君士坦丁五世和利奥四世继续了该政策。结果全国教堂中的圣像几乎全被清除。此时正值西部崛起法兰克王国。715—731年在位的罗马教皇格列哥里二世,一方面反对皇帝的圣像破坏政策,另一方面开始与法兰克人接近,于是,罗马与拜占庭进一步疏远。格列哥里二世的继任者格列哥里三世,专门在罗马召开宗教会议,反对利奥三世的圣像破坏政策,宣布将敌视圣像者开除教籍;另一方面,加紧与法兰克人的结盟。格列哥里三世的继任者扎迦利,是向东罗马皇帝通告其当选的最后一位教皇。751年,法兰克王国的宫相矮子丕平逼迫墨洛温王朝末位国王退位,自己当上国王,创建了加洛林王朝;为了共同抵制东罗马,教皇扎迦利派遣大主教为矮

子丕平施行加冕礼。其后，扎迦利的继任者斯德旺二世亲自为矮子
丕平及其儿子们举行加冕膏油礼。754—756 年，矮子丕平两次远征
意大利，迫使伦巴德末代国王投降，并将意大利半岛拉文纳至罗马的
大片土地赠送给当时的教皇斯德旺三世，这些土地包括原拜占庭驻
拉文纳总督辖区、贝内文托公国的一部分、托斯卡纳、科西嘉岛、伦巴
德、中部意大利五个城市及其他一些地区。这些土地成为教皇国的
基础，历史上称作"丕平献土"。斯德旺三世的继任者保罗一世坚持
与法兰克王国丕平结盟的政策，以防止拜占庭对教皇国的侵犯，他将
自己的当选同时向拜占庭皇帝和法兰克王国通报，从而打破了传统
惯例。此后不久，在西部世界开始流传一个后来被证明是伪造的文
献，名叫《伊西多尔教令》，该文献声称，4 世纪初的罗马教皇希尔维
斯特一世曾经治愈了君士坦丁大帝的麻风病，为了表示答谢，君士坦
丁在迁都拜占庭之后，便将罗马及意大利中部的一大片土地赠送给
了这位教皇。于是，历史上的"丕平献土"便成了虚构的"君士坦丁的
赠与"。关于这个伪造文件的来头尚不清楚，不过它的出笼，还是反
映了罗马教会对于与作为蛮族的法兰克人结盟的某种戒心和迫于无
奈，故力求从历史上找到自身的正统依据，同时也可以看出罗马教会
控制世俗事务的野心和企图。

772—795 年在位的教皇阿德利安一世，为了保住教皇国的领
地，极力寻求查理大帝的支持。781 年，查理大帝之子丕平即位为意
大利王，阿德利安一世亲自为其加冕，从此法兰克王国正式成为教皇
国的保护者。787 年，拜占庭皇帝君士坦丁六世及其母后艾琳娜召
开第二次尼西亚大公会议，针对 754 年君士坦丁堡会议强制执行废
除圣像崇拜的做法，谴责该会议亵渎上帝，裁定毁坏圣像运动为异
端，下令恢复圣像，宣布所有图像、十字架、福音书、圣徒的干尸及圣
物都应受到相当的崇敬。由于这次会议，教皇阿德利安一世与拜占
庭的关系有所缓和，但内在分歧仍较严重。

795—816 在位的教皇利奥三世当选时，遭到拜占庭的极力反
对，于是他求得法兰克国王查理曼的保护。800 年，他加冕查理曼为

"罗马人皇帝",法兰克王国因而成为"查理曼帝国"。815年,利奥三世被罗马贵族废黜,不过很快就靠查理曼之子路易一世得以复位。在这位教皇的授意下,"和子"(filioque)一词被加入《尼西亚信纲》,表示圣灵既出自父,也出自子。该做法受到了东部教会的抵制,导致出现所谓"和子句"之争。与此同时,当政的拜占庭皇帝利奥五世及其后继者提奥菲洛重新煽起圣像破坏运动,罗马与拜占庭的关系再度剑拔弩张。

五、最后的决裂

816—817年在位的教皇斯德旺四世为寻求法兰克国王路易一世的支持,特意前往兰斯为其加冕,赠予"君士坦丁皇冠",并以此宣称,教皇有为世俗君王加冕祝圣的特权。由此可见,教皇支配世俗政权的野心开始表露。

843年,法兰克国王路易一世去世,路易的三个儿子在如何瓜分帝国问题上发生冲突,时任教皇的格列哥里四世充当了他们的调解人,在他的斡旋下,路易的三个儿子在凡尔登缔结和约,将帝国三分。从此时起,教会逐渐减少了对世俗权力的依赖,相反,世俗君王开始感受到来自于罗马教会的掣肘。与此同时,当政的拜占庭女皇狄奥多拉寻求与教会妥协,制止圣像破坏运动。于是,教会召开君士坦丁堡会议,重申第二次尼西亚会议的决议,恢复圣像崇拜,东西方有关圣像之争趋于结束。可是,罗马教会撇开拜占庭当局单独与法兰克人结盟的态势,已经日趋明朗。

858年,拜占庭皇帝米歇尔三世任命佛提乌为君士坦丁堡宗主教,要求时任教皇的尼古拉一世予以承认,并邀请他前来君士坦丁堡开会;佛提乌坚持《尼西亚信纲》中有关"圣灵出自父"的说法,不承认西方教会有关"圣灵出自父和子"的所谓"和子句"的插入语。这自然引起西方教会的不满,因此,教皇尼古拉一世不仅断然拒绝佛提乌的

任职,还于 863 年宣布开除佛提乌的教籍。佛提乌认为君士坦丁堡
宗主教地位与罗马教皇平等,无法忍受来自罗马的侮辱,遂于 867 年
召开宗教会议谴责尼古拉一世,并宣布将其开除教籍。皇帝米歇尔
三世去世后,佛提乌失去了靠山,地位不稳。巴西尔一世继承皇位
后,想与罗马教皇恢复关系,于 869 年召开君士坦丁堡第四次公会
议,谴责佛提乌,开除其教籍。可是仅过了 10 年,879 年君士坦丁堡
第五次公会议却否定了君士坦丁堡第四次公会议的决议,佛提乌被
恢复了教职,并宣布与罗马教廷断绝关系。此后双方关系时断时续,
直至 11 世纪双方重启争端。1050 年,教皇利奥九世发出通谕,宣布
废止已渗入意大利南部拉丁教会的希腊礼仪,君士坦丁堡宗主教色
略拉琉则以牙还牙,下令君士坦丁堡的拉丁教会一律使用希腊礼仪;
双方最后于 1054 年互相宣布开除对方的教籍。于是东西方教会完
全分道扬镳。

六、文化传统的差异

罗马与拜占庭之间的历史恩怨,延续了整整七个世纪,最后以相
互离异告终。在这七个世纪里,罗马以小步快走的策略,借助合纵连
横等权谋,甚至不惜勾结日趋崛起的蛮族势力,经由螺旋式的向上发
展,终于达到了摆脱拜占庭羁绊的目的。拜占庭虽然一直力图加强
对罗马的控制,在查士丁尼一世和君士坦斯二世的时代也的确部分
实现了皇帝们的愿望,可是它总是力不从心,它的罗马政策在总体上
是不成功的。6—7 世纪,拜占庭开始自顾不暇,内有奴隶和隶农此
起彼伏的暴动,外有斯拉夫人的入侵和波斯人的攻击,进入 7 世纪以
后,由于阿拉伯人的武力扩张,拜占庭国势转衰,其叙利亚、巴勒斯坦
和埃及等地区,均被阿拉伯人所侵占。罗马的趁乱崛起和拜占庭无
可挽回的衰败,是导致双方最终走向离异的重要历史原因。

拜占庭在频频发生的教义争端中自我消耗,这也是导致皇权无

法有效驾驭教权尤其是无法控制罗马的一大因素。从阿里乌论争、"上帝之母"之争、一性论和一志论争辩,到圣像破坏运动和"和子句"之争,东方教会内部斗得你死我活,一塌糊涂。在这些矛盾和冲突中,多数强势的皇帝支持异端运动,这就使罗马与拜占庭的关系进一步疏远,因为多数罗马教皇都是正统学说的坚定支持者。虽然《尼西亚信纲》的确没有"和子"之说,可是西部教会在信纲上添加上"和子"的字样,也是有圣经依据的。例如保罗书信就提到:父派遣子的灵,进入世人之心。既然是子的灵,当然就可以理解为这灵也是从子而来的。《约翰福音》更是直截了当地说:圣灵是父与子派出的。不过,圣经的有关表述是矛盾百出的,例如福音书一再提到,耶稣基督生自马利亚与圣灵的结合,那就等于说,子反过来是出自圣灵的。至于为何东部异端学说频频出现,而西部却在大体上能够坚持正统学说,我认为这牵涉到东西方两种不同的文化传统。首先我们必须明白,在绝大多数情况下,异端更加倾向于理性主义,正统更加倾向于信仰主义,这是我们理解问题的一个大前提。例如,对于一个善于理性思维的东方人来说,既然基督教是一神教,就不能崇拜除上帝以外的其他神及其偶像,圣像崇拜就是不符合理性的,圣像理当受到破坏和清除。可是对于文化程度较为低下的西部人口来说,他们不认字,无法读懂圣经,只好借用圣像去直观地认识基督和上帝,因此圣像崇拜就是必不可少的。东西部离异的根源,与其说是政治地缘因素,不如说是文化差异。

11世纪罗马与拜占庭彻底决裂之后,东西方各自沿着不同的方向发展。东部教会称作东正教,这是一种在世俗王权绝对支配之下进行运作的宗教,它实际上成了专制君主实施有效统治的手段和工具。而西部的罗马教会,则与世俗政权形成了二元并立的局面,教权与王权既互相勾连又互相对立,基本上以13世纪为界,在13世纪之前,王权软弱,教权坐大;从13世纪开始,随着封建割据势力的衰退,王权崛起,教权开始萎缩,直到16世纪初,新教革命给了天主教"万流归宗"地位以致命的一击。如今,某些渊源于基督教文明的西方发达国家之所以能够做到完全杜绝政教之争,是因为它们成功地使宗教内化为纯属个人的私密行为,亦即实现了彻底的政教分离和信仰自由,最终履行了圣经中有关"皇帝的归皇帝,上帝的归上帝"的诺言。

第二十章 教义争端与宗教分裂

教义是一个宗教的基本学说,它通常出自该宗教的经典。可是经典不可能事无巨细地囊括宗教与社会生活的方方面面,它总是言简意赅,甚至有时候会含糊其辞,或自相矛盾。因此就需要对经典作出正确的解释。可是什么才算是正确?这就是一件见仁见智的事情了。由于对如何正确解释经典各持己见,这就难免造成教义争端,从而引致宗教分裂。

一、佛教的崛起及其分裂

公元前 4 世纪前后,亦即释迦牟尼(佛陀)圆寂 100 年后,由于对教义和戒律的看法有分歧,佛教内部开始分裂,并先后形成了许多部派,而最根本的两大部派是上座部和大众部。上座部由教团中的领袖和元老们所构成,思想比较保守;大众部由广大僧众和信徒所构成,思想较为开放。佛教反对婆罗门教的"梵(最高神)我(个人灵魂)同一"学说,既否定神的存在,也否定灵魂的存在,但坚持承认"法"(客观世界)的存在,提出"法有我空"的主张。因此有人认为原始佛教是一种无神论,这是有一定道理的。上座部维持原始佛教的这一主张。而大众部则做得更加彻底,提出"法我皆空",即不仅灵魂,连客观世界都是虚妄不实的。在心性是否洁净的问题上,两者也有差异。上座部认为心本来就是净的;大众部却认为,心在未来可能是净的,心净只是未来可能达到的境界,因为原来的心受到世间烦恼的污染而成为"染心",故不是净的,只有通过修行去掉烦恼,显示净心,才能得到解脱。在修成正果的问题上,二者也有分歧。上座部认为信徒只要修成阿罗汉果,就可以断绝一切烦恼,不再坠入轮回;大众部则认为,修成阿罗汉果是不够的,要断绝轮回,必须修成佛果。在宗教实践上,上座部禁止出家人接受金银为布施,大众部则允许接受施主所施舍的金银。

到了1世纪前后,从大众部当中衍生出一个新的教派,这个教派自称为"大乘",而将此前各种佛教教派统统贬称为"小乘"。乘的梵文音译为"衍那",意为乘载和运载(如车、船等)。在大乘佛教看来,小乘虽也没错,却不够充分,它是暂时性的教义,是佛陀为那些天资较差、悟性较低的弟子所设计的,它就像小船一样只能搭载少量人,不像大乘,能够搭载芸芸众生。在教义上,小乘佛教传承了上座部"法有我空"的思想,而大乘佛教则继承了大众部"法我皆空"的理论。在理想的追求上,小乘主张个人自我解脱,以修成罗汉果为最终目的;大乘则宣扬大慈大悲,主张普渡众生。大乘认为,修成罗汉果只不过是修行道路上的一个阶段而已,修成佛果才是真正目标。大乘开始将已修成正果却仍从事弘扬佛法以超渡他人的僧人称为"菩萨",把其视作成佛的准备,亦即"候补佛"。菩萨的地位比阿罗汉还高,佛典上经常提到的菩萨有弥勒、文殊、普贤、观世音和大势至等。在对佛陀的看法上,小乘坚持原始佛教的主张,将佛陀看作一位历史人物、导师、教祖和完全觉悟的人;大乘则把佛陀看成是一个威力广大、法力无边和无所不能的神,认为他有很多的化身,并为其造像立庙,供人顶礼膜拜。在修行方法上,小乘主张通过持守戒律和修习禅定来获得智慧;大乘在此之上还要求修菩萨行,菩萨行最重要的内容是乐善好施和救助苦难。比较起来,小乘重在众生自救,大乘则重在普渡众生。

与此同时,亦即在两汉相交之际,佛教或通过中亚,穿越新疆、甘肃进入中国汉地,或通过海路在广州登陆进入内地。第一部传入汉地的佛经叫《四十二章经》,属小乘佛教的经书,由此我们得知最早进入中国的是小乘佛教。2 世纪后半叶，西域僧人安世高入华传教，他所传的也是小乘。继安世高之后入华的大月支僧侣支谶，开始在华传播大乘佛教，从此以后，域外僧人络绎不绝地入华弘法，所传大多为大乘，小乘逐渐萎缩。大乘之所以更受汉人欢迎，与它救苦救难的菩萨救世精神密切相关，要知道，古代中国的苦难实在是太多了。

3 世纪，从大乘佛教中，崛起了一个叫做中观学派的新派别，创始人是南印度人龙树。中观学派认为，修持的最高境界是空（故该派也称作"空宗"），空是不可描述的存在，世上的一切现象，都是一种相对的依存关系（缘合）和一种假借的概念或名相（假名），它本身没有实体。对于有悟性的信徒，应当证悟空性的"真谛"，而对于无知的凡夫俗子，仍当导以"俗谛"，即承认世界相对存在的真理。5 世纪，中观学派被鸠摩罗什引入中国，成为影响中国最大的佛教宗派，隋唐时期的三论宗、天台宗、华严宗和禅宗等，均是由这一宗派分化发展而来的。

4—5 世纪间，从大乘佛教中发展出了瑜伽行派。该派创始人是西北印度人无著与世亲兄弟俩。瑜伽行派认为，人所认识到的一切现象，都是由人们的认识主体即"识"变现出来的，故提出"万法唯识"和"三界唯心"的理论。该派把识分为三类八识，并把第八识"藏识"看作是现象世界的根源，个人所认识到一切现象，都是由藏识派生出来的。7 世纪，中国僧人玄奘从印度将瑜伽行派引入中国，该派在中国称作"唯识宗""法相宗"或"有宗"，它在中国流行不广，很快衰微，但传入日本后，却广受欢迎。

相比之下，中观学派更讲顿悟，瑜伽行派更讲渐悟。顿悟不需要任何知识基础，凡夫俗子也能做到；而渐悟则要求通过开启民智的方式，借助艰苦卓绝的修行才能获得正果。中国古代绝大多数的民众是文盲，这可能就是导致中观学派大流行，而瑜伽行派被弃绝的社会原因吧。

7 世纪前后，印度大乘佛教的一些派别与当时占主导地位的婆罗门教相结合，形成了一个新的教派叫密宗。该派认为，包括佛和众生在内的世界万物，都由地、水、火、风、空、识"六大"所造，前五大为"色法"，识为"心法"，二者包含宇宙万有，又处于众生心中；佛与众生体性相同。众生如能打特定的手势，口念咒语，心想佛尊，就能使身、口、意"三业"清净，与佛的身、口、意相呼应，即身成佛。该派仪式复杂，对设坛、供养、诵咒、灌顶等，都有严格的要求。该派主要传入中国西藏地区，成为藏传佛教，俗称喇嘛教。

佛教的分裂有三个重大特征。第一是各派虽然存在互相竞争的关系，但却得以和平相处，极少因教派矛盾而导致兵戎相见，暴力对付不同宗派，并非佛教的常见现象。在佛教看来，如果大家觉得无法继续相处，就分开过日子，各走各的路，没必要大打出手，即所谓"道不同，不相为谋"。总之，佛教各宗派具有某种和而不同、斗而不破的哲学家式的优雅风度，这是非常难能可贵的。第二是，各派的争端主要是围绕修行的方法和目标展开。方法上涉及重在持戒还是重在内修、强调顿悟，还是强调渐悟等，目标上则涉及修成阿罗汉果还是佛果等。第三是佛教各派均有自身特有的经典，例如小乘佛教使用的主要是《阿含经》，大乘佛教使用的主要是《般若经》和《维摩诘所说经》，中观学派主要使用《大品般若经》《大智度论》及《十二门论》，瑜伽行派主要使用《解深密经》《瑜伽师地论》及《二十唯识论》，密宗主要使用《大日经》《金刚顶经》及《苏悉地经》，等等。后来在中国繁盛的各教派也是如此。如华严宗的主要经典是《华严经》，三论宗的主要经典是《中论》和《百论》，天台宗的主要经典是《法化经》，禅宗的主要经典是《楞伽经》和《金刚经》。几乎每一个小宗派都有自己的经典，因此在世界宗教史上，佛教是拥有经典最多的宗教。

二、三位一体问题的争端

与佛教相比，基督教的经典则简单得多，它只有两部所有基督徒公认的经典，即继承自犹太教的旧约，和基督徒自己发展出来的新约。这两个文献构成基督徒的"圣经"。圣经"简"而不"明",这是导致基督教内部争端不已从而频频分裂的一个重大根源。

最初的争端是围绕着如何给耶稣这个角色定性的问题而展开的。耶稣只出现于新约的福音书中。四篇福音书各自从不同的角度叙述了耶稣的生平故事。不过四篇福音书具有一个共性,即既把耶稣说成是人,也把他说成是神,概言之,耶稣是神与人的合体。于是问题就出来了:如果耶稣是人,那么根据不能崇拜人的基督教根本原则,耶稣就不应当受到崇拜;可是如果耶稣是神,那么他与上帝是什么关系?弄不好基督教可能就会变成二神教,这是大家所不愿意看到的。2—3世纪间的第一位拉丁教父德尔图良,提出了"三位一体"的学说,根据这一学说,父、子、灵虽然各自拥有不同的位格,但共属于一个上帝的本质,换句话说,上帝只有一个,但位格却有三个。这一学说虽被认为是正统,但由于没有展开分析,而且讲希腊语的东部基督徒,并不理解拉丁语下的"三位一体"是什么意思,因此最初并没有引起太多的重视。同时代的基督教神学家奥利金,则提出了"次位论"的解决方法,即认为上帝只有一个,但分为圣父、圣子和圣灵,其中圣父最大,圣子次之,圣灵又次之。这一主张既坚持了一神教的原则,又给耶稣(圣子)找到了一个合适的位置,表面看来十全十美,可实际上却为后来的论争埋下了伏笔。

3世纪初,利比亚教士撒伯琉主张,上帝只有一位,父、子、灵不过是上帝的三个不同名称或三种不同表现。作为圣父,他是创造者和律法的赐予者;作为圣子,他显现为人的肉身,是人类的救赎者;作为圣灵,他感悟使徒,是神圣者。该主张过分强调上帝的"一体",忽视了"三位"间的差异,因此不被以正统自居的罗马教皇所接受。而撒伯琉则依据这一主张形成了撒伯琉派。

4世纪初,另一名利比亚教士阿里乌,则主张圣子耶稣只不过是上帝所造的人,他不是上帝,他被上帝用来作为创造世界的工具,他不是永恒的,他在品级上低于上帝,他与其他受造物的区别,就在于他是上帝直接创造出来的;圣灵在品级上低于圣子。阿里乌这一学说滑到了另一个极端，即特别强调"三位"的差异，完全无视上帝的"一体"。阿里乌的学说引起极大的争论，整个基督教世界因而分成了两大互相对立的派别：阿里乌派与三位一体论派。为了解决争端，在皇帝君士坦丁的撮合下，主教们于325年在小亚细亚西北部的城市尼西亚召开了大会，就教义问题进行讨论。经过一番唇枪舌剑之后，会议确定三位一体论为正统，断言父与子同质同体，宣布阿里乌学说为异端。会议起草了一个信仰声明，叫作"尼西亚信纲"，与会的大多数主教都签了名，极少数拒绝签名的顽固分子遭到了放逐。

皇帝君士坦丁最初支持正统派，后来改变立场，召回被放逐的阿里乌分子。337年以后，君士坦丁的继承人君士坦提乌公开支持阿里乌派。4世纪中叶，阿里乌派又分裂为两派：纯阿里乌派与半阿里乌派。纯阿里乌派主张上帝与基督既不同体，也不同质；半阿里乌派则主张，上帝与基督虽不同体，但本质相似。阿里乌派在罗马帝国东部有一定影响，当时的蛮族各部落所持信的，也是阿里乌派基督教。不过，496年，法兰克人的国王克洛维改信正统基督教，哥特人和汪达尔人在征服西罗马帝国大部分地区之后，也纷纷转信正统基督教，阿里乌派基督教便逐渐趋于消失。

阿里乌派主要是从自然理性的角度去理解基督教的上帝，但是信仰光靠理性的理解是远远不够的，因为文化素养较低的普通民众，假如缺乏神秘主义的要素，其宗教感情就难以被真正调动起来的，正如奥古斯丁所说，三位一体论的奥秘是无法用理性的方法去加以理解的，它实际上是一个只能意会不可言传的问题。阿里乌派太过于"讲道理"，而不擅长煽动感情，这就是它不能被接纳为正统的主要原因。

在与阿里乌派作斗争的过程中，正统派的中坚人物、亚历山大里亚的主教阿塔纳修可谓劳苦功高，他因拒绝与阿里乌派和解，先后被君士坦丁父子放逐五次，但始终未改初衷，因而受到西方教会的特别敬重。

三位一体论被确立为正统之后，新的教义问题很快又出现了。

问题仍然出在基督这个角色上。5 世纪初,君士坦丁堡宗主教聂斯托利在反对阿里乌派的上帝一位论的过程中,提出了基督二位二性论,即认为基督具有神和人两个位格和两种属性,两者不能互相混淆,作为人的耶稣,才是马利亚的儿子,而作为神的基督,则只能是上帝之子,不是马利亚之子,因此,不能说马利亚是"上帝之母"。聂斯托利的这一新论调惹恼了当时的摄政兼皇后普尔希利娅,被认为是对她的影射和攻击。随着圣母崇拜的崛起,马利亚是"上帝之母"的说法早已深入民心,聂斯托利的理论虽出自某种理性的考量,却既违逆民意,又得罪皇室,因此注定没有什么好下场。431 年在小亚细亚南部城市以弗所召开的宗教会议,确立基督一位二性论为正统,将聂斯托利的二位二性学说判为异端,他本人被革除教籍并遭放逐,他的追随者以叙利亚和波斯为活动范围,形成聂斯托利派基督教。635 年,即唐太宗贞观九年,叙利亚人阿罗本等聂斯托利派教士,经波斯来到中国长安译经传教,该教派在中国被称作"景教"。781 年,即唐德宗建中二年,树立著名的"大秦景教流行中国碑"。845 年,唐武宗灭佛,景教被视作佛教的分支而受牵连。元朝开始,聂斯托利派重新入华,与同时入华的天主教一道被称作"也里可温教"。

三、一性论和一志论争端所导致的分裂

围绕基督角色的争论,并没有因聂斯托利的遭放逐而结束。5 世纪中叶,君士坦丁堡的修士优迪克和亚历山大里亚宗主教狄奥斯科鲁,无视有关基督一位二性的正统学说,共同倡导基督一性论,认为耶稣基督的人性完全融入神性,因此只有一个本性。该理论得到了一部分基督徒的支持,不过却被 451 年召开于查尔西顿的宗教会议判为异端。继续信仰该学说的埃及科普特教会、叙利亚教会和亚美尼亚教会等,遂宣布与君士坦丁堡教会决裂,这些教会今天仍然是独立的基督教教派。

一性论争端持续了两个多世纪，其中贯穿着政教冲突和东西部矛盾。6 世纪中叶，东罗马帝国皇帝查士丁尼一世在其皇后的教唆下，肆意干预教会事务，于 553 年在君士坦丁堡召开宗教会议，公开支持一性论派，宣布开除所有正统派主教的教籍，扣押罗马教皇，并将君士坦丁堡教会置于罗马教会之上，西部与东部之间的仇隙日益加深。

一性论争端尚未结束，新的争端又起。7 世纪 30 年代，君士坦丁堡宗主教塞吉乌在皇帝厄拉克略一世的授意下，提出愿与西部教会一起信仰耶稣基督具有神人二性的正统学说，但要求西部教会也与东部教会一起信仰基督只有一个神的意志而不另有人的意志，即所谓"一志论"，他致函罗马教皇霍诺留，得到了后者的同意。随后，皇帝厄拉克略一世及其继任者君士坦斯二世相继颁布敕令，命全国都要信从一志论，不从者治罪。皇帝的敕令遭到了西部教会的普遍抵制，东西部关系进一步恶化。680 年，皇帝君士坦丁四世在君士坦丁堡召开主教会议，会上罗马教皇阿加托宣布一志论为异端，并开除了曾赞同过该学说的前教皇霍诺留的教籍。不过，君士坦丁四世去世后，其继任者查士丁尼二世颠覆了前任的宗教政策，恢复支持一志论。

四、东西方教会大分裂

除了围绕上帝和耶稣基督所展开的争论，并因这些争论所导致的分裂之外，还存在不少有关其他话题的争端，其中最重要的一次争端涉及对"原罪说"的看法。原罪说的首个系统阐述者是奥古斯丁。他以圣经《创世记》为依据，认为人类的始祖亚当与夏娃受造之后，滥用了上帝赐予的自由意志，在蟒蛇的诱惑下吃了上帝的禁果，这一罪过成为人类代代相传的原罪，人一生下来就有这种罪过，它也是人类一切灾祸的根源。由于有了这种原罪，人类就不可能依靠自己的力量获得解救,只能等待上帝施予恩典进行救赎。显然,原罪说对人类的道德状况持一种悲观主义的立场。5世纪初,不列颠隐修士佩拉纠来到了罗马和巴勒斯坦等地,宣扬一种与原罪说截然对立的学说。根据该学说,人由上帝所造,享有上帝赐予人类的完全的自由意志;人行善或作恶都取决于他的自由意志,因此人对自己的所作所为负责;亚当犯罪,责任归亚当自己,不能归于他人,故不存在从亚当开始就代代相传的所谓"原罪";每个人都应当行善,也能够行善;亚当犯罪所留下的恶果,就是他给后世留下了坏榜样,并使世人怀疑自身的行善能力。因此上帝才道成肉身,以耶稣基督启示世人,用现身说法为人类提供了善的榜样;人应当痛改前非,借助洗礼除去先前的道德污秽,并效法基督,决意过圣洁的生活。佩拉纠的这一学说被称作"佩拉纠主义",受到了奥古斯丁的猛烈抨击,并多次被教会当局判为异端。该学说虽然因此而沉寂,但对于16世纪宗教改革中的某些新教教派影响很大。

此外,主要不是由于教义争端,而是由于组织问题所导致的教会分裂,出现的时间较早的,当属多纳图派纷争。多纳图派是4世纪初由迦太基主教多纳图建立的教派,其成员中有许多是奴隶和隶农等下层民众。该派的出现与皇帝戴克里先对基督徒的大迫害有关。在迫害期间,一些教会领袖被迫屈服叛教。于是,在如何对待这些叛教者及曾经接受过他们洗礼的信徒的问题上,产生了激烈的争执。以多纳图为代表的一方,主张叛教者在没有真正悔过之前,不能重新入教,原先由他们施洗的信徒,必须重新受洗。而教会当局则基于法不责众的原则,反对用激进手段对待犯错误的人士,主张他们的施洗仍然有效。多纳图派毫不示弱,他们在北非曾拥有主教300人,与罗马教会分庭抗礼。该派还主张返回原始基督教时期的财产公有制,反对教会与国家结盟,反对大土地私有制和教会特权。这些主张引起君士坦丁大帝的恐惧,于是先后策划举行三次宗教会议,但每次会议的决议均遭到多纳图派的拒绝,君士坦丁遂采取武力镇压方式,均无法使其屈服。5世纪,汪达尔人征服北非,多纳图派开始衰落。7世纪,阿拉伯人进占北非,该派才逐渐消失。

不过,中世纪时期基督教最大的一次分裂,则是以礼仪为借口的。1050 年,罗马教皇利奥九世颁布通谕,宣布废止已渗入意大利南部拉丁教会的希腊礼仪;君士坦丁堡宗主教色路拉琉针锋相对,命令君士坦丁堡的拉丁教会一律使用希腊礼仪。双方最后于 1054 年互相宣布开除对方的教籍。东西方教会从此完全分裂,以君士坦丁堡为中心的东部教会成为东正教,以罗马教皇为中心的西部教会则成为天主教。

五、新教运动的兴起和分裂的加剧

基督教世界的另一次大分裂,是 16 世纪宗教改革后,各种各样的新教教派从天主教当中分离出来。这次分裂仍然起源于对圣经的不同解读。使徒保罗在《罗马人书》中,强调信徒借助信仰就可以得救;另一使徒雅各在《雅各书》中,则强调善行的重要性,认为单靠信仰而没有善行加以印证,是无法得救的。中世纪的天主教会在宗教实践中,走的是雅各的路线,即主张善行得救。天主教当局作出这样的选择,是有其利益考量的。首先,行善意味着施舍,信徒施舍的财物,其管理和使用权理所当然地落入教会当局手里,教会很快就成为最大的封建主。其次,既然行善才能得救,那由谁来认定一个人的作为是行善还是作恶呢? 当然是教会神职人员,于是神职人员就成了普通信徒与上帝之间不可或缺的中介,人们只有通过神职人员这一中间环节才可以了解到上帝的旨意。也就是说,雅各的路线,亦即"善行得救"的理论,直接导致了教会特权的形成和增强。当然,与此同时也导致了一系列的教会腐败。例如根据一个统计数字,文艺复兴期间的罗马教廷拥有 21 名枢机主教,每个枢机主教的家庭平均拥有 134 名仆人、管理人员及扈从,教皇家庭人口则达 700 人之多。

罗马教皇宣称,犯了罪的人,只要购买适量的赎罪券,其罪恶就可以获得教会的赦免,他还为不同等级的罪行规定了不同价格的赎罪券,甚至把推销赎罪券的权力承包给了一些大主教。1517 年,赎罪券的推销特使到了德国,公开宣扬"只要购买赎罪券的钱一敲响钱柜,罪人的灵魂立刻就可以从炼狱跳上天堂"。这种赤裸裸的勒索行径,引起了德国人的普遍愤怒,第一个站出来表示反对的就是著名修士马丁·路德,他先是就赎罪券的效能问题组织了一场大辩论,以唤起民众的觉悟,揭开了宗教改革的序幕。他连续发表了几篇文章,表示与教皇决裂。他坚持保罗在《罗马人书》中"因信得救"的思想,认为人要获得上帝的拯救,不在于遵守教会的规条,而在于个人的信仰;个人完全可以撇开神职人员的中介,直接与上帝进行交流;他强调圣经的权威高于教会的权威,主张建立不受罗马教廷管辖的教会。他的改革号召在德国中北部得到广泛的响应,由此形成了第一个新教教派路德宗。

16 世纪30—40 年代,另一位宗教改革家卡尔文在瑞士日内瓦发起了一场更加激进的改革。他不仅赞同"因信得救"的理论,否定教皇的权威,而且宣布从政、经商盈利、积蓄私产、放债取息与担任教士职务一样,都符合上帝的旨意;贫穷不是因为挥霍过度,就是因为懒惰所致,因此不仅不值得同情,还应当受到谴责,施舍对于道德的改善弊大于利。他还复活了奥古斯丁的"预定论",认为谁是上帝的选民,谁是上帝的弃民,这是早就由上帝预定了的,衡量一个人是选民还是弃民的唯一标准,就是看他的事业是否成功。这些学说,非常符合资本原始积累时期资产阶级的利益。在他的指导下,日内瓦的富裕公民建成了一个政教合一的神权共和国。卡尔文所建立的新教教派,也被称作长老宗或归正宗,它很快就从瑞士传播到了荷兰、苏格兰及英国等地,影响极大。

与此同时,英国也发展起了自己的新教教派圣公会。16 世纪的英国君主在加强王权的过程中,对来自罗马教皇的干预日益不满。英国新兴资产阶级和新贵族也渴望削弱教会特权,夺取教会财产。国王亨利八世在资产阶级和新贵族的支持下,以教皇不允许他废黜王后、离婚重娶为借口，于 1533 年宣布英国教会停止向罗马教廷缴纳宗教税款。1534 年又促使国会通过《至尊法案》，规定英国教会不再接受罗马教皇的管辖，英国国王成为英国教会的最高领袖。这一独立于教皇的英国新教派，被称作"圣公会"，或"安立甘宗"。该教派最初在教义、礼仪和组织等方面均承袭天主教的传统。自 17 世纪之后，它逐渐接受了卡尔文宗的影响。它自称与天主教及东正教同属古老的大公教会，并保有由使徒传下来的主教制和正统教义。不过它只承认罗马教皇是世界众主教之一，不承认他是普世教会的最高领袖。

从这些较大的新教教派中，很快又分裂繁殖出更加激进的一些宗派。如从路德宗中分裂出了再洗礼派，从卡尔文宗中分裂出了阿明尼乌派，从圣公会中分裂出了公理宗和清教。到了 18—19 世纪，又先后出现了普救派、卫斯理宗及基督复临派等新的新教教派。

16 世纪的宗教分裂所产生出来的新教，具有三大显著特征。第一，坚持教会设施和教会礼仪的简朴和廉俭。这些新教在不同程度上都代表了新兴资产阶级的利益，而资本原始积累时期的资产阶级需要大量的财力投入生产与流通，因此在教会事务上，只能遵循能省就省的原则，故与天主教相比，新教教堂较简陋，圣事较简单。第二，坚持教会的民族属性。宗教改革发生于西欧民族国家形成的关键时期，新教本身就是各国民族主义反对天主教国际性控制的产物，各新教教派均使用本民族语言重新翻译圣经，这使得不懂拉丁文的广大信徒得以有机会直接接触到圣经，打破了教士对圣经的垄断，民族主义因宗教改革而高涨。第三，坚持信教自由的个人主义原则。新教运动本质上是被压抑已久的个人主义对中世纪宗教集体主义的一种反叛，这种个人主义曾经受到文艺复兴运动的激发，如今则在宗教领域继续伸张，这主要体现在新教教派林立，各派各自为政，不存在一个类似于罗马教廷的国际中心。

第二十一章　宗教习俗的融合

392 年，随着皇帝提奥多西一世关于正式禁止异教的法令的颁布和实施，与各色各样的异教教派进行着长期竞争的基督教终于独占鳌头，在罗马帝国的范围内取得了决定性的胜利。可是，基督教的胜利并不意味着古代的多神教文明被消灭殆尽，基督教与异教的斗争实际上是两种不同文明进行交流的特殊表现形式，作为胜利者的基督教，要完全免除其对手的影响是不可能的。因此，基督教的成功必然要以它对于异教文明中的某些要素的包容为代价。也就是说，由于基督教的成功崛起，异教的一些要素便逐渐地转化为基督教所有。基督教对于异教文明的继承，在社会习俗方面表现得最为明显。

一、临终圣餐与平安之吻

古代和中世纪的基督徒，都有为垂死者喂食临终圣餐的习惯，即在垂死者即将离世的前夕，向其提供最后的一餐。具体做法是，把经过祝祷后的一小片面包和一点葡萄酒放入垂死者的嘴里，这被理解为是垂死者最后一次接受基督的圣体和圣血。

"临终圣餐"一词的拉丁文原意是"为旅行所准备的旅资"，由此可以推想，它最初时并不仅仅指一种食物，而是指包括食物在内的与旅行有关的物品；基督徒的临终圣餐，实来源于异教徒为死者准备的死后旅行所需的旅费。根据古代希腊传说，人死后，其阴魂由神使赫尔墨斯送至冥河，然后乘坐卡戎的渡船前往地府的门口，阴魂坐渡船时要付钱，为此古希腊人要在死人口中放入一枚硬币。2世纪末的希腊作家琉善告诉我们，人死后，亲属要做的第一件事情，就是放一枚硬币在死者嘴里，以便付给冥河的渡人。

希腊人的这种习惯很快就为罗马人所接受。不过，"饯行费"一词在罗马人当中有着更为丰富的含义，它不仅仅指放入死者口中的硬币，还指罗马官员出差时所携带的旅费或旅行用品，同时也指一种旅行前的饯行宴会。罗马剧作家波劳图提到，他曾为即将去旅行的姐姐准备过一顿晚宴，他称该晚宴为饯行宴。帝国初年的罗马诗人荷拉斯谈到一位旅行家的箱子被破开，饯行费被盗窃一空，这里的饯行费显然是指旅行用品。这种词义上的表面歧异，无法掩盖其本质含义：在讲拉丁语的罗马人那里，饯行费一词最初必定与外出旅行有关。由于死者的阴魂从这个世界抵达地府的过程，也被理解为一种旅行，因此我们可以合理地得出一个推论：原先只具有世俗意义的饯行费一词，只是到了后来因为想象力扩大的结果，才被推行到死人世界的。

与希腊罗马的异教徒一样，早期的基督徒也把死亡过程理解为灵魂从这个世界抵达另一个世界的旅行，因此，这种带有旅资性质的仪式，便借助临终圣餐的途径，被顺理成章地吸纳为基督教的仪式。既然是一种旅资，它就具有了储备的意义，于是就不能在出发之前被花光。根据这一原理，临终圣餐只能被含在垂死者的口中，如果不小心被吞咽了下去，仪式便告无效，这意味着要重来一次。例如根据《梅拉尼亚传》的记载，圣徒梅拉尼亚的叔叔沃伦先曾三次领受临终圣餐，梅拉尼亚本人在死前也领受过三次临终圣餐。在当时的基督徒的观念中，一个人的最大损失，就是在未曾领受临终圣餐的情况下便死去；一个人所受的最大惩罚，莫过于被剥夺了领受临终圣餐的权利。因此，最初的一些地方教会拒绝给犯有大罪的垂死者施行临终圣餐礼，以作为一种惩戒手段。后来的教会当局则基于基督普遍慈爱的理由，要求神父们高度尊重罪犯领受临终圣餐的权利。领受临终圣餐的权利对于一个人的得救来说显得如此重要，以致于在许多地区出现了一种陋习，即把圣餐给予死者。这种习俗在 4—7 世纪时特别流行，这引起教会当局的不安，于是宗教会议屡屡对该陋习进行谴责，其主要理由是，死人完全缺乏领受圣餐的功能。

早期基督徒葬俗中的另一种仪式是，当尸体被抬入教堂之后，主礼神父便走近尸体，为其作短暂祷告，祷告完毕，他会俯身给尸体一个吻，其他在场的人便都跟着他向尸体作最后的吻别，这被称作平安之吻。

早期基督徒的平安之吻，与异教世界中普遍流行的用嘴接住垂死者最后气息的习俗有一定的关联。古人相信，一个人在断气时所呼出的那一股气息便是此人的灵魂，在死者的灵魂离开肉体的最后时刻，如果他最亲近的人能够亲自用嘴接住它，那对于死者来说将起到难以替代的抚慰作用。因此，死刑犯人临刑前的最大要求，常常是请自己的亲人用嘴接住他最后呼出的气息。西塞罗曾提到，许多母亲整夜待在监狱外面，等待着儿子们死期的到来，以便用自己的嘴接住孩子临死前的灵气。维吉尔也提到，当迦太基女王因情人埃涅阿斯的离去而自杀时，她的姐姐要求用自己的嘴唇接住妹妹那苟延残喘的气息。苏维托尼乌告诉我们，重病中的屋大维，就是在其妻子丽维娅的亲吻中断了气的。犹太人也有与死者亲吻的习惯。例如雅各（即以色列）死后，约瑟伏在父亲身上痛哭，并与他亲吻。

不过，希腊罗马异教世界对垂死者所施行的亲吻礼，仅限于发生在死者临终的前夕，而不能像后来的基督徒那样，发生在死后的丧礼上。异教徒与犹太教徒一样，把活人的世界与死人的世界截然分开，在他们看来，人一旦死去，便立刻进入到充满污秽的死人世界，该世界对于活人构成了威胁，因为它常常玷污活人。老普林尼说，在罗马的葬俗中，搁置死者的房门前必须堆放有树枝，目的是为了提醒过路人特别是祭司不要进入该房，因为他们一看见尸体就会被玷污。古人宗教意义上的洁净，是与世俗意义上的洁净互为表里的，因此在某些特殊的年代里，活人间的亲昵行为也被认为具有玷污的危险。据苏维托尼乌的记载，由于害怕瘟疫蔓延，提比略皇帝曾立法禁止亲吻礼，因为接吻被认为不仅有害于道德，更有害于健康，它会传播来自于东方的斑疹病。

基督教则打破了死人与活人亲密接触的禁忌。在基督徒看来，一个人的死亡，不过是他进入来世永生的小小转折，由于死后的人都要复活接受基督的最后审判，这种复活是肉体复活，人的尸体因而变得弥足珍贵，活人与死尸是血肉相通的，于是活人世界与死人世界之间的藩篱便被彻底摧毁了。平安之吻发生在死后，这恰恰反映了在活人与死人的关系问题上，基督教对于希腊罗马异教及犹太教有关洁净原则的颠覆。这种颠覆虽肇始于平安之吻，却鼎盛于圣物崇拜。早期基督徒与死者之间过分密切的接触，也许是中世纪时期一些传染性疾病延绵不绝的原因之一，例如 14 世纪中叶肆虐整个欧洲的黑死病与该宗教习俗之间的关系，就值得后人深思。

二、为死者合上眼睛和嘴巴

根据基督教传统，一名基督徒死后，首先必须由死者的至亲或朋友为其合上眼睛和嘴巴。亚历山大里亚的狄奥尼修斯在描述死于罗马瘟疫的教会人士时曾谈到：死者的亲人"张开双臂把圣徒的尸体拥在怀里，合上他们的眼睛，闭上他们的嘴巴"。奥古斯丁在其自传中也谈到，母亲莫尼卡死后，他为其合上双眼。尼萨的格列哥里描述了他姐姐圣玛科丽娜死时的状况，他说她的眼睛不需要被合上，因为它们就像睡着一样已被眼睑覆盖了，她的口也自动闭上了，她的整个躯体展现出了一种优雅的姿态。安布罗斯对于自己没能死在兄长的前面而感到遗憾，因为如果自己先死了，兄长和姐姐就会为自己合上眼睛，而不是自己为兄长合上眼睛。这些例子表明，给死者合上眼睛和嘴巴，是早期基督徒葬俗中的通常做法。

其实，基督徒这一习俗也来自希腊罗马异教世界。在古希腊，至亲或朋友为死者合上眼睛和嘴巴，这被看作是死者的基本权利。根据荷马的描述,当奥德修斯杀死了索库斯之后,他注视着索库斯的尸体说道:"啊,可怜的家伙,在你死的时候,你的父亲和女王般的母亲已经无法为你合上双眼了。"荷马还提到,阿伽门农称妻子克吕特涅斯特拉是一名无耻的女人,因为尽管自己正在走下阴间,她也不会用双手合上自己的双眼和嘴巴。这说明在希腊文明的最初期,由至亲或朋友为死者合上眼睛和嘴巴的习俗就已经很流行。收藏于罗浮宫博物馆的一件希腊陶瓶上的彩绘,也表现了类似的场面:一名死者正躺在丧床上,他面前的一名妇女正在用一条专用的带子把死者的眼睛和嘴巴合上。这一习俗也被罗马人所采纳。维吉尔提到,在尤里拉死时,他的母亲因没能在葬礼上为自己的儿子合上眼睛而感到哀伤和痛苦。奥维德也感叹说,他一想到自己将客死于异国他乡,就会为没有友谊之手来为自己合上双眼而悲伤;他还说,他希望能够在自己的最后时刻里,在面向故乡的天空时,妻子会用手合上自己的眼睛。一个属于罗马早期的骨灰缸上,也描述了类似的仪式:死者躺在一张床上,其后面站着一名妇女,她用双手把死者的眼睛合上。

对于异教徒来说,为死者合上眼睛和嘴巴的习俗,可能与古代的迷信观念有一定的联系。在古人看来,如果让死者睁着眼睛和张开嘴巴下葬,他的阴魂将因得不到完全释放而会经常骚扰活着的亲友,因此合上死者的眼睛和嘴巴,实际上是帮助死者把阴魂从肉体内全部释放出来,这无论是对于死者还是对于活着的人来说,都是至关重要的。不过基督徒在继承了这种习俗的同时,未必会继承这种迷信观念,在基督徒那里,合上死者的眼睛和嘴巴只是象征着死者离世时的安详状态而已。

三、清　洗　尸　体

死者的眼睛和嘴巴一经合上,亲属们要做的工作就是对尸体进行清洗。这种习俗在新约圣经中有所反映,例如《使徒行传》提到雅法城一名广行善事的女基督徒塔比莎病故,有人把她的尸体清洗了,并将其停放在阁楼上。外典《彼得福音》就耶稣死难一事,补充了正典福音书所没有的一个细节:在耶稣被从十字架上放下来后,有一个叫约瑟的同情者曾为他清洗尸体。另一外典文献《彼得行传》则提到,彼得受难后,有一位名叫马尔切鲁的基督徒,从十字架上取下彼得的尸体,并用牛奶和酒为其清洗。历史学家狄奥尼修斯告诉我们,3世纪的瘟疫使人口大量死亡,这时基督徒冒着被传染的危险,走上街头收捡死尸,给它们清洗、整理和埋葬。由此可见,清洗尸体是早期基督徒当中普遍流行的一种习俗。

其实,清洗尸体的习俗可以追溯到遥远的古代。根据鲁士先生的调查,古埃及人把清洗死者尸体看作是服侍诸神的神圣仪式的一个重要组成部分,例如埃及祭司每天早晨进入神庙时,都要用八桶水来洗刷众神的雕像;人们对于死者也要尽同样的义务,据说这样做是为了把死者改造成为可以与神相媲美的有福者。古希腊人也保持着为死者清洗尸体的习惯。荷马提到,阿喀琉斯的挚友帕特罗克洛斯战死之后,其尸体被用温水来清洗。希腊的瓶画常常描绘为死者清洗尸体的场景。据说,苏格拉底在临死前曾自行洗干净自己的躯体,以便省去妇女们履行这一程序的麻烦。拉丁作家也频频提及这一习俗。奥维德曾哀叹自己如果死在异国他乡,当尸体被从床上取下来清洗时,没有人会为他哭丧。维吉尔描述道,埃涅阿斯的号手弥塞诺斯被海怪害死后,人们取来了大锅和温水,准备对他的冰冷尸体进行清洗和涂油。有人推测说,用温水清洗死者的尸体,与对尸体大声叫喊具有相同的目的,即确证死者已死,因为如果处于假死状态的话,热水会让他复活过来。一般来说,清洗尸体的任务是由死者至亲中的年长女性来完成的,到了后来,则常由专业的殡葬人员来完成。

据鲁士的说法,古代犹太人也有用热水清洗尸体的习惯。不过,旧约中并未明确提及这一习俗,因此可以初步推定,犹太人是在旧约各卷完成之后的较晚的时期里,在外邦人的影响下逐渐接受该习俗的。如果《彼得福音》所载属实,即耶稣的尸体在下葬前的确被按照一定的仪式清洗过,那么基督教的这一习俗无疑直接来源于犹太人;如果这一记载是后人的穿凿附会,那么基督徒为死者清洗尸体的做法,便可能来自于其他的异教徒。也许前者可能性更大,因为最初具有犹太人血统的基督徒,较多采纳这一习俗。

四、给尸体涂抹香油和香料

此外,早期基督徒还习惯于为死者涂抹香油或香料,这主要是为了尸体防腐的目的。根据《马可福音》的记载,耶稣死后被放入坟墓的第三天,几名妇女买了香膏,准备去涂抹耶稣的尸体。可见以后基督徒为死者涂香或涂油,是有据可依的。据说在彼得死后,马尔切鲁准备了7瓶乳香、50瓶没药和沉香及印度花瓣为彼得的尸体涂香防腐。德尔图良也提到过这一习俗,他说基督徒在生前拒绝使用香料和香油,可是在他们死后,这类物品却被大量使用在他们的遗体上。尼萨的主教格列哥里在为安条克主教梅里提乌所作的葬礼演讲上,提到这位主教的尸体将被用许多香料来涂抹。除了在尸体上涂抹香料、香油或喷洒香水以外,为了防止尸体在坟墓里过早腐烂,有些地方的基督徒把尸体埋在石灰中,一般的做法是把石灰放置在两张裹尸布中间,然后再用裹尸布把尸体包裹起来。还有一种防止尸体腐坏的做法,便是放几瓶香料在坟墓里。据《彼得行传》的记载,马尔切鲁曾用阿提卡蜜糖填满整个大理石棺材,这显然是出于尸体防腐的目的。另据鲁士的报道,在许多基督徒的地下墓窖中,常常可以见到充满着红色液体的小玻璃瓶,这些液体可能具有防腐的功能。在埃及,一些基督徒不仅为死者涂抹香油或香料,而且把尸体制作成木乃伊,它们不是被埋葬于地下,而是被长期存放在亲属的房屋里。这种习俗被许多教会领袖当作是陋习。

为尸体涂抹香油和香料的习俗,最初也是来自异教世界。荷马经常提到给尸体涂油的仪式,如阿喀琉斯的挚友帕特罗克洛斯死后,其尸体被用橄榄油涂抹,他身上的伤口充满着新鲜的软膏。特洛伊军队的统帅赫克托尔被杀之后,其尸体也同样被油涂抹。罗马人更是经常用到香油和香料。据普林尼说,罗马人用在死者身上的香料,主要是盐、雪松树脂、蜜糖、没药、香脂等。据西塞罗透露,早期的罗马人在香料使用方面就已经太过于奢侈,以致于《十二铜表法》对于涂油礼的开销要进行限制。在共和国的大部分时期里,罗马人盛行火葬,这种葬式的流行不仅没有遏制涂油礼的蔓延,反倒刺激了这一习俗向着更加奢侈的方向发展:如今除了在尸体焚化之前要给它涂油之外,还要为焚化之后的遗骸实施第二次涂油礼,即要对从灰烬中捡起的骨灰涂抹香油和软膏或喷洒香料。维吉尔提到,埃涅阿斯的号手弥塞诺斯被海怪溺死后,其遗骸和火葬堆的余烬均被酒浸泡。奥维德也谈到,一名叫安娜的女人在为姐姐举办的丧礼上,把后者的骨灰浸泡在混合有露珠的香料中。当然,在为尸体作防腐处理方面最为讲究的当数埃及人,希罗多德曾详细描述过他们制作人体木乃伊的三种方式,即便是其中最省钱的方式,去除了内脏的尸体也必须在硝石液中浸泡 70 天后才能进入墓地。犹太人虽然没有制作木乃伊的习惯,但他们也喜欢用香料涂抹尸体。据说,雅各(即以色列)死后,医生用香料涂抹他的尸体,而且整整涂抹了 40 天。雅各之子约瑟死后,其亲属也用香料涂抹他的尸体,然后才将其收殓入棺。

基督徒对于死者的涂油礼虽然来自于异教传统,可是两者有着明显的差异。首先,香料不仅被异教徒使用于死者身上,而且也被他们使用于活人身上;早期基督徒则只限于在死人身上使用香料。其次,异教徒使用香料于尸体,主要是出于防污秽和宗教洁净的目的,旨在保护活人的利益;而基督徒使用香料,主要是出于肉体复活的观念,旨在捍卫死者的权利。最后,在对死者施行涂油礼的过程中,异教徒通常讲究仪式上的排场,喜欢用名贵的高级香料;而基督徒则因陋就简,刻意淡化死亡的悲伤气氛,所用香料多就地取材,例如他们常常使用较为便宜的没药制成圣水,在仪式上向死者作简单的喷洒。

五、异象与梦幻

　　早期基督教的另一个习俗是相信异象。最早谈到基督教异象的文献是《启示录》，该文作者约翰声称自己在梦幻中获得异象，亲眼看到了将来所要发生的一系列事件，其中包括教会遭受迫害、反对基督者的来临、上帝的天军在一场大争战中战胜了反叛的邪恶天使、撒旦被捆绑及千禧年王国的到来、最后的审判以及新耶路撒冷的建成、耶稣的复临，等等。此后，基督徒有关梦幻和异象的报道便多了起来。例如，活跃于2世纪中叶的士麦那主教波里卡普，在遭当局逮捕前三天，曾经梦见自己的枕头被火烧掉，因此他断言自己必死于火刑，后来他果然被当局烧死。又如，3世纪非洲女基督徒波佩图娅叙述自己在监狱里所做的一个梦，她先是梦见自己在费力地攀爬一座通往天上的梯子，梯子底部盘踞着一条张开血盆大口的巨龙，梯子的两侧则系有刀剑、长矛、吊钩、匕首及长钉等各种利器；还梦见自己在勇敢地沿着梯子爬上了天顶之后所看到的一系列美好情景。这个梦被认为预示着波佩图娅的英勇殉道并受到天堂中耶稣基督的召唤。

　　早期基督教的梦幻和异象显然来自犹太教。根据旧约的记载，被掳往巴比伦城的犹太人但以理就曾经在梦幻中见到一系列异象：他看见了从海中上来的四个形状各异的巨兽；他还看见了坐在宝座上的"永远长存者"，看见了一个"像人模样的人"驾着云彩来到永远长存者面前，被授予了永不败坏的权柄、荣耀和国度。根据解梦者的说法，这些异象均以象征的手法，预示着未来将要发生的事件。《启示录》中约翰所见到的异象，从风格到内容，都与但以理的异象存在着无法隔断的历史联系，因此我们可以断定，就预示未来的启示录笔法来说，《但以理书》无疑是《启示录》的蓝本和原型。

　　《但以理书》还提到一个与释梦有关的故事。巴比伦国王尼布甲尼撒曾把全国的术士召到了宫里，要他们讲解和解释他前夜所做的一个自己已经忘记了的梦,由于术士们无法满足国王的要求,他们均被残酷地杀害了;而但以理最终成功地恢复了国王的梦境,并对其作出了圆满的解释,因而获得了重赏。在解释自己为何能够做到这一点儿时,但以理特别指出,这并不是因为自己的智慧胜过其他术士,而是因为他知道有一位上帝,得以显明一切奥秘的事情。也就是说,犹太人由于有上帝的助祐,就能够做到常人无法做到的事情。除了犹太教的因素之外,早期基督教的梦幻和异象,还直接或间接地受到其他异教文明的影响。希腊人喜欢把梦兆与他们对于人类命运的悲剧主义理解联系起来。例如,据希罗多德记载,吕底亚国王克洛伊索斯梦见有人告诉他,他的一个儿子将要被铁制的尖器刺死;结果无论这位国王采取什么防范措施,他的儿子还是被人用尖器误杀而死。米底亚国王阿斯杜亚该梦见自己女儿撒的尿涨满全城,并淹没了整个亚细亚。占梦者告诉他,他女儿所生的孩子将取代他成为国王,并成为整个亚洲的统治者,于是阿斯杜亚该千方百计提防此事发生,可是最终其外孙波斯人居鲁士还是取代了他,并统治了几乎整个亚洲。罗马人继承了希腊人的传统,只是他们的梦幻更多地与死亡有关。例如根据苏维托尼乌的记载,恺撒在被害前一夜,曾梦见自己忽而在云端飞翔,忽而与朱庇特携手;他的妻子则梦见自己家的屋顶坍塌了,丈夫被刺死在自己的怀里。皇帝卡里古拉在被杀的前一天,也梦见自己被朱庇特用右脚尖踢倒在地。

由于梦幻和异象与异教世界之间存在着太多的历史联系,一些保守的教会人士并不主张基督徒通过它们去预卜未来,如《十二使徒遗训》的作者就曾经说过,梦兆会引入偶像崇拜的歧途。尽管如此,对于梦幻和异象的刻意寻求,仍然成为早期基督徒大众的重要崇拜习俗之一。不过,基督徒的梦幻和异象,与异教徒存在着一个重大的差别:后者带有强烈的悲观主义宿命论色彩,前者则散发着积极向上和乐观主义的气息,这可能是由两者不同的死亡观造成的。

六、宗 教 节 庆

此外,早期基督教的节庆也与异教有一定的关联。354 年,著名抄写员菲洛卡鲁为罗马城制定了一个节日历书,该书的扉页上明确注明是献给基督的,历书包含了 312—358 年间每年复活节的日期、未来 50 年中复活节日期的推算、罗马教皇们下葬的日期、罗马殉道者们的殉道日期、罗马教皇的名单以及截止于 334 年的基督教大事记。书中所列的罗马执政官名单中也附有四件与基督教有关的事件:基督的出生与死难、彼得与保罗到达罗马及其殉道。仅从这些内容看,该历书无疑是基督教的。可是当我们再仔细察看该书的其他内容时,便不禁要为它的异教色彩而感到吃惊。这本历书每月录入的条目都带有一个详细的图解,这些图解多数与异教崇拜有关。例如,在一月份的条目中,有一个人正在献香,这被初步认定为一个正在向奥古斯都家族庇护神献祭的防卫官员;在四月份的条目中,有一个男子正在跳舞,样子很像大母女神节上的舞者;在十一月份的条目中,出现了一个具有伊希斯神祭司特征的人物;在十二月份的条目中,出现了描绘农神节的庆祝场面。这充分说明,迟至 4 世纪中叶,异教习俗仍然被大量地混淆在基督教的节庆当中。

正是在同一部历书中,我们第一次见到有关耶稣生日的记载:"12 月 25 日,基督出生于犹地亚的伯利恒。"这显然是基督教与异教习俗相妥协的一个结果。首先,最初的基督徒承袭古代犹太人的传统,把纪念生日当作与一神教原则格格不入的异教陋习而加以摒弃。如《诗篇》的作者说:"我是从邪恶当中被生出来的;从我出生的那一天开始,我就犯了罪。"先知耶利米说:"愿我出生的那天受诅咒! 愿我母亲生我的那天被忘记!"善人约伯也说:"啊,上帝,诅咒我出生的那一天吧,诅咒我被怀上的那一夜吧!"奥利金据此评论道:"只有罪人会在这样的生日中感到高兴。在旧约中我们看到埃及法老以盛大仪式来庆祝自己的生日；在新约中我们看到希律也这样做。然而，圣徒不仅不以仪式来庆祝自己的生日，而且用充满的圣灵来憎恶这样的日子。"如今基督徒却一反初期的传统，乐此不疲地为耶稣确定出生纪念日，这表明他们已经向异教习俗作出了巨大的让步。其次，12月25日原本是来自伊朗的密特拉崇拜中太阳神宰牛的日子，这一天也被看作是密特拉亦即太阳神的生日。这种秘密崇拜于1世纪前后大举传入罗马，并在罗马军队中广为流传。3世纪后期，罗马皇帝奥列良把自己的军事成功归之于密特拉神的庇护，因而进一步推进了整个帝国范围内的密特拉崇拜，他开始把12月25日定为太阳神庙的节庆日。几十年以后，基督徒采用同一天作为耶稣生日纪念日，这肯定不是偶然的：这样做的本意可能在于争夺军队中的信徒，其客观后果则是使教会习俗更加异教化。有趣的是，教会人士并不忌讳谈论这种异教影响，例如在386年圣诞节的布道会上，君士坦丁堡宗主教克里索斯托姆就公开申明："我们是从罗马人那里接受了这个节日的。"

主要参考资料

Ⅰ. 经典

Biblia Sacra，iuxta vulgatam versionem，Deutsche Bilelgesellschaft，Stuttgart，1994.

Good News Bible，Today's English Version，United Bible societies，1976.

The Apocrypha and Pseudepigrapha of The Old Testament，*Volume One: Apocrypha*，edited and introduced by R. H. Charles，Apocryphile Press Edition，2004.

The Apocrypha and Pseudepigrapha of The Old Testament，*Volume Two: Pseudepigrapha*，edited and introduced by R. H. Charles，Apocryphile Press Edition，2004.

New Testament Apocrypha，edited by Wilhelm Schneemelcher（English Translation），Lutterworth Press，Pennsylvania，1963.

The Didache，edited by Huub Van de Sandt，Augsburg Fortress Publishers，2002.

《十三经注疏》，上海古籍出版社，1997 年。

《中华大藏经》(汉文部分)，中华书局，1994 年。

Ⅱ. 早期教父作品

Justin Martyr，*Dialogue With Trypho*（Selection from the Fathers of the Church），Catholic University of America Press，2003.

——*The First Apology of Justin*, Kessinger Publishing, 2004.

The Apostolic Fathers, translated by Francis X. Glimm, Joseph M. F. Marique, SJ. and Gerald G. Walsh, SJ., Cima Publishing Co. Inc., New York, 1947.

Minucius Felix, *Octavius*, Kessinger Publishing, 2004.

The Instructions of Commodianus, In Favour of Christian Discipline, Against the Gods of the Heathens, Kessinger Publishing, 2004.

Origen, *Contra Celsum*, translated by Henry Chadwick, Cambridge University Press, 1980.

Tertullian Disciplinary, Moral and Ascetical Works, translated by Rudolph Arbesmann, O. S. A., Sister Emily Joseph Daly, C. S. J. and Edwin A. Quain, S. J., Fathers of the Church, Inc., New York, 1959.

——*The Apology by Tertullian*, Kessinger Publishing, 2004.

St. Cyprian, 'Exhortation to Martyrdom, to Fortunatus', in *Saint Cyprian Treatises*, translated by Roy J. Deferrari, Fathers of the Church, Inc., New York, 1958.

Lactantius, *Of The Manner In Which The Persecutors Died*, Kessinger Publishing, 2004.

——Divine Institutes, Translated with an Introduction and Notes by Anthony Bowen and Peter Garnsey, Liverpool University Press, 2003.

Eusebius of Caesarea, *The Church History*, Kregel Academic & Professional, 2007.

——*Church History, Life of Constantine, Oration in Praise of Constantine*, Translated by Arthur Cushman McGiffert, Christian Classics Ethereal Library, 1890.

——*History of The Martyrs In Palestine*: Discovered In A Very

Ancient Syriac, Edited and Translated into English by William Cureton, Paris, 1860.

Athanasius, *The Life of Antony and the Letter to Marcellinus*, Paulist Press, 1979.

St. Ambrose, 'Death as A Good', in *Saint Ambrose: Seven Exegetical Works*, the Catholic University of America Press, in association with Consortium Press, Washington D. C., 1971.

——*St. Ambrose's Select Works and Letters*, Wm. B. Eerdmans Publishing Company, 2002.

Saint Chrysostom's Homilies on the Epistles of Paul to the Corinthians: Nicene and Post-Nicene Fathers of the Christian Church, Part 12, by Saints John Chrysostom and Philip Schaff, Kessinger Publishing, 2004.

St. Augustine, *The City of God*, Penguin Books Ltd., San Francisco, 1984.

——'The Immortality of the Soul', translated by Ludwig Schopp, in *Writings of Saint Augustine*, Volume 2, Fathers of the Church Inc., New York, 1947.

——'The Immortality of the Soul', translated by Ludwig Schopp, in *Writings of Saint Augustine*, Volume 2, Fathers of the Church Inc., New York, 1947.

——*The Catholic and Manichaean Ways of Life*, translated by Donald A. Gallagher, ph. D. and Idella J. Gallagher, ph. D., the Catholic University of America Press, Washington D. C., 1965.

——*Augustini Confessiones*, Kessinger Publishing, LLC, 2008.

St Gregory the Great, *Dialogues*, Catholic University of America Press, 2002.

Ⅲ. 古典作品和史籍

Homer, *Iliad*, Hackett Publishing Company, 1997.

——*The Odyssey*, Penguin Classics, 1999.

Herodotus, *The Histories*, edited by Robert B. Strassler, Anchor (Reprint editon), 2009.

Euripides I: Alcestis, The Medea, The Heracleidae, Hippolytus, CreateSpace, 2009.

Vergil, *Aeneid*, Everyman's Library, 1992.

The Epistles of Horace (Bibingual Edition), edited by David Ferry, Farrar, Straus and Giroux; Bilingual Edition, 2002.

Ovid, *The Poems of Exile: Tristia and the Black Sea Letters*, University of California Press, 2005.

——*Fasti*, Penguin Classics, 2000.

Pliny the Old, *Natural History:* A Selection, Penguin Classics, 1991.

Flavius Josephu, *The Wars of the Jews: or, History of the Destruction of Jerusalem*, BiblioBazaar, Charleston, 2007.

——*The Antiquities of the Jews*, Volume 1, BiblioBazaar, Charleston, 2007.

Cornelius Tacitus, *The Annals of Imperial Rome*, translated by Alfred John Church and William Jackson Brodribb, Digireads. com, 2005.

Suetonius, *The Twelve Caesars*, edited by James Rives, translated by Robert Graves, Penguin Classics (Revised edition), 2007.

Themes in Greek and Latin Epitaphs, edited by Richmond Lattimore, University of Illinois Press, Urbana, 1962.

Religions of Rome: Volume 2. A Sourcebook, edited by Mary Beard, John North and Simon Price, Cambridge University Press, 1998.

Soldiers of Christ: Saints and Saints' Lives From Late Antiquity and the Early Middle Ages，edited by Thomas F. X. Noble and Thomas Head，The Pennsylvania State University Press，1995.

The Acts of the Christian Martyrs，tranlated by Herbert Musurillo，Oxford，At the Clarendon Press，1972.

The Golden Legend of Jacobus de Voragine，Arno Press，Reprint edition，1969.

Edward Gibbon，*The History of the Decline and Fall of the Roman Empire*（Abridged Edition），edited and abridged by David Womersley，Penguin Books Ltd. ，2001.

Titus Livius，*The History of Rome*，translated from the original，with notes and illustrations，by George Baker，A. M. ，New York：Marwell Printer，1823.

［古希腊］赫西俄德著，张竹明等译：《工作与时日·神谱》，商务印书馆，2006 年。

［古罗马］阿庇安著，谢德风译：《罗马史》，商务印书馆，1976 年。

［古罗马］塔西佗著，王以铸、崔妙因译：《编年史》，商务印书馆，1981 年。

［古罗马］塔西佗著，王以铸、崔妙因译：《塔西佗历史》，商务印书馆，1981 年。

［古希腊］柏拉图著，王晓朝译：《柏拉图全集》，人民出版社，2003 年。

苗力田主编：《亚里士多德全集》，中国人民大学出版社，1996 年。

［希腊］普鲁塔克著，席代岳译：《希腊罗马名人传》，吉林出版集团有限责任公司，2009 年。

［古罗马］西塞罗著，王晓朝译：《西塞罗全集·演说词卷》，人民出版社，2008 年。

摩奴著，［法］迭郎善译，马香雪转译：《摩奴法典》，商务印书馆，

1982 年。

［意］但丁著,朱维基译:《神曲》,上海译文出版社,1984 年。

［德］黑格尔著,王造时译:《历史哲学》,生活·读书·新知三联书店,1956 年。

汪子嵩等:《希腊哲学史》,人民出版社,1997 年。

［阿拉伯］伊本·西那著,王太庆译:《论灵魂》,商务印书馆,1997 年。

［意大利］尼科洛·马基雅维利著,潘汉典译:《君主论》,商务印书馆,1987 年。

石磊译注:《商君书》,中华书局,2011 年。

《天学初函》,(台北) 台湾学生书局,1964 年影印本。

《天主教东传文献续编》,(台北) 台湾学生书局,1966 年影印本。

《耶稣会罗马档案馆明清天主教文献》,(台北) 利氏学社,2002 年影印本。

《法国国家图书馆明清天主教文献》,(台北) 利氏学社,2009 年影印本。

［意大利］艾儒略等述,李九标记:《口铎日抄》,崇祯庚午春刻本。

罗渔、刘俊馀、王玉川等译:《利玛窦全集》(全四册),(台北) 台湾光启出版社,1986 年。

Ⅳ. 后人撰述

Bauckham, R. , *The Fate of the Dead: Studies on the Jewish and Christian Apocalypses*, Brill, Leiden, Boston, Koln, 1998.

Bengtson, Hermann, *History of Greece*, *From the Beginnings to the Byzantines Era*, Ottawa: University of Ottawa Press, 1988.

Beard, M. , John North and Simon Price, ed. , *Religions of Rome: Volume 1. A History*, Cambridge University Press, 1998.

Boas, M. I. , *God*, *Christ and Pagan*, Ruskin House, George

Allen & Unwin Ltd, London, 1961.

Bolton, Brenda, *The Medieval Reformation*, Edward Arnold Pty Ltd. , 1983.

Boren, H. C. , *The Ancient World: An Historical Perspective*, Prentice-Hall, Inc. , Englewood Cliffs, New Jersey, 1986.

Braybrooke, M. , *Time to Meet: Towards a Deeper Relationship Between Jews and Christians*, Trinity Pr Intl, 1990.

Brodrick, J. S. J. , *The Origin of the Jesuits*, Greenwood Press, Westport, Connecticut, 1971.

Brown, P. , *The Body and Society: Men, Women and Sexual Renunciation in Early Christianity*, Columbia University Press, New York, 1988.

——*The Cult of the Saints: Its Rise and Function in Latin Christianity*, The University of Chicago Press, 1982.

Cavendish, R. , ed. , *Mytholoy, An Illustrated Encyclopedia*, Orbis Publishing, London, 1980.

Choron, J. , *Death and Western Thought*, the Macmillan Company, New York, Collier-Macmillan, LTD. London, 1963.

Collins, J. J. , & Michael Fishbane, ed. , *Death Ecstasy, and Other Worldly Journeys*, State University of New York Press, Albany, 1995.

Collins, Roger, Keepers of the Keys of Heaven: A History of the Papacy, New York: Perseus Books Group, 2009.

Cooper, K. , and Jeremy Gregory, ed. , *Signs, Wonders, Miracles, Representations of Divine Power in the Life of the Church, Paper read at the 2003 Summer Meeting and the 2004 Winter Meeting of the Ecclesiastical History Society*, The Boydell Press, 2005.

Coward, H. , ed. , *Life after Death in World Religion*, Orbis Books, New York, 1997.

Craig, A. M. , *The Heritage of World Civilization*, Vol. I, to 1600, Macmillan Publishing Company, New York, 1986.

Cumont, F. , *After Life in Roman Paganism: Lectures Delivered At Yale University on the Silliman Foundation*, Dover Publications, Inc. , New York, 1959.

Davies, W. D. , and Louis Finkelstein, ed. , *Cambridge History of Judaism*, Cambridge University Press, 1984.

Doren, C. V. , *A History of Knowledge: Past, Present, and Future*, the Random House Publishing Group, Toronto, 1991.

Dvornik, F. , *Early Christianity and Byzantine Political Philosophy: Origins and Background*, Volume Two, Trustees for Harvard University, Washington, 1966.

Earl, D. , *The Moral and Political Tradition of Rome*, Cornell University Press, Ithaca, New York, 1984.

Elledge, C. D. , *Life after Death in Early Judaism: The Evidence of Josephus*, Tübingen: Mohr Siebeck, 2006.

Ferguson, E. , ed. , *Studies in Early Christianity: A Collection of Scholarly Essays. Volume IV: Orthodoxy, Heresy, and Schism in Early Christianity*, edited with introduction by Everett Ferguson, Garland Publishing, Inc. , New York & London, 1993.

Fishbane, M. , *The Kiss of God: Spiritual and Mystical Death in Judaism*, Seattle & London: University of Washington Press, 1994.

Freeman, C. , *The Closing of the Western Mind: The Rise of Faith and the Fall of Reason*, A Division of Random House,

Inc. , New York, 2005.

Frend, W. H. C. , *Martyrdom and Persecution in the Early Church: A Study of a Conflict from the Maccabees to Donatus*, Anchor Books, Doubleday & Company, Inc. , Garden City, New York, 1967.

Friedman, R. E. , *Who Wrote the Bible?* HarperOne, An Imprint of HarperCollins Publishers, 1987.

Geary, P. J. , *Living with the Dead in the Middle Ages*, Cornell University Press, 1994.

Geary, P. J. , ed. , *Reading in Medieval History*, Broadview Press Ltd. , 1991.

Gillman, N. , *The Death of Death: Resurrection and Immortality in Jewish Thought*, Woods-tock, Vermont: Jewish Lights Publishing, 1997.

Harvey, Peter, *An Introduction to Buddhist Ethics*, Cambridge: Cambridge University Press, 2000.

Head, T. , *Hagiography and the Cult of Saint: the Diocese of Orleans, 800 - 1200*, Cambridge University Press, 1990.

Henry, and Owen Chadwick, ed. , *Oxford History of the Christian Church*, Oxford University Press, 2001.

Herbermann, C. G. , ed. , *The Catholic Encyclopaedia*, Robert Appleton Company, New York, Volumes 1 - 15, 1907 - 1912.

Holloway, R. R. , *Constantine & Rome*, Yale University Press, New Haven and London, 2004.

Humphries, M. , *Early Christianity*, Routledge, Taylor & Francis Group, London and New York, 2006.

Jenkins, J. I. , *Knowledge and Faith in Thomas Aquinas*, Cambridge University Press, 1997.

Jones, A. H. M. , *The Decline of the Ancient World*, Longman,

London & New York, 1966.

Jones, K., ed., *Women Saints: Lives of Faith and Courage*, Orbis Books, Maryknoll, New York, 1999.

Kee, H. C., *Miracle in the Early Christian World: A Study in Sociohistorical Method*, Yale University Press, New Haven and London, 1983.

Kieckhefer, R., and George D. Bond, ed., *Sainthood: Its Manifestations in World Religions*, University of California Press, 1988.

Klingshirn, W. E., and Mark Vessey, ed., *The Limits of Ancient Christinity: Essays on Late Antique Thought and Culture in Honor of R. A. Markus*, the University of Michigan Press, 1999.

Kraemer, D., *The Meaning of Death in Rabbinic Judaism*, London: Routledge, 2000.

Levick, B., ed., *The Government of the Roman Empire: A Sourcebook*, Croom Helm Ltd, London & Sydney, 1985.

Lecky, W. E. H., M. A., *History of European Morals from Augustus to Charlemagne*, Volume. I, D. Appleton and Company, New York, 1872.

Liebeschuetz, J. H. W. G., *Continuity and Change in Roman Religion*, Oxford, At the Clarendon Press, 1979.

Martin, M., *God's Chosen People: The Relationship Between Christians and Jews*, Remnant Press, 1988.

Mills, K., and Anthony Grafton, ed., *Conversion in Late Antiquity and the Early Middle Ages: Seeing and Believing*, University of Rochester Press, New York, 2003.

Momigliano, A., ed., *Conflict between Paganism and Christianity in the Fourth Century*, Oxford University Press,

1963.

Morris, C. , 'A Critique of Popular Religion: Guibert of Nogent on The Relics of the Saints', in *Studies in Church History 8: Popular Belief and Practice*, Cambridge University Press, 1972.

Moule, C. F. D. , ed. , *Miracles: Cambridge Studies in Their Philosophy and History*, A. R. Mowbray, London, 1965.

Nock, A. D. , 'Cremation and Burial in the Roman Empire', in *Harvard Theological Review*, XXV, 1932, Harvard Divinity School.

Pantel, P. S. , ed. , Arthur Goldhammer trans. , *A History of Women in the West*, I. *from Ancient Goddesses to Christian Saints*, The Belknap Press of Harvard University Press, 1992.

Pelikan, J. , *The Spirit of Eastern Christendom*, 600 – 1700, The University of Chicago Press, Chicago and London, 1974.

Prestage, Edgar, ed. , Chivalry: It Historical Significance and Civilizing Influence, London and New York, Routledge, 1996.

Pullan, B. , ed. , *Sources for the History of Medieval Europe*, *from the Mid-Eighth to the Mid-Thirteenth Century*, Oxford, 1971.

Rider, C. , 'Elite and Popular Superstitions in the Exempla of Stephen of Bourbon', in *Studies in Church History* (42), *Elite and Popular Religion*, The Boydell Press, 2006.

Riemer, J. and Nuland, S. B. , eds. , *Jewish Insights on Death and Mourning*, Syracuse, New York: Syracuse University Press, 2002.

Robertson, C. W. , Jr. , *Essays in Medieval Culture*, New Jersy: Princeton University Press, 1980.

Robinson, P. A. , *The Conception of Death in Judaism in the*

Hellenistic and Early Roman Period, Madison: University of Wisconsin Press, 1978.

Rush, A. C. C. SS. R., *Death and Burial in Christian Antiquity*, the Catholic University of America Press, Washington, D. C., 1941.

Sandmel, S., *Judaism and Christian Beginnings*, Oxford University Press, New York, 1978.

Schwab, G., *Gods and Heroes of Ancient Greece*, Pantheon, 2001.

Scaglione, Aldo, Knights at Court: Courtliness, Chivalry and Courtesy from Ottonian Germany to the Italian Renaissance, University of California Press, 1992.

Skarsaune, O., *In the Shadow of the Temple: Jewish Influences on Early Christianity*, IVP, InterVarsity Press, Downers Grove, Illinois, 2002.

Smith, J. H., *The Death of Classical Paganism*, Charles Scribner's Sons, New York, 1976.

Stark, R., *The Triumph of Christianity: How the Jesus Movement Became the World's Largest Religion*? HarperColline Publishers, New York, 2011.

Toynbee, J. M. C., *Death and Burial in the Roman World*, the Johns Hopkins University Press, Baltimore and London, 1996.

Wacher, J., ed., *The Roman World*, 2 Volumes, Routledge & Kegan Paul, New York, 1987.

Wensing, M. G., *Death and Destiny in the Bible*, Collegeville, Minn. Liturgical Press, 1993.

West, James King, Introduction to the Old Testament, second edition, New York: Macmillan Publishing Co., Inc., 1981.

Wilkinson，B.，*The Later Middle Ages in England*，*1216 – 1485*，Longman，1969.

［荷兰］许理和著，李四龙等译：《佛教征服中国》，江苏人民出版社，1998 年。

［日本］荒木骏马著，沈英甲等译：《古今占星术》，山东友谊书社，1988 年。

［美］牟复礼、［英］崔瑞德编：《剑桥中国明代史》，中国社会科学出版社，1992 年。

［奥地利］弗洛伊德著，李展开译：《摩西与一神教》，生活·读书·新知三联书店，1989 年。

［古希腊］普鲁塔克著，段映虹译：《论埃及神学与哲学：伊希斯与俄赛里斯》，华夏出版社，2009 年。

［英］彼得·詹姆斯等著，颜可维译：《世界古代发明》，世界知识出版社，1999 年。

顾准：《希腊城邦制度》，中国社会科学出版社，1982 年。

Ⅴ. 辞书

Everett ferguson ed.，Encyclopedia of Early Christianity，New York & London：Garland Publishing，Inc.，1990.

F. L. Cross ed.，The Oxford Dictionary of the Christian Church，Oxford：Oxford University Press，1007.

《中国大百科全书·宗教》，中国大百科全书出版社，1988 年。

丁光训等主编：《基督教大辞典》，上海辞书出版社，2010 年。

任继愈主编：《宗教词典》（修订本），上海辞书出版社，2009 年。

鲁刚等编译：《希腊罗马神话词典》，中国社会科学出版社，1984 年。

靳文翰等主编：《世界历史词典》，上海辞书出版社，1985 年。

袁珂编：《中国神话大词典》，四川辞书出版社，1998 年。

诗　跋

——致爱侣

亲爱的伴侣：

我不敢使用妻子这一称呼，

是觉得它太过于俗气，

完全无法与你的高贵气质相匹。

在我们最初相恋期间，

有多少白马王子追求你，

你却始终将我当作你心中所系。

其实，我们之间的差距甚大，

你美丽善良，

精明而又善解人意；

我则丑陋冷漠，

笨拙加上穷困无依。

我知道，

你是为了单纯的爱嫁给了我，

而最初我对这份情分并未珍惜。

如今想来，

婚后所发生的一切龃龉，

实在不是你的过错，

却完全源自于我的狭隘和小气。

你自己不仅事业有成，

还借助你的呵护和爱，

给我的创作以诸多灵感和启迪。
由于特殊的工作性质和个人性格，
决定了我无法成为一名称职的丈夫，
对此你从无怨语，
一而贯之地百般包容，
不离不弃。
如今，我们均已进入老年阶段，
你风韵未减，
美貌依旧，
令人感到愈发仁慈甜蜜。
你从不吝啬资助我老家亲人，
你也不少关照我的姐妹兄弟。
你对父母公婆尽职尽孝，
从来不会厚此薄彼。
至于对我，
你的情分是如此死心塌地，
以致于在我多次遭遇厄运之时，
你均几乎成了我的救命稻草，
屡屡给我送上了及时的生命氧气。
我不知道是否存在来世，
如果真的存在，
让我们仍是夫妻，
到时我当牛做马服侍你，
直到这个世界最终被废弃。